Oberrheingeschichten

Manfred Bosch

Oberrhein-
geschichten

Herausgegeben von
Manfred Bosch

> Mein Rhein ist jung‹

(M.L. Kaschnitz)

Manfred Bosch

Zum Werkstein, Herbst 2012

Klöpfer & Meyer

Die in dieser Oberrhein-Anthologie versammelten Textpassagen entsprechen im allgemeinen den Originalvorlagen, einige wurden aber der besseren Lesbarkeit wegen auch gekürzt und sind also nur auszugsweise wiedergegeben.

Die Schreibweise und auch die Interpunktion folgen einer moderaten neuen deutschen Rechtschreibung. Bei wenigen älteren Texten wurde die originale Schreibung beibehalten.

Herausgeber und Verlag danken allen Rechte-Inhabern für die erteilten Abdruckgenehmigungen. Sollten Rechte Dritter irrtümlich übersehen worden sein, so ist der Verlag selbstverständlich bereit, rechtmäßige Ansprüche nach Anforderung abzugelten.

© 2010 Klöpfer und Meyer, Tübingen.
Alle Rechte vorbehalten.
ISBN 978-3-940086-47-1

Umschlaggestaltung: Christiane Hemmerich Konzeption und Gestaltung, Tübingen.
Umschlagfoto: Manfred Grohe, Kirchentellinsfurt.
Herstellung: Horst Schmid, Mössingen.
Satz: Alexander Frank, Ammerbuch.
Druck und Einband: Pustet, Regensburg.

Mehr über das Verlagsprogramm von Klöpfer & Meyer finden Sie unter:
www.kloepfer-meyer.de

Inhalt

Marie Luise Kaschnitz

Mein Rhein ist jung

Der Rhein wird mir lieb, wenn er sich aus dem Burgenzauber herauswindet, breit, niederrheinisch schön, ein Strom. Unter den Burgen fahren und landen die Ausflugsschiffe, Loreley, Drosselgasse, niemand will glauben, dass ich sie nicht kenne. Da war ich selig, sagt eine Dame im Zug. Wer den Rheinwein nicht schätzt, kann da nicht mitreden. Etwas anderes ist die Tiefebene, die schweren Wolken, die Wege auf den Rheindämmen, den Niederlanden zu. *Mein* Rhein ist jung, bei Basel macht er das Knie, noch nichts Besonderes, doch er wird schon eingespannt, muss etwas tun für die französische Industrie. Die Gegenden, durch die er fließt, sind einzigartig, das Elsaß, der Breisgau, geschichtliche Landschaften, Weinland, und hier und da noch die schönen Altwasser mit ihrer feucht-üppigen Vegetation. Im Oberrhein bin ich vor Jahrzehnten geschwommen, immer in Angst vor der starken Strömung, die imstande ist, den Schwimmer gegen die Brückenpfeiler von Breisach zu werfen oder hinauszureißen in die Mitte des Stroms. Es gab da eine bestimmte Technik, sich nicht gänzlich forttreiben zu lassen, nur ein paar Kilometer, das Münster, auch den Kalvarienberg noch im Blick. Hochsommerhitze und die glühenden Steine, auf denen man zurücklief, das Kleiderbündel suchte, um dann, angezogen, in die eiskalte Kirche zu schlüpfen. Zu jener Zeit der sauberen Flüsse waren die Fresken noch nicht aufgedeckt, aber der Altar mit dem seltsam chinesischen Schnitzwerk ragte hoch

9

auf im Chor. Bei den Festspielen galoppierten die schweren Bauernmädchen auf den schweren Bauernrössern durch die engen Gassen hinauf zum Kirchplatz, und in dem kleinen absurden Museum bekam man Kaspar Hausers Schädel gezeigt, und noch einen kleinen, Kaspar Hauser als Kind.

Wilhelm Hausenstein

Das Badische

Das Badische ist in den Rhein gefaßt. Nirgends ist seine Kurve so schön wie um Baden herum, so eigentümlich, so elegant, so genau, so merkbar, so unvergeßlich. Wenn ich die Kurve im Waggon sehe, den schwarzen, gekrümmten, langgezogenen Strich, so ergreift es mich wie eine Sinngebung – ob ich die Sinngebung auch nicht weiter deuten kann. Diese Rheinkurve: sie macht das Badische vollends zu einer natürlichen Einheit.

Man fährt, zuletzt durch eine Obstbaumallee, nach Maxau hinaus; nebenher, nahe der Straße, geht ein Bach, ganz still, fast ohne Strömung, reizend gekrümmt, von Uferbäumen begleitet.

Nun ist die alte Holzbrücke da, die Holzbrücke auf den Pontons aus Eisen, die gegliederte Holzbrücke, die man auflösen kann, damit die Schiffe durchfahren mögen. Der herrliche Strom. Er geht in klarem Zug von Süden nach Norden, eine unendliche und doch geformte Masse Wassers, das Grenzenlose mit sich tragend und zugleich gebettet in deutliche Schranken. Die Ufer sind wenig besiedelt. Hohe, lichtgrüne Pappeln bewohnen den Flußrand hüben und drüben, weit hinauf, weit hinab. Wenn ein Luftzug geht, dann wenden sich die Blätter der Pappeln und scheinen weiß; dann blitzt es weißlich aus dem Lichtgrünen, Wässeriggrünen. Der Himmel ist ein wenig blass. Das Wasser ist lichtoliv und strömt mit dem Ausdruck der Kraft, rein und stark wie ein gutes Schicksal. Es riecht nach Wasser; es riecht nach Holz im Wasser und riecht nach Teer. Es ist ein köstlicher Geruch.

Der Strom hat etwas zu bedeuten. Er spricht eine Symmetrie aus: die landschaftliche Entsprechung zwischen dem Elsaß und dem oberen Badischen, die Entsprechung zwischen dem badischen Unterland und der Rheinpfalz. Berge stehen zu beiden Seiten: Schwarzwald und Odenwald hier, Hardt und Vogesen dort. Ich sehe mich auf der Maxauer Rheinbrücke und sichte den Schwarzwald, aus dem ich stamme, und sichte die Berge auf der anderen Rheinseite, die den Bergen im Badischen antworten.

Im Westen drüben schwimmt die Sonne scharlachrot überm Horizont; es ist das Badische, das am Himmel widerglüht als ein seltsamer Schmelz aus Grün und Rot. Der Tag ist lang. Er ist länger als im Bayrischen, das gegen Südosten schaut.

Napoleon hätte dies Land gemacht? Der Rhein hat es gemacht. Durch die Länge seiner badischen Entwicklung schließt er Oberland und Unterland aneinander.

Doch schöner als alles Geheimnis, schöner als alle Bedeutung ist dies: dass der Rhein da ist; dass er hier existiert, zwischen den Ufern, unter der Maxauer Brücke. Die Tafel vor Maxau mit der Inschrift »Deutsches Reich, Grenzgebiet« macht unruhig wie alles, was mit Grenze zu tun hat. Aber unbeirrt vollzieht sich seit Jahrtausenden, immer nur sich selbst gleich, das sichere Dasein und Strömen dieses großen Flusses – dies Strömen, das auf nichts bezogen ist als auf sich selbst, auf die Landschaft hüben und drüben und auf den blassblauen Vergißmeinnichthimmel, der im lichten Oliv des Wassers flimmernd sich spiegelt. Das Schönste ist das unbefangene Rhein-Bewußtsein in uns: vom Bodensee bis Basel, von Basel bis Straßburg, zwischen Colmar und Freiburg hin, von Straßburg nach Karlsruhe, dann nach Speyer und dem arbeitenden Mannheim und so fort bis nach Holland. Der Rhein, der Rhein, der Weg des Urgroßvaters, der, wie weiland der Pfarrer Hansjakob in den »Waldleuten« erzählt hat, die Wolfacher Tannenstämme, keine schlechten, von der Kinzig her an Mainz und Köln vorübersteuerte bis ins Niederland. Er hat geheißen: Schang Armbruster. Wie oft habe ich diesem Wasserweg nachgesonnen! Wissen möchte ich, ob der Urgroßvater auch das stille Stück zwischen Basel und Freiburg kannte, das von Konrad Witz gemalt sein müsste: es ist vielleicht das schönste Stück des Rheins, obwohl es nur aus strömendem Rheinwasser und stillen grünen Ufern mit Flur und Pappeln besteht – und trotz der Herrlichkeit von Mainz bis Koblenz.

Wie oft bin ich über den Rhein gefahren, von Straßburg her und wieder hinaus über Straßburg. Ich kam weither und fuhr weithin; immer war das Stück von Kehl bis Karlsruhe das merkwürdigste. Da lag die Außenseite des nördlichen Schwarzwalds; sie lag dunkel; ich wünschte mich zu den Sternen und zum Mond hinauf, um von oben her hineinsehen zu können wie in eine Reliefkarte; um mit der Hand über die nächtlichen Fichtenwälder zu fahren und mit dem Zeigefinger stecken zu bleiben – wo? Im Wirtsschild zum Bären, dort an der Ecke, in Hornberg... Oder ich fuhr von Basel nach Karlsruhe. Der Schwarzwald lag wie ein dunkelgrüner Gobelin, ein wenig bläulich, stumpf im Ton und gleichwohl tief. Fuhr man bis Frankfurt, so stand die Front des Odenwaldes hell, mit Laub, licht, freundlich; Wiesen waren voll von Blumen. Man kam an lila Kaskaden von Glyzinien und Klematis vorbei. Die Häuser waren giebelig und aus Fachwerk und waren mir nicht so lieb wie die Häuser des Schwarzwalds hinter den vermoosten Strohhauben, die bis auf den Boden gehen – diese Häuser, die einwärts leben, hintersinnig, seelenwärts.

Roter Sandstein am Freiburger Münster und am Heidelberger Schloss; Schiefer an den Dächern; die Dialekte familiär, das Leben vertrauend; die Gewohnheiten, die Formate einigermaßen begrenzt – aber zuweilen auch der Aufstand ganz großer Künstlermeinungen, bei Weinbrenner zum Exempel, der Karlsruhe gebaut hat, als wäre er ein Römer; menschliche Milde der Sitten, viel natürliche Freundlichkeit; weniger Weiterblick und Spekulation als bei den tüchtigeren Schwaben – und hier fällt mir die Geschichte ein, die ein Onkel erzählte. Wenn im württembergischen Grenzdorf ein Kind geboren wurde, habe der Vater es auf den Kirchturm getragen und mit dem Finger weisend gesagt: »Guck, Büeble, dort ischt's badisch, do gohscht na, wenn d' grouß bischt, die müesset de verhalte …« Nicht viel Reichtum, nicht allzuviel Industrie – trotz Mannheim und Pforzheim; viel Leben im intimen Bezirk der Bescheidenheit trotz der Gunst der Natur, die dies Land liebt; gute Küche, am Wein messend – Begriff von den feineren Rechten des Gaumens; viele Kleinbürger, behaglich, ohne Unmaß; ein Residenzschloss, das nicht erst jetzt, in geschichtlicher Abgestandenheit, seine Arme dem Ganzen freundlich öffnet; Verbindlichkeit in der Luft, in den Gewohnheiten, in den Vorstellungen; Wohlgeruch; Landschaft, die von den kühlen und schattigen Höhen des inneren Schwarzwaldes zu den Phönix-Palmen des Bodensees, zu den Basiliken und fruchtbaren Feldern der Reichenau sich niederläßt und zu den Orangenbäumen der gleichsam lombardischen Mainau, zu ihrem Park, der dem Giardino Giusti in Verona Bescheid gibt, wie das Echo der Stimme; dies alles am Rande des größeren Deutschland und auf die empfindlichste Linie gesetzt; der westlichste Westen Deutschlands, aber auch nach Süden weisend – mit einem Wort »das Badische«.

Felix Moeschlin

Die Galluspforte steht immer da

Denk dir, dass diese Galluspforte stumm und still dasteht, jeden Tag und jede Nacht, Sommers und Winters, dass Menschen auf die Welt kommen und wieder sterben, und dass sie derweil immer dasteht und nichts sagt und dass sie doch alles sieht und hört, denn es ist nicht möglich, dass alles geschieht, was geschieht, und sie nichts davon weiß. Der Wind geht über sie weg, Schwarzwaldluft, Rheinluft, Vogesenluft, die Nachmittagssonne wärmt sie, der Regen feuchtet sie, die Erde rüttelt an ihr, und am Himmel über ihr wandern die Sterne. Die Kometen sprühen auf, im Zeichen des Steinbocks oder auch in dem des Fisches, gestaltet wie ein Schwert, wie eine Rute ein andermal, die Strahlen zuerst gegen Osten, dann gegen Süden, hell oder bleich, mit einem großen Schwanz oder einem kleinen. Und die Sonne geht über sie weg, wie es ihre Art ist oder rot und blutig und auch dunkel und traurig, ja sogar verdoppelt und verdreifacht. Wundersterne kommen in der Nacht, Feuerbalken blitzen schrecklich auf, fliegende Flammen zucken und blenden, glühendes Erz fällt vom Himmel, kein Mensch weiß, woher und was es ist. Und die Galluspforte steht immer da.

Und es ist warm, und es ist kalt. Es kommen die warmen Winter, im Christmonat blühen die Bäume, im Januar suchen die Vögel einander, zu Drei Königen findet man schon Erdbeeren, der Wein blüht, und zu Ostern verkauft man Kirschen. Es kommen die kalten Winter, man fährt mit Wagen über den Rhein, man tischt und tafelt auf dem Eis, mit Pfeifen und Trommeln zieht man darauf umher, alle Mühlen stehen still, weil alle Wasser still stehn. Und es kommen die schönen Frühlingszeiten, das Herz geht einem auf in der Brust und an den Bäumen jede Knospe, es kommen die kalten Frühlingszeiten, mit Reif und Frost, die Reben erfrieren und aller Blust, es ist ein Jammer. Es kommen die heißen trockenen Sommer, dass alles verdorrt vor großer Hitze, die Wälder von selber im Brande aufgehen, man kann mit Pferden durch den Rhein, wieder mahlen die Mühlen nicht mehr, die Brunnen versiegen, man hat mehr Wein als Wasser. Und es kommen die nassen Sommer mit schweren Regenwettern und Wolkenbrüchen, dass alles ersäuft und ein Bach zum reißenden Strom wird. Schloßen hagelt es so groß wie Gänseeier, daß die Pferde umfallen auf der Straße, Stürme reißen die Bäume aus dem Boden, die Dächer von den Häusern. Und es brennt im Mindern Basel, und es brennt auf dem Heuberg, in der Steinen, in der Spalen, der Kornmarkt brennt und die ganze St. Albanvorstadt. Erdbeben schütteln die Stadt, das Münster zerbricht, die Pfalz stürzt in den Rhein. Und die Galluspforte steht immer da.

Das Leben ist billig, das Leben ist teuer. Der Sack Getreide kostet anderthalb Franken, der Wein wird verschenkt, man hat nicht genug Fässer. Und der Sack Getreide kostet sieben Pfund, das ist über hundert Franken, man pflückt einen Apfel, wo man sonst einen Korb voll gepflückt hat, man mahlt die Kleie zum zweiten Mal und mischt Bohnenmehl hinein, man schickt weit den Rhein hinunter, um Frucht zu kaufen, man reißt die Misteln von den Ästen und kocht sie, ja, man nimmt die Leiber von den Hochgerichten, um sich zu nähren. Ganze Straßen sterben aus an der Pest und an einer Krankheit, die man nicht kennt, vom Äschentor bis zum Rheintor bleiben bloß drei Ehen ganz. Und man geißelt sich, man tanzt hinter dem Sterben und über den Gräbern, man schlägt die Juden tot, man lässt sie im Rauche ersticken und im Feuer verbrennen. Man setzt die Mörder auf einen Karren, führt sie an die vier Kreuzgassen, pfetzt sie mit glühenden Zangen, flicht sie aufs Rad auf dem Gellert, und vor dem Steinentor schlägt man die Köpfe ab. Man stößt die Selbstmörder in ein Fass, verpicht es mit Harz und schickt das Fass den Rhein hinunter. Man ist heftig und gewalttätig, foltert und tötet, läuft in fremde Kriege und tanzt. Und man liest Sittenmandate und befolgt sie. Man ist hoffärtig und stolz und demütig und zerknirscht wie ein richtiger reumütiger Sünder. Man druckt die berühmten Bibeln, der Hieronymus Bauhinus sitzt über dem schon von seinem Großvater verbesserten Kräuterbuch des Jacobus Theodorus Tabernaemontanus, um es endlich zur Vollkommenheit zu bringen. Und die Galluspforte steht immer da.

Friedrich II. zieht vorbei in seinen Ehren; die Ritter nehmen das Kreuz; Rudolf von Habsburg macht Frieden mit der Stadt. Mit Kerzen in den Händen gehen zwölfhundert Priester der Leiche seiner Frau entgegen, die man mit vierzig Pferden in einem buchsbäumenen Sarge, mehr als vierhundert Menschen zur Begleitung, von Wien herführt, nachdem man sie ausgeweidet, mit Asche gefüllt, an Haupt und Gliedern balsamiert, in gewachste Tücher und auch in Schleier gehüllt und mit einer silbervergoldeten Krone geschmückt hat. Da drinnen liest Karl IV. das Evangelium mit einem bloßen Schwerte in der Hand; die von Bamberg gebrachten Stücke vom rechten Arm Kaiser Heinrichs und seiner Gemahlin werden mit Freuden und Ehren empfangen; das Konzil feiert Hochämter mit Macht und Pracht, mit siebenunddreißig Bischöfen, mit Doktoren, Herzögen, Grafen, Landvögten,

Rittern, Adelspersonen. Man läutet mit allen Glocken Kaiser Sigismund zu Ehren, und Papst Felix, der vordem ein Herzog von Savoyen gewesen ist und zuletzt gelebt hat im Schloss von Ripaille am Genfersee als in einem Kloster hinter Wassergräben und Mauern in sieben Türmen und sieben Türmen für die Wendeltreppen und mit einem Brunnen im Hof, liest vorn auf dem Platze die Messe vor fünfzigtausend Personen. Kaiser Friedrich III. kommt mit sechshundert Rossen und hört hinter dieser Pforte das georgelte und gesungene Loblied, was die Stadt zusammen mit den Geschenken an die fünfzehntausend Franken kostet. Und Basel wird eine Schweizerstadt, die Bürger, Räte und Gesandten der Eidgenossen haben ein herrlich Hochamt. Der Kirchengesang kommt auf – ein Werk der Engel, predigt Oekolampad –, die Bilder werden herausgerissen und auf dem Platze in zwölf Haufen verbrannt. Doch an diesen behauenen Stein wagt man sich nicht.

Kurt Schwitters

Basel

Es geht ein bisschen rauf,
Es geht ein bisschen runter.
Dazwischen fließt der Rhein.
Grün soll sein Wasser sein.
Wenns regnet, stürmt und schneit,
Dann ist es braun;
Braun anzuschaun.
Verhältnismäßig drückend föhnt der Föhn,
Es brodelt tief im Grunde;
Darüber eine Stadt,
Die Basels Namen trägt und hat.
Dort lint es Böck;
Dort beint es hol,
Es waldet grün und witzt.
Der Ritter sticht den Wurm
Am Dom.
Die Kirche aus Zement
Ist Mosers hohe Zeit.
Es brennt,
Wenns brennt,
Im Kleid.
Der Frauen holder Chor
Lächelt dem Tor.
Mann,
Sieh dich vor!!

Rainer Malkowski

Im Basler Münster

Ein anderer Begriff
von Wichtigkeit.
Gemeißeltes Latein.
Die Abgeschiedenheit
der steinernen Zeitrechnung.
Und draußen, müde,
zieht der Rhein vorbei –
ein ausgebeuteter
Transportarbeiter

Hilde Ziegler

Kleine Reise

Fahre ich im Zug von Basel nach Norden, setze ich mich immer auf die rechte Seite, zwinkere bei Weil dem Tüllinger Berg zu, dort habe ich als Kind viel Rebholz aufgelesen oder stand in Obertüllingen und schaute nach Basel, dem unerreichbaren Paradies, der Stacheldraht trennte uns, Riehen, ganz nah, lag still und menschenleer, und doch erfuhr ich später, das Boot sei voll gewesen. Ich habe nichts von einem vollen Boot gesehen. Und Frau Glück sagte: Je nachdem wie der Wind weht, hört man die Glocken von Basel oder die Schüsse im Elsaß.

Während der Zug weiterfährt, sehe ich die Namen der Dörfer an den kleinen Bahnhöfen: Haltingen, dort wohnte einmal eine badische Weinkönigin; Eimeldingen, dort drehte der polnische Regisseur Andrzej Wajda vor ein paar Jahren Hochhuths Geschichte von der deutschen Frau, die während des Krieges einen polnischen Kriegsgefangenen liebte, der dafür zum Schutz für Volk und Reich in einem Steinbruch bei Brombach gehängt wurde.

Efringen-Kirchen, dort gab es einmal eine jüdische Gemeinde. Nicht ihrem Andenken, sondern Hermann Burte, dem Poeten und wildgewordenen Nazi, wurde nach dem Kriege in diesem Dorf eine Straße gewidmet. In den Tunnels des Isteiner Klotzes denke ich an Adolf Hitler, der verflucht sei in alle Ewigkeit, hier hatte er seine Waffenkammern für den »südlichen Abschnitt Westmark«. Nach Kembs, vor

Rheinweiler, hoffe ich, dass der Zug langsam fährt, vor 20 Jahren fuhr er einmal zu schnell und entgleiste, es gab viele Tote und Verletzte.

In Bellingen denke ich an Klärli Menzel, die im Bellinger Schloss bei den Grafen von Andlau kochen lernte und die Gräfin kämmen musste, obwohl der Kamm wegen Haarausfall ins Freie stach. Ich denke auch an Tante Frieda, die immer sagte: z'Bellige sinn alli katholisch, weiß dr Gugger worum. Und ich war froh, dass ich evangelisch war. Weiß dr Gugger worum.

Und ich denke da auch noch an einen Gemeinderat, der vor vier oder fünf Jahren meinte, der Anblick eines Negers, der dort einziehen wollte, sei den Kurgästen von Bad Bellingen nicht zuzumuten.

In Schliengen denke ich an den Schliengener Berg und den Holzvergaser, der die Steigung nur schaffte, wenn wir nebenherrannten. Nur der Chauffeur, der Heizer also, konnte am Steuer sitzenbleiben. Das dürfte um 1946 herum gewesen sein. In Auggen denke ich an Augen mit zwei g, ans Lipple hinter dem Blauen, an Maulburg, Aftersteg und Löchle. Das sinn alles Körperteilnäme, sagte Herr Loos immer, fehlt numme no s'Pfiffle, no were mer komplett. Die kleine Reise mit dem Zug endet in Müllheim, von wo aus der Weg weitergeht auf den Lipburger Friedhof. Dort ist meine Mutter begraben. Und René Schickele.

Tami Oelfken

Das Tal hinauf

Der Tag graut kaum. Der Himmel hat das Rheintal zwischen den Vogesen und dem Schwarzwald mit einem schweren Nebelkissen zugestopft, undurchdringliche, weiche, feuchte Watte. Aber schon krähen die Hähne auf dem Misthaufen der kleinen Höfe in der Ebene; der helle, wilde Ruf wird weitergegeben über die Rebhügel, durch die Gärten, über die Landstraßen. Mit dem Hahnenschrei strömt der westliche Wind durch die Burgundische Pforte in die himmlische Landschaft und wühlt in den bis jetzt so unbeweglichen Nebelkissen herum. Er zerrt ihre Formen auseinander, greift runde, sich ins Längliche ziehende Stücke heraus, die er zur Seite wirft und in flüchtende Bewegung setzt. Sie steigen höher, vorerst unwillig; aber je mehr sie wandern, um so hurtiger werden sie auf ihrem Wege in die offenen Täler des Schwarzwaldes hinein.

Die Bäche plätschern ihnen Silber entgegen, und die Erlen, die Weiden und Haselbüsche schütteln sich die Nacht aus den Haaren.

Die alten Kastanien und die Obstbäume in der Ebene schwimmen über dem Boden, ihre dicken Stämme stecken nicht in der Erde, sondern unten in Watte. Aber jetzt hebt sich der Nebel, alles wird sichtbar und klar in den Farben: das hellblaue Hemd über der Holzbrüstung am Vorbau, der gelbe, große Hund an seiner Kette vor der morschen Hütte und auf dem Misthaufen der Hahn. Sein roter Kamm schwillt ihm

23

gewaltig, und die beiden Läppchen leuchten und wackeln, als
er jetzt den Kopf vorreckt: Kikeriki! Kikeriki!

Oben die Höhen sind noch im Dunst verhangen. Nur
allmählich steigt unter dem Atem der göttlichen Frühe die
Nebelwolke langsam dem Himmel entgegen und lässt ein
Stück Erde um das andre unter sich aufblühen in der Morgen-
frische eines Frühlingstages. Die Rebhügel, silbergrau ge-
spickte Igel, nehmen Kontur an, Tropfen rieseln von der
hohen Erle, sie gleiten den Stamm herunter. An der Haus-
wand dahinter fängt das Bild der Madonna an zu leuchten
in Blau und Grau und zärtlichem Rosa. In der Erle sitzt ein
Rotkehlchen und singt. Der Bach schäumt zu Tal. Sein kla-
res, noch unverdorbenes Wasser rennt über die mächtigen
Felsbrocken und runden Kiesel, die im Flussbett liegen, und
jedesmal macht es einen stürmischen Anlauf von überschüs-
siger Kraft, bevor es mit einer zischenden hochgestemmten
Welle das Hindernis nimmt. Zu beiden Seiten des Baches ist
eine steile gemauerte Böschung von Findlingen. Taubnessel
und Männertreu wuchern in den Spalten, Hornkraut und
Silbergras. Auf den größeren Flächen der Steine breitet sich
ein zierliches Farnkraut aus, kaum handgroß jedes Pflänzlein,
in seiner zarten Eleganz wie eine Eidechse.

Damit aber der frühlingsberauschte Wanderer in seiner
Trunkenheit ungefährdet das andre Ufer gewinnt, führen
schmale Stege von Eichenbohlen über den Bach, die mit einem
einseitigen Geländer versehen sind. Der Müller trabt durch
die Wiese an die Schleuse und dreht das Wasser auf, damit
es in den Mühlengang rinnt. Dann steht er und lauscht. Das
hohe Rad knarrt. Er bleibt noch einige Minuten unbeweglich;
die Arme über das Geländer gelegt, schaut er in die Höhe,
um dann hinter seinem Holzschuppen zu verschwinden. Das
ganze Tal hinauf, durch die Krümmungen der Landstraße

spielerisch verstreut, liegen die alten Schwarzwaldhäuser, umwunden von den geschnitzten, verräucherten Holzgalerien. Von den türkisblauen Südwänden hebt sich in skurrilen Drehungen das fast schwarze Braun der Weinstöcke ab; und alles dies: das mattglänzende Schieferdach und die dunkle Galerie, die bespritzte Wand und der fast biblisch anmutende Weinstock, sie alle leben mit dieser Landschaft in einem unschuldigen Einklang.

Hinter den Pappeln steigt das Jubellied der Lerche hoch in den Himmel. Das Dorf lauscht, und ein Kind lehnt sich an Gottes Knie.

Franz Schneller

Einzugsstraße des Frühlings

Heulende Winde fegten wochenlang mit grobem Besen die große Einzugsstraße des Frühlings rein, die warme Regen dann besprengten. An den Tagen, die unvermutet wieder in Weiß erwachten, sah man die Gärtner in den Gewächshäusern mit geschickten Händen Torf und Holzkohle zerbröckeln, dazu bestimmt, schwere Erde aufzulockern, saure gesund zu machen. In flachen Kästen grünten die Rekruten des Freilands, und, durch die schwüle Luft geweckt, zupften früh munter gewordene Spinnenmännchen an den Netzfäden, um Liebesverbindungen mit den Weibchen herzustellen. Bald schlenkerte der erste Storch die auf langem Flug eingeschlafenen Beine über dem alten Nest. Er wird sich schön gewundert haben, denn für Storch, für Amsel bedeutet dieser heckende Beginn des Jahres Fastenzeit. Nur die Schnepfe, die sich an besondere hors-d'oeuvres hält, kann mit reichbestellter Tafel rechnen.

Das Gelurche kriecht recht vorsichtig aus seinen verschlammten Verstecken, fürchtet sich vor unversehens ausbrechenden bissigen Winden, die wild rheinabwärts jagen, Windmühlen dort drunten in die Arme stürzen, sie herumwirbeln, Winde, die in weiße Segel blasen, Segel zwischen grünflaumenden Rasen längs der Kanäle, auf deren Spiegelflächen gestern noch Schlittschuhläufer in die Weite zogen.

Leichte Schauer frösteln über die Wasserflächen der verschwiegensten Weiher, kräuseln sich hier und dort, als streue eine unsichtbare Hand Prisen von Brausepulver auf.

Die Rebwurzeln rühren sich, bereiten die geheimnisvolle Verwandlung der Stoffe vor. Fleischlich dunstet die Gartenerde, über der, im hellen Licht, dunkler denn je Tanne, Eibe, Buchs und Stechpalme sich erheben. Wenn die Lüfte schweigen, geht im Himmel lind der Frühling um. Er dringt unter die Dachziegel, er zieht durch alle Fugen ein. Er schlüpft durch Seitenpförtchen alter Dome, wo, in Stein gehauen, zwischen Schwert und Wappen ruhende Ritter zum Sitzen sich aufzurichten, tief zu atmen und lächelnd wieder einzuschlafen scheinen, sobald wir ihnen den Rücken kehren.

Es kann wohl sein, dass über Nacht der Frost die Regenlachen nochmals mit Eis verglast, in dessen Spiegel die Sonne sich stundenlang betrachten wird, ehe er zerbricht. Es kann auch sein, dass tagelang sich Schnee auf Dach und Büsche legt. Aber die Schneeflocken, die auf den Radieschenbüscheln vor dem Fenster schmelzen, machen ihr Lackrot nur noch leuchtender und überzeugen uns davon, dass der Lenz durch Liebenswürdigkeit siegen, mit Lächeln sich durchsetzen wird. Nichts wird ihn mehr aufhalten. Den Vögeln, gestern noch so einsilbig, ist es schon ums Schwätzen, das zage Adonisröschen fröstelt im Lager röschen Laubs. Selbst der städtische Hauswart bindet die grüne Schürze um, stellt das nacktästige Feigenbäumchen und die Kübel mit dem Oleander hinaus.

Es wurden die Nymphen, die im Gartenschuppen überwinterten, vom Marmorstaub gereinigt, von Kopf bis Fuß abgewaschen, auf ihre Sockel im Rasen gestellt. Gleich in der ersten Nacht erhielten sie Mützen auf – und Puffärmel angesetzt, weißer als Hermelin. Auch dieses Weiß schwand vor dem der Narzisse. Sie ist des Frühlings leuchtende Kokarde.

Christoph Meckel

Mein Garten Eden

Mein Garten Eden läge oberhalb süddeutscher Weingärten, aber am Meer, und hätte keinen Zaun.

Ich käme den Hohlweg von der Küste herauf, im dicht-geschlossenen Schatten des Holunder, vorbei an den Wein-kellerhöhlen in der Wegwand, den schiefen Brettertüren, dem Unkraut davor, ich liefe wieder barfuß auf stäubendem Lehm und sähe, höhersteigend, das badische Meer mit den Weinschiffen und den elsässischen Inseln.

Durch das Fernglas sähe ich die Hafenanlagen von Eimel-dingen, das alemannisch klappernde, letzte Storchenpaar auf dem Bootshaus in Märkt und die zu Fischhallen umgebauten Scheunen nach Basel hin. Ich überblickte den Schwarzwälder Golf bis Straßburg, die Kaiserstuhl-Inseln in der Wärme des himmeloffenen Mittags und sähe den Flaschenpostverleih am Tuniberg, die Spezial-Schwimmschule für Hochschwarzwäl-der und das Altersheim für die Seeleute aus Schliengen, also das Wasserschloß mit den Gräben voll Wein in Bamlach; daneben das Geburtshaus des Hansjörg Gmelin, der die markgräfler Nationalhymne komponiert hätte und in Anerkennung seiner Verdienste mit einem Heimatmuseum bestraft worden wäre.

Dann endete der Hohlweg im Brombeergestrüpp und ich sähe die Kirschbäume auf den Hügeln und hörte den West-wind, kalte strömende Brise voll Salz und Laub und das Glockengeläut der Meerdörfer.

Am Weg erschiene die Oetlinger Schreinerwerkstatt, das

Gasthaus zum Ochsen mit Terrasse und vergoldetem Blechschild, der weiße Leuchtturm in Glattackers Weinberg, dann
die Nussböden am Hang, die Zäune in den Brennesseln und
das Gras in den Gärten, das für das Bettzeug der Engel dort
wächst. Nach ein paar Schritten wäre ich da: mein Garten
Eden wäre ein Kirschgarten auf dem Hügel.

Ich käme Anfang Juni dorthin zurück, das ist die Zeit, in der
ich geboren bin und ist noch immer die Zeit der glänzenden
Blätter. Ich sähe den Mohn in den Wiesen, blutende Ketzer-
wunden über dem Gras. Der Kuckuck soufflierte mir seinen
Namen, ich hätte ihn früh in allen Sprachen gelernt und nicht
vergessen. Unter den hundert Kirschbäumen meines Gartens
wäre ich da, mehr wäre nicht zu tun, und es gäbe nichts anderes zu sagen. Ein Kirschenesser wäre unter Kirschbäumen
da, und dieser Kirschenesser wäre ich.

Mein Garten Eden stünde in keinem Paradiesprospekt, er
wäre weder gepachtet noch eingemeindet, ihn besäße keiner,
ich selber besäße meinen Kirschgarten nicht, doch ich käme
auch nicht als Kirschdieb am frühen Morgen. Unter den
Bäumen des Gartens wäre ich da.

In Sichtweite gäbe es die Eden anderer Leute, sie wären
unter ihren Bäumen da, und selbst Julia wäre in ihrem Eden
zu sehen, herübergespiegelt aus sieben Himmeln der Liebe,
spazierenlaufend im weißen Regenmantel, unerreichbar für
meine Rufe und namenlos, während in meinen Garten die
Heuzeit käme, ein Bauer wäre unter den Bäumen da, Albin
Haferstecher mit seiner Sense. Er mähte das Gras um meine
Füße herum und ich bliebe auf einer Grasinsel zwischen dem
Heu, im warmen, scharfen Geruch geköpfter Brennesseln, im
taunassen Unkraut; dann wäre ein Heuwagen da und das Heu
auf ihm drauf; dann wär schon die Zeit der Kirschernte gekommen.

Da wär auch die Kirschenernte schon im Gang.

Aus den Meerdörfern käme, wer wollte, mit seinem Korb und kletterte auf die Leitern; die Kirschkerne würden in den Himmel gespuckt und ich sähe sie hängen in der hellen Luft, Kirschkern-Sternbilder über den Bäumen.

Es käme der Grasbeißer-Paul und ich schenkte ihm einen Kirschbaum, es käme Radnoti und ich schenkte ihm einen Kirschbaum; es kämen die Toten aus meinem Grabkalender und ich schenkte ihnen die Hälfte meines Eden. Es kämen Susa, Dole und Feuerchen, und es käme der betrunkene Eisenbahner mit seiner Geliebten. Der Herr Vogeler käme auf dem Fahrrad durch die Luft, und selbst Julia hätte etwas gemerkt und käme im wehenden Mantel vor Dunkelheit. Die oberbadischen Seebären kämen auf gestohlenen Traktoren den Hohlweg herauf und der arbeitslose Herr Burgmair käme aus Versehen, Ausweis und Führungszeugnis in der Aktentasche.

Mein Garten Eden ist mir nicht bekannt. Er ist das Wort, das ich verspiele und streiche, wir schulden uns nichts. Mit geschlossenen Augen sehe ich Kirschgärten auf einem Hügel, aber sie fehlen mir nicht in dieser Versenkung. Mein Garten Eden ist das, was ich lebend nicht brauche. Ich gebe ihn frei.

Thomas Wolfe

Der Isenheimer Altar

Weihnachtswoche. Colmar im Elsaß. Auf der Stelle aufge-schrieben.

Der Isenheimer Altar des Matthias Grünewald im Museum Kloster Unterlinden in Colmar.

Dem kommt nichts auf der Welt gleich. Ich hab doch mehr als vier Monate gebraucht, um herzukommen, aber es ist noch großartiger, als man sich's vorstellt.

Der Altar steht nicht geschlossen, sondern dreiteilig neben-einander im offenen Raum aufgebaut. Großer Saal mit ge-ripptem Deckengebälk, wie ein Saal in einem Dominikaner-kloster.

Die ersten beiden Altarflügel. Alles verzogen und außer Perspektive. Die Heilandsgestalt doppelt so groß wie die anderen Gestalten. Der Zeigefinger des hl. Antonius ist viel zu groß für die Gestalt, aber alles an der Gestalt deutet in einer einzigen Bewegung, die über Achsel und Ellbogen verläuft und im Zeigefinger endigt.

Das Lamm auf seinen geraden, flinken Füßen. Das zar-te rechte Vorderbein fein aufs Kreuz gelegt. Das rote Blut springt aus dem unerschütterlichen Herzen in einen Kelch aus prangendem Gold. Ein Meisterstück von sinnbildhafter Gemütsbewegung, wie es einen weit jenseits der Vernunft packt.

Unbeschreiblich der Leib des Gekreuzigten und dessen Agonie. Hände und Füße sind vergrößert, um der Agonie einen vollen, gegenständlichen Ausdruck zu geben. Die Hände sind Sehnenstränge der Agonie, die Füße – bis auf die gekrümmten, gebrochenen, blutenden Zehen – sind keine Füße mehr, sondern verzerrte Sehnenstränge, durch die ein Eisenbolzen getrieben worden ist. Auf die ungeheure, verzerrte Leibeslänge fällt ein übernatürliches Licht, grauweißgrün, und doch ist es ein vollkommen gediegenes Licht. Man kann die Rippen zählen und die Muskeln. Der Kopf fällt nach rechts. Voll von brutaler Agonie. Gekrönt von langen Dornen und rostigem Blut. Der Kopf neigt sich, ist zu groß und schwer, der Heiland ist tot.

Die große, aufrechte Frauengestalt in Weiß bricht nach rückwärts zusammen und fällt in die rotgewandeten Arme des mitleidigen Heiligen. Die Finger der Magdalena in beredtem Flehen gekrümmt.

Die Schwärze der Höllennacht dahinter. Das unirdische grünliche, übernatürliche Licht auf den Gestalten – auf dem toten, sehnigen, verrenkten, angenagelten, riesigen Christuskörper und auf dem lebendigen Fleisch der anderen Gestalten.

Das listige Gesicht der Jungfrau in dem Flügel von der Verkündigung. Die Augen schräg unter den herabgezogenen Lidern mit einem schlauen, schiefen Blick. Der volle, entspannte, sinnliche Mund halboffen, so dass man die Zunge sieht. Ein listig unzüchtiger Ausdruck auf dem ganzen Gesicht.

Eine ungeheure dämonische Intelligenz illuminiert die jubilierenden Engel in dem Teilbild von der Verklärung der Maria. Ein unheimliches goldenes Licht auf den Gesichtern, eine fast unheilige Fröhlichkeit. Man kann wahnsinnige himmlische Musik hören. Bei den Italienern ist das nicht so; da wird so etwas zu Sirup und Zucker.

Georg Büchner

Brief an die Familie

Straßburg, den 8. Juli 1833.

Bald im Tal, bald auf den Höhen zogen wir durch das liebliche Land. Am zweiten Tage gelangten wir auf einer über 3000 Fuß hohen Fläche zum sogenannten weißen und schwarzen See. Es sind zwei finstere Lachen in tiefer Schlucht, unter etwa 500 Fuß hohen Felswänden. Der weiße See liegt auf dem Gipfel der Höhe. Zu unseren Füßen lag still das dunkle Wasser. Über die nächsten Höhen hinaus sahen wir im Osten die Rheinebene und den Schwarzwald, nach West und Nordwest das Lothringer Hochland; im Süden hingen düstere Wetterwolken, die Luft war still. Plötzlich trieb der Sturm das Gewölke die Rheinebene herauf; zu unserer Linken zuckten die Blitze, und unter dem zerrissenen Gewölk über dem dunklen Jura glänzten die Alpengletscher in der Abendsonne. Der dritte Tag gewährte uns den nämlichen herrlichen Anblick; wir bestiegen nämlich den höchsten Punkt der Vogesen, den an 5000 Fuß hohen Bölgen. Man übersieht den Rhein von Basel bis Straßburg, die Fläche hinter Lothringen bis zu den Bergen der Champagne, den Anfang der ehemaligen Franche Comte, den Jura und die Schweizergebirge vom Rigi bis zu den entferntesten Savoyischen Alpen. Es war gegen Sonnenuntergang, die Alpen wie blasses Abendrot über der dunkel gewordenen Erde. Die Nacht brachten wir in einer geringen Entfernung vom Gipfel in einer Sennerhütte zu. Die Hirten haben hundert Kühe und bei neunzig Farren und Stiere auf der Höhe. Bei Sonnenaufgang war der Himmel etwas dunstig, die Sonne warf einen roten Schein über die Landschaft. Über den Schwarzwald und den Jura schien das Gewölk wie ein schäumender Wasserfall zu stürzen, nur die Alpen standen hell darüber, wie eine blitzende Milchstraße. Denkt Euch über der dunklen Kette des Jura und über dem Gewölk im Süden, so weit der Blick reicht, eine ungeheure, schimmernde Eiswand, nur noch oben durch die Zacken und Spitzen der einzelnen Berge unterbrochen. – Vom Bölgen stiegen wir rechts herab in das sogenannte Amarinental, das letzte Haupttal der Vogesen. Wir gingen talaufwärts. Das Tal schließt sich mit einem schönen Wiesengrund im wilden Gebirg. Über die Berge führte uns eine gut erhaltene Bergstraße nach Lothringen zu den Quellen der Mosel. Wir folgten eine Zeit lang dem Laufe des Wassers, wandten uns dann nördlich und kehrten über mehrere interessante Punkte nach Straßburg zurück.

Benno Reifenberg

Straßburger Landschaft

Inniger vom Wasser der Ill umfangen, von Staden und Kanälen genährt, erscheint jetzt Straßburg; denn die Auwälder stromaufwärts trocknen aus, gespenstisch durchstechen blattlose Pappeln das Grün, unbekanntes Gestrüpp nistet sich im leeren Bachbett und den Tümpeln ein. Als ob der Rhein zu rasch sich davonmache und dem alten Gelände treulos geworden sei. Aber Straßburg lebt aus unversieglichen eigenen Quellen; gleich ist man ihnen nahe und atmet die lindernde Kühle. Von den gedeckten Brücken führt ein Laufsteg hinab, das Holzgerüst senkt sich unter den Boden einer Kasematte bis zum Wasserspiegel, und schon zeichnet Schilf die Uferränder, reglos die Zeiten überdauernd hockt der Angler im Kahn. Der Leinpfad beginnt, der »auf eigene Gefahr« zu betreten ist. Aber wer denkt sich Gefahren aus an diesem Sommermorgen unter den Platanen? Alles schließt sich zusammen; wo die Natur beginnt, siegt das Anmutige, und anmutig liegt die Stadt nun schon in der Ferne da, unter ihren Schieferdächern, smaragden von den Alleen eingefasst und mit dem Turm, dessen Farbe jetzt nur Helligkeit wird, sich dem flimmernden Himmelsblau verbindend. Der Kanal durchzieht lichte Felder, die das Gartengelände abgelöst haben, vereinzelte Gehöfte dämmern in der Hitze. Die roten Dächer, die verschlossenen seegrünen Läden, eine kalkige Wand – alle Farben sind in dem heißen Dunst einander verwandt. Blaue Gehölze wandern am Horizont. Es ist die stille, ungemein beharrliche Szenerie, die seit den Gemälden der Impressionisten uns Heutigen als eine Kindheitserinnerung zuwinkt.

Das Bad im Kanal gehört dazu, das vom grünen Licht durchflutete Wasser, der Aufblick aus der Kühle in die Baumkronen und dahinter in das reine Blau. Goethe sprach von dem Entzücken, mit dem er sein Schicksal segnete, in dieser »schönen Gegend eine Zeitlang wohnen und hausen zu dürfen: die ansehnliche Stadt, die weitumherliegenden, mit herrlichen, dichten Bäumen besetzten und durchflochtenen Auen... manche Niederungen, die einen ebenso reizenden Anblick von Wald und Wiesenwuchs gewährten ... einen solchen frischen Anblick in ein neues Land...«

Dann humpelt auf den verrosteten Gleisen die kleine elektrische Zugmaschine heran. Der Monteur schläft halb, wie ein Bauer auf seinem Ochsenkarren. Ja, das sei der Rhonekanal. Später kommt er von der Schleuse im Schildkrötentempo zurück. Der gewaltige schwarze Kahn, den er schleppt, heißt Dorothea und stammt aus Wasserbillig im Luxemburgischen. Der Geruch von Teer erfüllt die Luft. Die Leute im Bereich der Kanäle leben so für sich hin, wie wir uns die Bewohner der Bahnwärterhäuschen denken, denen die Zeit und die Geschichte nicht mehr antut als der Schnellzug dem Gemüsegärtchen, an dessen Sonnenblumen er vorbeiklirrt. Was bleibt, vom Wärterhäuschen gesehen? Ein winziges Viereck über den Schienen, das bald verschwindet, ein wenig Rauch noch.

Auch wer nicht in der Stadt und in dieser ihrer Landschaft gelebt hat, selbst der Fremde müsste wohl als eine sonderbare Macht von Straßburg das Erinnernde hier verspüren, ein Aroma wie von späten Rosen. Der Einundzwanzigjährige damals sah zwar »das Ganze wie eine unbeschriebene Tafel vor sich liegen, noch hatten weder Neigung noch Leidenschaft diese oder jene Stelle besonders herausgehoben«. Für unsere Generation ist die Tafel beschrieben, mit Charakteren, deren Sinn wir ahnen, das Wohl und Wehe mischend. Oder denken wir zuviel in die Menschen hinein, leben sie alle einfacher, natürlicher, jenseits der Geschichte ganz dem Charakter der Gegend verschwistert? Was denkt der Alte, der jetzt langsam über die Chaussee heran radelt? Er trägt eine graue Lüsterjacke, weiße Segeltuchschuhe und eine kuriose Art Tropenhelm, an der Lenkstange baumelt ein Netz mit Frühäpfeln und glühenden Zinnien.

Am späten Nachmittag beginnt die Westfassade, die Lichtgewalt in sich zu sammeln, die Sonnenuntergänge von Jahrhunderten blühen in den Steinen noch einmal auf. So sah man das Münster nie, über den alten Fischmarkt hinweg, an dem der Krieg viel zerstört hat. Ob das Haus noch stand, in dem Goethe wohnte? Nein, der Polizist wusste es nicht. Vergebens wird sein Handbuch durchgeblättert. Dann ruft er einen Mann herbei, einen Arbeiter mit loser Jacke über dem Trikot. Goethe? Der Mann schüttelte den Kopf, er verband nichts mit dem Namen. Doch, sagte eifrig die Verkäuferin im Laden für Reiseandenken, früher hätten sie sogar Postkarten davon gehabt: Die Straße zur Brücke hinunter, rechter Hand, eine Plakette sei angebracht. Aber es fand sich keine Plakette, und zur Rechten hörten bald die alten Häuser auf. Schließlich gab eine weißhaarige Frau, die vor ihrem Geschäft den Laden herunterzog, die Auskunft. Es stand noch ein leeres Gehäuse, unbewohnt, nur unten hatte sich eine Epicerie eingerichtet, es war ein einziger Raum ohne Verbindung mit den anderen Stockwerken. Die Plakette? Sie sei entfernt worden.

Atem jener großen Epoche

Noch in derselben Woche fuhr ich nach Straßburg. Schon auf dem Bahnhof fiel mir die urbane Atmosphäre angenehm auf; französische Laute klangen in mein Ohr, alles schien mir leichter und behaglicher, das Leben in solcher Luft erst lebenswert. Hier fehlte fast völlig der in deutschen Großstädten sonst überall spürbare Hauch von stummer Zwietracht und schleichendem Klassenhass. Zwar sah ich auch hier auf meinem Wege allerlei schlimmes Volk, verwegene Gestalten mit bösem Blick und schiefem Maul, aber es war nicht der belästigende Neid und Streberhass des am Aufstieg verhinderten proletarischen Spießers, der mir zu Hause auf Schritt und Tritt so unangenehm aufstieß. Sondern auf diesen Gesichtern lag entweder eine nonchalante Frechheit oder zynischer Leichtsinn. Ebenso schien dem Bürger die steifleinene Pseudowürde zu fehlen, die im Verein mit knalliger Geltungsprotzerei jenen unerträglichen Dünkel erzeugte, in dessen Bereich alle Lebensfreude abstarb. Vielmehr schien der Bürger in breiter Lässigkeit den Tag zu genießen, ohne sich groß über das Treiben des Nebenmenschen aufzuhalten. Auch fiel mir auf, dass er anscheinend kein Bedenken trug, seinen Frauen und Töchtern weitgehende Freiheit in der Anwendung von Toilettekünsten zu gewähren. Jeden Augenblick blieb ich stehen, um den mir begegnenden Mädchen nachzuschauen, denn ich hatte noch nie soviel gutgekleidete, schöngewachsene Weiblichkeit beisammen gesehen. Je näher ich dem Inneren der Stadt kam, desto mehr fielen mir die vielen Trupps von französisch sprechenden Leuten auf, die zumeist unter Führung eines älteren Herrn oder eines Abbé andächtig die Gebäude und Denkmäler der Stadt betrachteten. In einer Straße jenseits des Kleberplatzes geriet ich in einen ganzen Schwarm von solchen Touristen. Zum Unterschied von den deutschen Touristen, die ich kannte, waren diese gar nicht sportmäßig gekleidet, sondern leicht, salopp und städtisch. Doch das größte Entzücken löste der weibliche Teil der Gruppe in mir aus: die anmutige Beweglichkeit, die diesen fremden Geschöpfen eigen war, begeisterte mich. Ganz besonders erfreuten mich die zehn- bis zwölfjährigen Mädchen mit den langen Korkzieherlocken und den hohen Knöpfstiefeln. Zuweilen bleib ich auch an den Schaufenstern der Schuhgeschäfte stehen und bewunderte mit Inbrunst die dort ausgestellten Fabrikate, die durch die Zierlichkeit und delikaten Formen ihre Pariser Herkunft verrieten.

Erst als ich auf den Kleberplatz zurückkehrte, wurde mein Interesse wieder in andere Bahnen gelenkt. Wie ein alter, vertrauter Traum stiegen die Erinnerungen an die französische Revolution herauf: deutlich glaubte ich den Atem jener großen Epoche zu verspüren. Obwohl ich mich innerlich schon weit von der revolutionären Ideologie des Aufklärungszeitalters entfernt hatte, übte die hier aller Orten spürbare Atmosphäre des heroischen Zeitalters bürgerlichen Machtwillens doch immer noch einen großen Zauber auf mich aus. Namen und Begebenheiten, von denen ich gelesen hatte, tauchten auf. »Eulogius Schneider, der Tyrann des Elsaß« hatte eine jener blutrünstigen Geschichten geheißen; eine andere von dem bürgerlichen Erkmann-Chatrian. »Madame Therese«, ließ mich das Elsaß im unheimlichen Widerschein der jakobinischen Trikolore schauen. Viel trug zu diesem

Eindruck die Architektur des Platzes bei, es waren dieselben Fassaden, die ich so oft auf alten Stichen und Darstellungen aus der jakobinischen Schreckenszeit gesehen hatte und die immer mein besonderes Wohlgefallen hervorriefen. Ein mir selbst unerklärliches Heimweh hatte mich jedes Mal ergriffen beim Betrachten der Plätze und Straßen französischer Städte. Auch jetzt empfand ich wieder dieses geheimnisvolle Gefühl des Hier-zu-Hause-Seins. Dagegen hinterließ der Anblick des Münsters keinerlei nachhaltigen Eindruck in mir. Sei es, dass mir die Welt der Gotik damals verschlossen war, sei es, dass ein antichristlicher Affekt der Grund für mein Versagen war, genug, dieses grandiose Werk blieb für mich stumm. Doch bestieg ich die berühmte Plattform, um die herrliche Aussicht zu genießen; aber auch her interessierten mich die ausländischen Besucher weit mehr als alle kunsthistorischen Reminiszenzen. Ich erinnere mich noch genau an einen französischen Curé, der lebhaft gestikulierend neben einem auffällig gekleideten Frauenzimmer die Plattform abschritt. Dieser Anblick fesselte mich, denn ich war von Zuhause nicht gewohnt, Priester in Gesellschaft so auffällig gekleideter Damen zu sehen. Das erregte mein höchstes Wohlgefallen, erschienen mir doch solche freie Sitten eine lebendige Demonstration gegen den ungelüfteten Mief heimischer Tugendschnüffler.

Als ich spät abends mit dem letzten Zug abfuhr, konnte ich mich eines wehmütigen Gefühls nicht erwehren. War es mir doch, als ob ich eine zweite Heimat verließ. Der intime Reiz der engen Gassen mit den hohen Häusern und den kleinen Restaurants, das zivile und höfliche Benehmen der Menschen, die großen Erinnerungen an ein bedeutsames Stück französischer Geschichte, das schimmernde Zwielicht der Grenze zweier Kulturen lockte und zog mich mächtig an. Aber ganz verborgen und beinahe verschüttet lebte tief im innersten

Winkel meines Herzens noch eine andere Heimat. Oft verachtet und in törichter Scham verschwiegen, mit Gewalt aus meinem Denken und Gefühlsleben in die tieferen Schächte des Unbewussten verdrängt, brach doch immer wieder in Augenblicken sehnsuchtsvoller Verlassenheit die heiße Liebe zu den düster-heimlichen Hängen des Schwarzwaldes hervor, deren wundersame Formen mir in früherer Kindheit das Bild der Welt ins empfängliche Herz geprägt hatten. Auch jetzt saß ich wieder träumend am Waggonfenster und beschwor das strahlende Bild der fernen Jugendzeit. Auf solche Weise versuchte ich der trüben Aussichtslosigkeit meiner erotischen Wunschträume zu entfliehen. Und zu allemhin plagte mich auch noch das schlechte Gewissen. Durfte ich mir denn eine derartige kindische Gefühlsduselei erlauben? Nein und abermals nein! Das passte doch ganz und gar nicht zu dem Habitus eines antibürgerlichen Dekadents. Wütend über meine unzulässige Schwäche, schalt ich mich einen sentimentalen Esel, einen armseligen Trauerwedel, der sich durch läppischen Gefühlsüberschwang von seiner kühnen Bahn abdrängen lässt. Tief pessimistisch und an mir selbst verzweifelnd, traf ich um Mitternacht in K. ein.

Hans Arp

straßburgkonfiguration

1

ich bin in der natur geboren. ich bin in straßburg geboren. ich
bin in einer wolke geboren. ich bin in einer pumpe geboren.
ich bin in einem rock geboren.
ich habe vier naturen. ich habe zwei dinge. ich habe fünf sinne.
sinn ist ein unding. natur ist unsinn. platz da für die natur da.
die natur ist ein weißer adler. platz dada für die natur dada.
ich modeliere mir ein buch mit fünf knöpfen. die kunsthauerei
ist der schwarze blödsinn.
dada ist in zürich geboren. zieht man straßburg von zürich
ab so bleibt 1916.

2

die nymphe obliegt dem leben.
der general hat einen wesentlichen platz in der natur.
die pyramidenpumpe hat vier knöpfe zwei löcher. die pyramidenpumpe pumpt schwarze vögel in die natur. ich pumpe
natur. du pumpst kunst.
straßburg liegt in einer wolke.
fünf besen liegen. vier besen sitzen. zwei besen stehen.
weißt du die natur ist ein knopf. weißt du die natur ist ein
schwarzes loch. weißt du die kunst ist ein schwarzes loch. in
jedem loch ist eine wolke. modeliere mir ein loch in einem
loch und in diesem loch zwei löcher und in jedem dieser
zwei löcher vier löcher und in jedem dieser vier löcher fünf
löcher.

die wolkenpumpe pumpt unter freuden die wolken aus den röcken. die wolkenpumpe pumpt gegen den kunstrock der nymphe.

3

ich bin in straßburg geboren.

ich habe fünf gedichtbücher herausgegeben. die titel dieser bücher sind der vogel selbdritt – die wolkenpumpe – der pyramidenrock – weißt du schwarzt du – vier knöpfe zwei löcher vier besen.

1916 habe ich in zürich unter freuden dada geboren. dada ist für den unsinn das bedeutet nicht blödsinn. dada ist unsinnig wie die natur und das leben. dada ist für die natur und gegen die kunst. dada will wie die natur jedem ding seinen wesentlichen platz geben.

außerdem obliege ich teils sitzend teils stehend der bildhauerei. niemand kann mir nachweisen dass ich je eine nymphe einen general oder einen adler modeliert habe.

4

weißt du niemand kann mir nachweisen dass ich nicht ein adler bin. der adler obliegt dem leben. weißt du der adler hat fünf leben und vier naturen. weißt du der adler hat außerdem einen titel. schwarzt du der general hat fünf titel fünf knöpfe an seinen zwei sinnen und vier löcher in seinen freuden. die natur aber und ich sind gegen die freuden und geborenen dinge. die natur obliegt dem leben ob sie liegt sitzt steht.

12

die schwarze wolke im weißen rock gebiert unter freuden ein vogelding.

Karl Julius Weber

Unterwegs zum Kniebis

Und nun nach dem Arkadien Badens, dem Tale, das die Murg durchschlängelt, vom Kniebis, wo sie entspringt, bis an den Rhein, etwa vierzehn Stunden, die badische Schweiz. Der Eingang ist bei Kuppenheim, eine Stunde von Rastatt, das Tal noch weit und fruchtbar, die Berge des Schwarzwaldes noch in blauer Ferne und bald gelangen wir zum Amalienberg, eine Schöpfung des tätigen Rindenschwenders, auf einem vormals kahlen Felsen. Die fürstliche Familie pflegte den wackeren Mann jedes Frühjahr zu besuchen und Karl Friedrich setzte ihm ein Denkmal. Am Fuße des Berges liegt das gewerbsame Gaggenau mit Glashütten und Eisenhammer. Von da führt ein Fußpfad durch Offenau und Hördt nach dem heiteren Städtchen Gernsbach, hinter welchem sich aus schwarzen Tannenbergen die Burg Eberstein erhebt. Zu Gernsbach lebte in den 1780er Jahren eine Frau, die mit Drillingen niederkam, flugs aufstand, den Vater barbierte und zum Herrn Pfarrer schickte, um den reichen Segen Gottes anzuzeigen. Bei den Armen sind solche Heldinnen weniger selten und von weit weniger Umständen – selten mögen sie Sr. Hochwürden in Verlegenheit setzen wegen der Taufe und noch weniger wegen des Vaters!

Gernsbach ist der Sitz einer ansehnlichen Schiffergesellschaft, welche die bedeutenden Waldungen bis nach Forbach hin besitzt und jährlich wenigstens 400 000 fl. in Umlauf setzt. Auf der Murg gehen die Borde (Bretter) und Stämme nach Steinmauren in Rhein bis nach Oppenheim, wo sie zu größeren Flößen zusammengesetzt werden. Das Volk, das von der Gesellschaft viel verdient, sagt nie anders als Herr Schiffer. Die Holzflöße bringen Leben auf die Murg und an den Bergabhängen weiden die schönsten Herden – die Hörner der Hirten ertönen und die Stimmen des Waldes erwidern sie. Wilder strömt jetzt die Murg durchs Tal, Granitblöcke hemmen ihren Lauf und romantisch blickt eine alte Kapelle aus dem Tannenwalde, genannt der Klingel. Die alte Burg Eberstein (die Grafen starben erst 1660 aus) hat Markgraf Friedrich wieder herstellen und verschönern lassen – in meinen Augen der schönste Standpunkt im Murgtal.

Von da an gelangt man nach Oberrot, Hilpertsau, wo noch Obst, Reben und Kastanien gedeihen und malerisch liegt Weissenbach, um dessen altes Kirchlein sich die Gräber der Bewohner gruppieren in Rebengeländen und süße Wehmut erfüllt den Wanderer. Hinter dem Dorfe wird die Natur wilder und rauer – die Murg rauscht schon einige 100 Fuß tief neben dem Pfade und mächtige Felsenmassen blicken zwischen Hainbuchen und Tannen hervor – bald gibt es nur noch Beeren und Kartoffeln! Man nähert sich Langenbrand und fühlt nun selbst, dass man im Schwarzwald ist. Immer höher geht es Gausbach zu, überall Heuscheunen in engen Schluchten, überall gelbe hässliche Weibergestalten, die das Feld bearbeiten, während die Männer Holz hauen und flößen. Überall wechseln nun mit Dörfern und Weilern einzelne Sägemühlen, Ölmühlen, Teer- oder sogenannte Schmierhütten, Holzvorräte, Pottaschensiedereien und dann wieder Matten mit dem schönsten Schweizervieh. Die Pechsieder rechnen auf einen Baum 1½ Pfund Harz jährlich, welches versotten ¾tel Pfund Pech gibt. Man sieht viel Knierußöfen und es ist nicht die Schuld dieser Schwarzwälder, wenn sie nicht auch chinesische Tusche machen, denn es fehlt der Ölrettich!

Forbach ist der letzte badische Ort und das Reiseziel der meisten, wenn sie etwa das schöne Albtal mit den ehemaligen Klöstern Herren- und Frauenalb mitgenommen haben, denn nur bis Forbach kann man bequem fahren. Wir weilen auch daselbst, lassen uns in der Krone die Forellen schmecken, aber den anderen Morgen setzen wir als rüstige Fußgänger unseren Stab weiter, denn der Kniebis ist unser Ziel. Wäre es auch nur um die sogenannte Schwellung zu sehen, durch die man das Holz aus den Waldbächen in die Murg bringt, so verdiente schon die Wanderung Fortsetzung. Im Schweigen wilder Wald-Einsamkeit gelangen wir nach drei langen Stunden endlich nach Schwarzenberg, die uns aber in Gesellschaft und in Gesellschaft der Waldbäche und Felsengruppen von den buntesten Gestalten nicht zu lange dünken. Man sieht nun nicht mehr, als Einzelhöfe unter dem Schutze einer Felsenmasse – Hutzenbach, Schöngrund, Rot, Hesselbach – von ¼ Stunden zu ¼ Stunden und Murg und Felsen lassen kaum Raum für den schmalen Pfad des Wanderers. Reichenbach, ein vormaliges Benediktiner-Priorat ist schon wieder bedeutender und hier kann man auch wieder mehr haben, als Milch, Kartoffeln und Speck. Statt der längst verlorenen Obstbäume gibt es Bienenstöcke. Malerisch liegt das eine Stunde entfernte Baiersbronn (von wo es noch 1 ½ Stunden nach Freudenstadt sind) der Anfang der Murg, folglich das Ende des Murgtals.

Horst Krüger

Baden-Baden der grüne Salon

Es ist schön, hier als Fremder einzukehren. Es ist schön, durch die vornehme, grüne Stille der Lichtenthaler Allee zu fahren – »Allee der Könige« wurde sie früher genannt. Alte, silbergeschmückte Damen sitzen auf den Bänken und sehen dem Autofahrer mit dem rechthaberischen Blick reicher Greisinnen nach. Wer aus dem lauten, ein wenig plebejischen Treiben unserer Großstädte kommt, Düsseldorf, Essen, Hamburg, wer dem Chaos der Autobahn zwischen Mannheim und Heidelberg entronnen ist, atmet auf, fühlt sich von einer Oase der Stille umfangen. Mein Gott, wie grün und still ist hier alles. Lasst uns hier bleiben! Tannen, Kiefern, Zedern, Koniferen, blaue Berge, exotisches Grün. »Kommen Sie nach Baden-Baden«, schrieb Turgenjew an Flaubert, »hier gibt es Bäume, wie ich noch keine gesehen habe.« Und Turgenjew blieb hier von 1863 bis 1867.

Ein letztes Fluidum großbürgerlicher Eleganz schwingt mit: Hotelpaläste, Gartenlandschaft, Golfplätze. Brenners Park-Hotel: vor dem Portal, ausladender Jugendstil, stehen schwarz- und grünlivrierte Diener und heben ehrwürdige Mumien respektvoll aus schwarzen Karossen. Schwere, teure, dunkle Wagen rollen an. Der Schofför steht ehrerbietig neben der Wagentür. Ein kleiner Herr kommt aus dem Portal, Diener daneben, Trinkgelder werden ausgeteilt. Der Schofför hat die Schirmmütze abgenommen und hält sie stramm an der Brust angewinkelt. Der kleine Herr steigt ein. Der Wagen fährt ab. Sein rückwärtiges Schild zeigt eine Nummer aus Mailand. Wer fährt von Mailand nach Baden-Baden?

Die Diener sind badische Jungen, braun und adrett wie hier die ganze Jugend, und was sie herausheben, kommt aus den neuen Metropolen des Geldes: aus Hamburg, Düsseldorf oder Frankfurt. Es kommt auch aus den alten Metropolen Europas: aus Paris und London, Brüssel und Rom. Noch immer gibt es dort alte Familien, deren Ahnfrau von Baden-Baden schwärmt. Hier muss man Bridge spielen, hier Baccarat, im August ist in Iffezheim das Rennen, zum Abschluss der Großen Woche ein Galaabend. Wer nicht dabei war, zählt der eigentlich in Oxford oder Essex zur Gesellschaft?

Jedes Jahr zur Sommerzeit wird hier ein Stück aufgeführt, das von liebenswerter und komischer Antiquiertheit ist, kein Stück eigentlich, ein Fragment nur, ein Reststück von jener Gesellschaft, die sich tatsächlich hier einmal ein Stelldichein gab. 1860 glanzvolles Fürstentreffen, Kongreß des Adels im Neuen Schloss, 1863 kamen hier Kaiser Franz Joseph von Österreich, Alexander von Russland und Napoleon III. von Frankreich zusammen – wer weiß noch etwas davon? Die Gesellschaft ist ausgestorben, der Adel dahin, Turgenjew, Dostojewskij und Berlioz sind tot. Aber die Komparsen des Stücks sind noch da: Diener und Zimmermädchen, Hausknechte und Kutscher. Hier gibt es noch Aufgänge »nur für Herrschaften« und Türen »nur für Lieferanten«. Hier gibt es noch besorgte Hoteliers und eilfertige Kellner. Das Stück heißt Gesellschaft. Sein Bühnenbildner ist die anmutige badische Landschaft zwischen dem Oberrhein und den Schwarzwaldhängen. Sein Regisseur ist das Kapital, das mächtige Männer, Mitte fünfzig, fernab in Norddeutschland und im Ruhrgebiet verdienen. Industrie spielt hier gern große Welt.

Sie kommen auf ein Wochenende mit ihrem Mercedes und

lassen die alten Herrschaften für ein paar Wochen hier. Denn Baden-Baden ist ein grüner Salon, ein Salon der alten Welt. Hier kann man – sofern man Geld hat – überflüssige Schwiegermütter und kranke Großväter, betagte Tanten und ehrwürdige Cousinen auf das angenehmste abstellen. Hier wird das Alter, sofern es reich ist, noch geehrt. Hier erwartet sie alle, die nun durch die gepflegten Parks an silbernen Stöcken wandeln, ein Abglanz der großen Welt, der alten Eleganz: hier macht man »Kur«. Es erwartet einen das Kurhaus (Weinbrenner erbaute es zu Beginn des 19. Jahrhunderts) mit Wandelsaal und Gartensaal, mit Blauem Zimmer und Gelbem Zimmer, mit dem Kleinen und dem Großen Bühnensaal, mit Spiegelsaal und Rundem Saal und Terrassen, Bars und Kongresssaal. Die ganze feine Welt war hier zu Hause. Man wandelt vor den weißen Säulen des Kurhauses. Das Orchester spielt immer Berlioz, Flotow und Grieg. Abscheulich.

In der Spielbank sind die Gäste etwas jünger. Herren zwischen vierzig und sechzig beherrschen das Bild. Wohlhabende, reiche Herren mit den nichtssagenden Gesichtern neudeutscher Industrie, große und kleine Könige der freien Marktwirtschaft, die hier atemberaubende Summen lässig verspielen. Auch hier wieder, nach dem großen französischen Vorbild, Säle: der Weiße Saal im Stil Louis' XVI., der Rote Saal, der Gelbe Saal, Salon Pompadour, wo am Wochenende nur mit Gold- und Silbermünzen gespielt wird, der Grüne Saal im Renaissance-Stil Louis' XIII. Festliche Umgebung mit höfisch livrierten Dienern, die dem Schnürsenkelfabrikanten aus Mannheim und dem Schrottkaufmann aus Frankfurt höflich die Zigarrenasche abklopfen. Man spielt mit hohen Einsätzen, denn man hat mit Energie und Maßhalten gut verdient. Blaue Hundertmarkscheine liegen auf den grünen Tischen herum. Ein Croupier sagt: »Danke, hundert für die

Angestellten.« Und dann fliegt aus einer Ecke ein rotgebündelter Hundertmarkscheinblock über den Tisch: jemand kauft für 5000 DM gleich beim Croupier Chips. Niemand sieht auf. Die Kugel rollt. »Nichts geht mehr«, ruft der Croupier; es geht wirklich nichts mehr, denn der grüne Spieltisch ist überfüllt, übersät mit Einsätzen, es sieht gelb und rot und golden gesprenkelt aus, und noch immer rollt die weiße Kugel in dem großen, hellbraunen Roulett: Freuden des reichen Alters.

Und da ist das Thermalbad: Bade-, Trink- und Inhalatorien-Freuden, sanfte Strapazen, Thermalquellen, Friedrichsquellen, Murquellen. Schon seit der Römerzeit wird hier heiß gebadet: Achtundsechzig Grad heiß fließt das Wasser, das Leben spenden soll, radioaktives Kochsalz. Täglich liegen hier unbeschreiblich dicke Männer im Wasser, im Schlamm, im Dampf, im Sand und lassen sich kalt und heiß abspritzen, lassen sich reiben, trocknen und massieren. Es ist ein hoffnungsloser Kampf mit dem Wohlstand, der hier täglich mit Seifenschaum und Dampf neu zelebriert wird, und niemand außer denen, die davon leben, glaubt so recht an seinen Erfolg. Aber man muss dabeigewesen sein. Man muss es kennen.

Also: Salon der alten Welt? Greisenschuppen der Bundesrepublik? Nicht nur, aber doch sicher ein Treffpunkt für die Leute von gestern. Bühler Höhe liegt nahe, und unter den Gästen, die hier zur Kur weilen, sind oft Prominente: Politiker, Wissenschaftler, Künstler konservativer Couleur. Hier sind sie unter sich und können noch einmal den heimlichen, kostspieligen Traum der Welt von gestern träumen. Wirklich, man kann in Baden-Baden zur Kur weilen. Es ist schön hier – drei Wochen lang. Wer länger bleibt, merkt bald, dass diese flüchtige, bezaubernde Geliebte im Grund eine störrische alte Dame ist. Aber muss man so lange verweilen?

Wer die Fremersbergstraße entlangfährt, muss kurz vor dem Golfhotel links auf ein kleines blaues Schild achten. Sonst wird er es nie bemerken. Man kann Jahre in Baden-Baden leben, ohne zu wissen, dass die schmale Abzweigung links in eine andere Welt führt. Nach wenigen Metern öffnet sich der Blick auf die Funkhöhe. Hier liegen, auf die sanften, grünen Bergzüge verteilt, fast versteckt, zahlreiche moderne Pavillons: Glas, Beton, flache Dächer, Parkplätze, die den jüngsten Stand der deutschen Motorisierung spiegeln. Eine deutsche Sendestation unterhält hier ihre Zentrale, Hörfunk- und Fernseh-Studios. Hier werden Fernsehspiel und Features produziert, die man in Hamburg und München akzeptiert, als wenn sie in Hamburg oder München produziert worden wären. Konzerte der europäischen Avantgarde werden hier öffentlich aufgeführt; die ärgerliche Modernität von Donaueschingen hat hier ihre spirituellen und organisatorischen Ursprünge. Von Stockhausen bis Boulez sind sie hier immer wieder zu Gast gewesen. Am Nachmittag zwischen zwei Proben herrscht in dem kleinen Fernseh-Kasino, das auf vier hohen, schmalen Betonsäulen etwas verloren gleichsam in der Luft hängt, ruheloses Kommen und Gehen. Es ist schwer zu sagen, ob man sich in einem Kasino in Zürich oder Berlin, in München oder Hannover befindet. Junge Farbige, die zu einer Jazz-Aufnahme aus Amerika kamen, hocken mit ihren Mädchen, Coca-Cola trinkend, nervös und gelangweilt an den Tischen, bis irgendein Lautsprecher sie unsanft abruft. Schauspieler, die übermorgen wieder in Zürich oder Berlin auf der Bühne stehen werden, sitzen vor ihren Manuskripten und werden bis tief in die Nacht hinein im Hörspielstudio an einem Böll- oder Andersch-Text arbeiten. Hier wird moderne Bewusstseinsindustrie produziert: zwei Fernsehprogramme, zwei Hörfunkprogramme je achtzehn Stunden täglich. Das alles muß mit der Qualität und Präzision moderner Kulturindustrie erarbeitet, geprobt, getestet und durchgespielt werden.

Ist das in Baden-Baden zu machen? Ja, es ist zu machen, sagen die Sachverständigen. Der Ort mit seiner Abgeschiedenheit bietet mehr Ruhe zu ernsthafter Arbeit als eine Großstadt heute. Man ist hier dem Druck mächtiger Massenorganisationen weniger direkt ausgesetzt. Man nimmt die Sensation, die in der Stadt heute groß und morgen vergessen ist, hier erst gar nicht wahr. Lästige Besucher sind selten. Gute Leute kann man sich holen. Freilich oft unter Schwierigkeiten: Produktion ist eine Sache des Fahrplans. Ja, es ist möglich, in Baden-Baden in Kulturprogramm zu machen, das nichts mit Baden-Baden zu tun hat und das doch im geheimen diesem Ort noch verbunden ist: seiner Abgeschiedenheit, seiner Stille. Vieles an Zwietracht, an Intrigen, das den Geist der Großstadtbetriebe so oft vergiftet, erledigt sich hier von selbst. Berge, Wiesen und Wälder sprechen ihre eigene stille Sprache der Besänftigung. Alle Anflüge zu einer anonymen Mammutbürokratie scheitern hier. Kein Portier versieht den Besucher mit Laufzetteln und Sprecherlaubnisscheinen. Bis spät in die Nacht stehen die Glastüren der Pavillons hell erleuchtet und unbewacht offen. Hier könnten Gangster mit Lastwagen vorfahren und noch spät in der Nacht die technischen Studios und Redaktionen ausräumen.

Aber Einbrecher gibt es kaum, Ganoven sind im weiten Umkreis von Baden-Baden Mangelware, und Revolutionäre, die in Stunden der Machtergreifung auch eine schwer zu unterdrückende Vorliebe für Rundfunkstationen haben, hat es hier nur im Ruhestand gegeben. Hier wandelten gern gekrönte Häupter regierender Häuser inkognito.

Otto Jägersberg

Nach Karlsruhe nur ein Katzensprung

Manchmal sind wir so leer so verzweifelt
dass wir gar nicht anders können
und nach Karlsruhe fahren
Peng über die Autobahn

Wenn wir in Karlsruhe sind
suchen wir einen Parkplatz
Manchmal dauert es wie in einer Großstadt
mit dem Parkplatzsuchen

Wir gehen über die Kaiserstraße
einmal links einmal rechts die Kaiserstraße
Kaufhaus Schneider, Tchibo, Eduscho und Woolworth
Immer reden wir davon
einen dieser zeitlosen Anzüge
bei Woolworth zu kaufen
aber es bleibt immer bei Socken
Unterhosen und Haarwaschmittel

Wir trinken einen Tchibo und manchmal
einen Eduscho in Karlsruhe
Zurück über die Autobahn
kontrollieren wir den Stand
der Erweiterungsarbeiten
Bald können wir endlich dreispurig
nach Karlsruhe fahren

Albert Geiger

Dingsdahausen

Dingsdahausen nennen wir eine mittlere Residenzstadt im südwestlichen Deutschland, welche noch jüngeren Datums ist, aber doch schon anspruchsvollen Schrittes neben älteren und gewichtigeren Schwesterstädten einherzutreten bemüht ist.

Dingsdahausen soll seine Gründung der Laune eines Duodezfürsten jener Zeit verdanken, der bei der Jagd eingeschlafen war und deshalb beschloss, ein Lustschloss und späterhin eine Stadt an dieser Stelle zu errichten.

Dieser Bericht klingt insofern etwas unglaubhaft, als Duodezfürsten jener Zeit gewöhnlich nicht bei der Jagd, sondern bei Staatsgeschäften einzuschlafen pflegten.

Die Stadt entwickelte sich gemäß dem Willen ihres Gründers zur Form einer in der Mitte auseinandergeschnittenen Geburtstagstorte, deren Zentrum das Schloss mit einem hohen Turm bildete, von dem aus die Gassen wie die Tranchenstreifen besagten Kuchens sich nach der Peripherie ausbreiteten. Wenn der gnädige Landesfürst guter Laune war und Lust hatte, so konnte er den Turm besteigen und mit einem guten Fernrohr genau wahrnehmen, was der Hoffourier »So« und »So« und der Kammerrat »Der« und »Der« zum Nachtessen auftragen ließen. Das Wasser dieser Stadt ist bis auf den heutigen Tag sehr kalkhaltig geblieben. Und es liegt in Folge dessen die Gefahr der Verkalkung und anderer Begleiterscheinungen dieser Krankheit sehr nahe. Goethe behauptet von dem Hof in Dingsdahausen, nachdem dieser Hof bereits vorgeschrittenere Form angenommen hatte: er gehöre zu jenen mittleren und kleineren Höfen Deutschlands, an denen man schlecht esse und noch schlechter trinke. Doch dürfte diese Tagebuchnotiz an Frau von Stein ohne Zweifel einer üblen Laune des Olympiers entsprungen sein, der damals gerade von der Schweiz kam, wo man ihn glänzend bewirtet hatte und dem mit gutem Essen und gutem Wein übergesegneten Frankfurt zustrebte. Denn alles was Recht ist, in Ehren: in Punkto der Verköstigung konnte es der Hof von Dingsdahausen immerhin noch mit dem von Weimar aufnehmen. –

Im Laufe der Zeit wurde Dingsdahausen größer, entwickelte sich aus dem Knaben zum Jüngling, und aus dem Jüngling zum Manne. Unter dem Einfluss des napoleonischen Geschmackes entstand ein stattlicher Marktplatz mit einer Kirche im Stil der Pariser Madeleine, einem etwas nüchternen Rathaus, Schulhäusern und andern dem Stil angepassten Gasthöfen und Privathäusern. Eine seltsame Zierde dieses Platzes bildet eine Pyramide, unter welcher der Gründer der Stadt sich des wohlverdienten Schlafes erfreuen konnte. Auch an Obelisken und Brunnen mit Fürstenstandbildern fehlte es nicht. In Dingsdahausen tat man sich sehr viel auf diesen Platz zu gut. Man nannte ihn »großzügig«. Er entbehrte denn auch in schönen Mondscheinnächten nicht einer gewissen Romantik der Ödigkeit. Schöner war es freilich, wenn an heiteren Frühlings- oder Herbsttagen das lebhafte und buntbewegte Treiben des Marktes sich dort abspielte.

Die Tortenform der Stadt Dingsdahausen wurde dann immer mehr verlassen. Die Schlagbäume fielen. Und die neue Zeit marschierte mit frohem Mut in die alte Stadt herein. Die neue Zeit mit allem Zubehör: Eisenbahn, Fabriken, vermehrter und nicht immer geschmackvoller Bautätigkeit, mit einem neuen Gesellschaftsgefüge und veränderten Lebensbedingungen dieser Gesellschaft. Jenseits der aufgehobenen Schlagbäume entstanden neue Stadtteile. Sie zeigten zumeist im Gegensatz zu der gemütlichen oder langweilig vornehmen Bauart der Altstadt die grausamen Architektenkünste der sogenannten Renaissance der siebziger und achtziger Jahre des neunzehnten Jahrhunderts. Dann kam die neue deutsche Bauweise. Unter ragenden Föhrenwipfeln des Waldes, der zu einem großen Teil die Stadt umgab, wurden Villenkolonien angelegt. Der begüterte Bürger begann der Zinshäuser satt zu werden und sich ein eigenes Heim aufzubauen. Da freilich hier der Wille des Bauherrn mit dem des Architekten des öfteren zusammenstieß, so entstanden oft seltsame Bauwerke, wie es dieser Stadt in ihren neueren Stadtteilen an einem einheitlichen Bauplan überhaupt fehlte. Zu Beginn dieser Geschichte war man bereits bei der »Gartenstadt« angelangt. Dingsdahausen rühmte sich, auch in dieser Richtung an der Spitze seiner Schwesterstädte zu marschieren.

Wie aber nun einmal eine Stadt ihr Eigentümliches immer und immer wieder in ihren historischen Teilen haben wird, so musste sich der Feinschmecker immer wieder an die Gegenden der Stadt halten, welche den ursprünglichen Kern von Dingsdahausen bildeten: Das in Rundform gehaltene einfache Barockschloss, das in klassischem Stil errichtete Theater, die Palais der minderen Fürstlichkeiten, die Ministerien und Verwaltungsgebäude, die Privathäuser älteren Stils: alle wie Trabanten dem Schlosse in ehrfurchtsvoller Entfernung vorgelagert, mit hallenden Arkaden, unter denen die Lampen des Nachts ihre blassen Schatten hervorwarfen; weiterhin die Gassen, die gleich dem Schlossplatz mit ragenden Bäumen und traulichen Häusern hinausliefen in die Neustadt. In dieser Gegend träumte Dingsdahausen noch immer von dem

Schlaf unter grünen Waldeskronen, den sein Schöpfer einst hier gehalten hatte. Aber seltsam: von diesen historisch gewordenen Stätten ging zugleich ein Hauch dieser bedächtigen und beschaulichen Zeit hinaus in die neue Stadt mit ihrem regsameren Leben und ihrem eifrigen Vorwärtswollen. Das Wort: Residenz mit dem Inbegriff einer selbstgenügsamen oder streberhaften Beamtenschaft schien sich dem Tieferblickenden manchmal wie eine Art von Lähmung auf alles Das zu legen, was Industrie, Gewerbe, Stadterweiterung, erhöhter Gemeinsinn im Wetteifer anstrebten. Dingsdahausen bot etwa das Bild einer Landschaft, die ein dünner Nebelflor umschleiert, den die Sonne durchbricht, und den sie doch niemals so ganz zu verjagen vermag.

Betrachten wir nun die Kulturhöhe, welche diese aus älteren und neueren Bestandteilen zusammengewürfelte Stadt in den zwei Jahrhunderten ihres Bestehens erreicht hatte, so müssen wir, um gerecht zu sein, die Bevölkerung ins Auge fassen, welche diese Stadt seit dem ersten Bestehen dieser Siedelung bewohnt hatte. Da Dingsdahausen gewissermaßen aus dem Boden gestampft war, so konnte man nicht in üblichem Sinne von dem Werden einer Stadt sprechen, und ebenso wenig von dem Werden einer Bevölkerung. Eine Schar Bauleute, eine Schar Handwerker, wenig Gewerbetreibende, Kramläden und Wirtshäuser, ein Hofstaat vom Läufer bis zum Zeremonienmeister, eine nicht geringe Anzahl von Verwaltungs- und Gesetzesbeamten: das war etwa die Art der ursprünglichen Bevölkerung von Dingsdahausen. Dazu mochten noch Zuzügler aus den benachbarten Orten und Städten kommen. Es fehlte also an jenen ehrwürdigen, lange Jahrhunderte alten Adels- und Patriziergeschlechtern, es fehlte aber auch an jenem seit Jahrhunderten eingesessenen Mittelstand, welche von jeher die eigentlichen Träger einer wahrhaften Kultur waren. Infolgedessen war es für Dingsdahausen viel schwieriger, Kultur aus sich selbst heraus zu erzeugen. Die Fürsten dieser Stadt gaben sich zum Teil redliche Mühe, kulturfördernde Elemente heranzuziehen. Allein der wahrhafte Grundstein einer Kultur war nicht vorhanden. Und damit wurde die Kultur auch nicht zu jenem Gebäude, das ältere Städte so machtvoll aus sich heraus emporgetürmt hatten. Die Kultur Dingsdahausens hatte in ihrer älteren Zeit etwas Anerzogenes und Blasses, etwas Markloses, wie es die Schlöpferlaunen der »erleuchteten Despoten« da und dort hervorgebracht haben. In ihren neueren Bestandteilen stand sie im sogenannten »Zeichen des Verkehrs«. Je nachdem es den Fürsten glückte, tüchtige Männer nach Dingsdahausen zu locken, kamen das Theater, die Kunstschule, die technische Hochschule in Flor. Aber in allem dem konnte man nichts Beharrendes erblicken. Zumal diese Kulturentwicklung von dem jeweils regierenden Fürsten abhängig war. War er »kultur- und kunstliebend«, so war ein starker Auftrieb unverkennbar. Allein der Mangel einer eigentlichen Tradition war einer fortschreitenden Kulturentwickelung nicht förderlich. Was der eine Fürst in die Höhe getrieben hatte, das ließ der andere langsam wieder sinken. Und so war denn hier ein bergauf, bergab unverkennbar, das bei aller wohlwollenden und anerkennenden Schätzung zuweilen das Gefühl des Missbehagens, ja Verdrusses in den Edlerdenkenden lautwerden lassen musste.

Alfred Mombert

Die erste Erinnerung an den Rhein

Mein Vater stammt aus dem alten Städtchen Wanfried an der Werra, wo sein Vater viele Jahre Landarzt war. Meine Mutter wurde in Cleve am Rhein geboren. In früher Jugend schwamm ich zwischen seinen grünen Wellen; schiffte auf seinem starken Rücken zum Meer hinunter; schwärmte an seinen sonnigen Rebhügeln. Aber erlebt (was ich erleben nenne) habe ich den Rhein erst später. Dann aber auch um so gewaltiger, um so nachhaltiger. Es geschah das damals, als ein kosmisches Bewusstsein in mir aufgegangen war: Spiegel von Himmel und Erde.

Ich bin über die Plejaden und den Orion an den Rhein gelangt.

Wer nun glaubt, das sei ein zu großer Umweg, das könne man näher haben: der hat keine Ahnung vom Weltgesetz der Polarität; und vom Weltzustand; und vom Geist des Menschen. Der weiß auch nicht, dass er den Rhein nie besitzen kann, er gewänne denn dazu die Plejaden und den Orion. Beides vereint bildet das, was man sinnbildlich die Heimat eines Menschen unseres Landes nennen mag.

Ich habe den Rhein nie »be«dichtet oder »an«gedichtet; aber ich denke, man hört immer sein Strömen an meiner Seite. Und die »Lerchen an den Ufern des Rheins« singen in meinen Dichtungen noch jenseits unseres Sonnensystems. Es ist das gar nicht so seltsam, als es dem oberflächlichen Blick scheinen mag, und es ist durchaus nicht nur einem Kenner der höheren

Metaphysik zugänglich, sondern auch einem einfachen (aber freien) Herzen. Spiegeln doch auch die Wasser des Rheins seit ewigen Zeiten das Bild des fernen Atair!

Ernst Stadler

Herrad

Welt reichte nur vom kleinen Garten,
  drin die Dahlien blühten, bis zur Zelle
Und durch die Gänge nach dem Hof
  und früh und Abends zur Kapelle.
Aber unter mir war Ebene, ins Grün versenkt,
  mit vielen Kirchen und weiß blühenden Obstbäumen,
Hingedrängten Dörfern, weit ins Land gerückt,
  bis übern Rhein, wo wieder blaue Berge sie umsäumen.
An ganz stillen Nachmittagen meinte man
  die Stimmen von den Straßen heraufwehen zu hören,
  und Abends kam Geläute,
Das hoch den blau ziehenden Rauch der Kamine überflog
  und mich in meinem Nachsinnen erfreute.

Wenn dann die Nacht herabsank
  und über meinem Fenster die Sterne erglommen,
War eine fremde Welt aus Büchern
  auf mich hergesenkt und hat mich hingenommen.
Ich las von Torheit dieser Welt, Bedrängnis, Späßen,
  Trug und Leiden,
Fromme Heiligengeschichten, grausenvoll und lieblich,
  und die alte Weisheit der Heiden.

Sinnen und Suchen vieler Menschenseelen
 war vor meine Augen hingestellt,
Und Wunder der Schöpfung und Leben, das ich liebte,
 und die Herrlichkeit der Welt.

Und ich beschloss, all das Krause,
 das ich seit so viel Jahren
Aus Büchern und Wald und Menschenherzen
 und einsamen Stunden erfahren,
Alles Gute,
 das ich in diesem Erdenleben empfangen,
Treu und künstlich in Bild und Schrift
 zu bewahren und einzufangen.
Später, wenn die Augen schwächer würden,
 in den alten Tagen,
Würd ich in meiner Zelle sitzen
 und übers Elsaß hinblicken
 und mein Buch aufschlagen,
Und meiner Seele sprängen
 wie am Heiligenquell im Wald
 den Blinden Wunderbronnen,
Und still ergieng ich mich und lächelnd
 in dem Garten meiner Wonnen.

Jörg Wickram

Wie ein Pfaffenmagdt im Bawrenkrieg in einen Honig Hafen hofieret

Im Jar als man zalt 1525. als die Båwrisch auffrůhr durch alle Landt wůtet / begab es sich / daß die Bawren inn einem Dorff / nit weyt von Colmar gelegen / Anselsheim genannt / Inn dem hielten sie auch hawß / wie ir gewonheit was / wo Pfaffen inn einem Dorff waren / plünderten sie die Håwser / Was sie von essendhaffter speyse funden *I* assen sie: was sie zur notturft nit essen mochten / verschwendeten sie / Also gieng es mit allen Klôstern und Pfaffengůtern. Nun was ein alter Pfaff in gemeltem Dorff / der hat sein haab und gůt / sovil im hat lufft môgen werden / in die Statt geflehet. Aber was von essendhaffter speyß was hat er den mehrerteil im hauß gelassen / als ancken / schweine fleisch / kåß und ayer. Under anderm hat die Pfaffenmagdt einen grossen hauffen / mit gunst zu reden / inn einen Hafen hofiert / unnd ein andern Hafen mit Honig darüber geschütt / und sich bald darnach hinweg getrollt / und in die Statt gemacht. Als nun die Bawren inn das Hawse kommen / machten sie rawm auff / Kamen zuletst uber den gebifften Honighafen / frassen den Honig oben ab biß auff die feyg / so die Pfaffenkellerin darein gelegt hat. Als sie aber die Bohn funden / hůben sie an gmeinlich zu speyen / Man het ein Hafen mit gefült / der noch so groß gewesen wåre als der / darauß sie den Honig fressen hatten. Also wolt ich / das allen Schleckern widerfůre.

Sebastian Brant

vō dienst zweyer herrē

Der ist eyn narr der understot
Der welt zů dienen / und auch got
Dann wo zwen herren hat eyn knecht
Der mag jn nyemer dienen recht
Gar offt verdurbt eyn hantwercksman
Der vil gewårb und hantwerck kann
Wer jagen will / und off eyn stund
Zwen hasen vohen / mit eym hund
Dem wurd ettwan kum eyner wol
Gar dick würt jm ganz nůt zůmol
Wer schießen uß vil armbrust will
Der trifft kum ettwan wol das zil
Wer uff sich selbst vil åmpter nymbt
Der mag mit tůn das yedem zymbt.
Der hye måß syn und anderswo
Der ist reht weder hie noch do
Wer tůn will das eym yeden gfalt
Der måß han ottem warm und kalt
Und schlucken vil das jm nit smeckt.
Und strecken sich noch der gedeckt
Und künnen pfulwen understrowen
Eym neben undern ellenbogen
Und schmyeren yedem wol syn styrn
Und lůgen das er keynen erzürn.
Aber vil åmpter schmecken wol

Man wermbt sich bald by großem kol
Und wer vil wyn versůchen důt
Den dunckt doch nit eyn yeder gůt
Dann schlåcht gesmydt / ist bald bereit
Dem wisen liebt eijnfaltikeiyt
Wer eynem dient / und důt jm recht
Den halt man für eyn truwen knecht
Der esel starb / und wart nie satt
Der all tag nuwe herren hatt

Sebastian Münster

Der vierte Stand

Der vierte Stand ist der der Menschen auf dem Felde, sitzen in den Dörfern, Höfen und Weilern und werden genannt Bauern, darum, dass sie das Feld bauen und zu der Frucht bereiten. Die führen ein gar schlecht und niederträchtig Leben. Es ist ein jeder von dem andern abgeschieden und lebt für sich selbst mit seinem Gesind und Vieh. Ihre Häuser sind schlechte Häuser, von Kot und Holz gemacht, auf das Erdreich gesetzt und mit Stroh gedeckt. Ihr Speis ist schwarz Roggenbrot, Haberbrei oder gekochte Erbsen und Linsen. Wasser und Molken ist fast ihr einziger Trank. Eine Zwilchjoppe und zween Bundschuh und ein Filzhut ist ihre Kleidung. Diese Leute haben nimmer Ruh; früh und spat hängen sie der Arbeit an. Sie tragen in die nächste Stadt zu verkaufen, was sie Nutzung überkommen auf dem Feld und von dem Vieh, und kaufen ein dagegen, was sie bedürfen. Denn sie haben keine oder gar wenig Handwerksleute bei sich sitzen. Ihren Herren müssen sie oft durch das Jahr dienen, das Feld bauen, säen, die Frucht abschneiden und in die Scheuer führen, Holz hauen und Gräben machen. Da ist nichts, dass das arme Volk nicht tun muss und ohne Verlust nicht aufschieben darf. Was solche harte Dienstbarkeit in dem armen Volk gegen ihre Oberen hervorbringt, ist man in kurzen verruchten Jahren wohl inne gewesen. Es ist kein Stahlbogen so gut, wo man ihn zu hoch spannen will, bricht er. Also ist es mit der Rute der Obrigkeit gegen die Untertanen […]

Gustav Regler

Wenn man jetzt auf dem Plan erscheint...

Dann kam ein Winter, wie er seit Jahren nicht gewesen. Die Menschen zitterten in den Kirchen, wie sie beim Blasen der Trompeten des Jüngsten Gerichts nicht gezittert hätten. Durch die Nächte heulten die Winde wie gierige Bestien. Es half wenig, in den Betten zusammenzurücken, die Kälte pfiff schneidend in die undichten Häuser und fraß alle warmen Dünste. Am Tag musste man mit dem halben Rücken gegen den Wind gehen, die Lunge weigerte sich den eisigen Atem einzuziehen. Die Kinder, die versucht hatten im Freien zu spielen, kamen mit klammen Fäusten und tränenden Augen zu den Müttern gelaufen, erschrocken über so ungewohnte Feindschaft der Natur. Hustend saßen Frauen am Spinnrocken und dachten, die schnurrende Spindel könne den Wettlauf mit dem Wetter noch aufnehmen; mit Fieber in den Augen legten sie sich bald nieder. Und überall bei den Bauern fehlte es an Kleidern für den Tag, an Decken für die Nacht, an Schuhwerk und an Brennholz.

Das Vieh brüllte in das Heulen der Winde hinein. Wölfe wurden in Scheunen gefunden, wo sie nichts als Wärme gesucht. Das Stroh reichte nicht aus, um die Ställe zu stopfen. Man fand im Frost erstarrte Hühner unter ihren Stangen liegen. In den Kaminsteinen der Dächer, wo immer noch Rauch zu sehen war, verkrochen sich die Meisen und Sperlinge nach verzweifelten Kämpfen um die wenigen Löcher. Marder und Wiesel erschienen in den Bauernstuben, verhofften zitternd vor den staunenden Menschen, und ihre Furchtlosigkeit war ein grauenerregender Hinweis auf den Schrecken der Wildnis, aus dem die scheuen Räuber geflüchtet waren. Auch Rehe und Hirsche standen plötzlich auf den Höfen.

Geängstigt und in Voraussicht kommender Jagdvergnügen befahlen einige Herren ihren Fronbauern, das Damwild in den Ställen zu beherbergen, bis die garstige Zeit vorüber sei. In Neudorf führte diese vorsorgliche Anordnung zu einem Mord:

Ein Bauer hatte zu spät entdeckt, wie tief der Frost in die Erde eingedrungen war. Nun hackte er an dem Erdhügel, der wie Granitstein seine Kartoffelvorräte deckte. Zweimal schon war ihm der Stiel der Hacke gebrochen. Der Wind biss Tränen aus seinen Augen. Da lag sie vor ihm, die graue Erde, unbeweglich, und gab die Nahrung nicht mehr heraus, die er ihr anvertraut. Wie vor einem Grab stand er, und er schlug den dunklen Hügel, wie ein Mörder sein Opfer schlägt, das nicht sterben will; ängstlich schlug er, und je hoffnungsloser er wurde, desto wütender traf die Spitzhacke das erbarmungslose Erdreich.

In diesen Augenblicken traf der Bote des Schlossherrn ein und richtete seine Weisung aus: Hirsche, Rehkühe, Böcke, die sich auf den Höfen zeigen sollten, seien einzufangen, zu füttern und im warmen Stall einzustellen. Der Bauer verstand zuerst nicht, er wischte sich das Wasser aus den Augen. Der Bote, der einen dicken Schafpelz trug, hatte es eilig: »Bei Todesstrafe«, sagte er noch, da verstand der Bauer, verstand und verlor die Besinnung: schon pfiff die Hacke durch die Luft in den Schädel des Boten.

Das blutige Gerät lag noch neben der Leiche, als man sie entdeckte; den Schafpelz fand man an dem Bauern selbst zwei Tage später. Die erste Nacht war der Mörder wohl herumgelaufen, und am nachfolgenden Tag hatte er eine Scheune entdeckt, die ihn verbarg; aber in der zweiten Nacht musste ihn der Schlaf verführt haben, sich niederzusetzen. Er hatte das traumreiche Lächeln der Erfrorenen noch auf den Lippen. Sein Grab – in einem fernen Kirchhof – mussten sie mit scharfen Eisen herausmeißeln. Die Natur zeigte sich keinen Augenblick nachgiebig.

Wenn etwas die Schrecken dieser Tage hätte mildern können, so war es der Gedanke an den linden Frühling und die Ernte des kommenden Jahres. Aber auch dieser Traum ging unter in der grausamen Kälte: Bauern wagten einen Gang in die Weinberge und kamen erschüttert zurück. Alle Rebstöcke waren erfroren, auf Jahre war nicht an Weinlese zu denken. Und die Winde heulten weiter über ein trostloses Land.

Endlich fiel Schnee und schien wie ein freundliches Tuch, das eine zu harte Erde zudeckte und die schlimmste Kälte aufgefangen hatte. Aber die weiße Decke wurde dicker und dicker. Niemand konnte sich auf die Straße wagen, die Dörfer lagen bald vergraben, als sei eine weiße Mauer rings um sie aufgerichtet, um sie für immer von aller Welt zu trennen. Die Nachtglocken, die irrenden Boten und Vaganten den Weg leichter machen sollten, klangen durch den Flockenwirbel wie aus abgelegenen Bergen kommend. Schon stürzten unter der Last des Schnees die Dächer elender Kätnerhütten ein. Fuhrwerke versackten mit Pferd und Mann in zugewehten Hohlwegen. Die Hilflosigkeit der Menschen wurde von Stunde zu Stunde größer, und man wusste nur eins sicher, wenn man sich entschloss, zum nächsten Dorf aufzubrechen: in den Wäldern lag der Tod; und fast begriff man die Räuber, die in diesen Tagen niemand schonten, der ihnen ins Gehege kam.

Joss war, als die Kälte einbrach, gerade auf der Burg jenes Ritters, zu dem er sich vor Monaten einmal geflüchtet. Er hörte, dass das Unwetter auch ein Gutes hatte: die Vögte zeigten keine Lust, ihre Häuser zu verlassen und die noch fälligen Abgaben einzutreiben. Vielleicht ahnten sie, auf welch gefährliche Reizbarkeit sie stoßen würden in den ungeheizten Bauernstuben.

Joss sah die Bauern vor sich, ihre Verzweiflung, die so schwer Worte fand, die sinnlosen Gesten, mit denen sie durch die Ställe gingen und das brüllende Vieh zu beruhigen suchten, die trüben Blicke aus den Spalten der verhängten Fensterluken; er sah sie wach liegen neben ihren Weibern in den winddurchtobten Nächten. Er wusste, sie denken an den jüngsten Tag, er wusste, wie bitter ihr Elend sie gemacht, er kannte sie alle, ihr Zögern und Zweifeln, aber auch ihre Sehnsüchte und ihre Glaubenstreue. Was dachten sie in diesen Tagen, da selbst die Herren schuldlos schienen an der gemeinsamen Not, was dachten sie vom Bundschuh? Konnte ihr Glaube diesen Frost überstehen? Joss saß am Kamin des Ritters vor dem Schachbrett und grübelte. An den bleigefassten Fenstern klirrte der Wind. Der Ritter bedachte übertrieben lange jeden Zug, hielt es als zum Spiel gehörig. Jetzt gerade muss etwas geschehen, dachte Joss. Gegen die adligen Wölfe hetzen, kann jeder Tagedieb. Die Pfaffen entlarven, ist leichter als die Hosen aufknöpfen. Aber dasein, wenn der Himmlische seinen Unsinn macht, das haben sie noch nicht erlebt. Und man kann alle drei schlagen, wenn man jetzt auf dem Plan erscheint. Er fieberte in seinem neuen Entschluss. Die Schachpartie ging bald zu Ende. Joss ließ seinen Gastgeber gewinnen, nicht ohne es ihm schwer gemacht zu haben. Revanche wollte er ihm morgen geben. Ob man übrigens – da es ihm gerade einfiele – einen Boten ins Dorf schicken könne, noch diesen Abend. Er wünschte am nächsten Tag den Bauern Ratz, mit dem er Geschäfte gehabt, hier oben zu sprechen. Der Ritter studierte noch seine Siegesstellung: »Hättet Ihr früher die Rochade gemacht, wäre Euer Turm frei gewesen und meine Dame hätte Euch nicht so zusetzen können. Natürlich könnt Ihr den Boten haben. Tatsächlich: schachmatt.«

Joss hatte in der Frühe eine Besprechung mit Ratz. Alle Ortsgesellen – so befahl er dem Verschworenen, der sich nicht wenig wunderte, in der Burgkemenate plötzlich Joss gegenüber zu stehen – waren sofort zu benachrichtigen. Das Wetter war zu nutzen, um in jedem Dorf in einer gut geheizten Stube alle Bundschuhbauern zusammenzurufen. Jeder war zu befragen nach seinem Befinden und Notstand. »Kein Bundschuhbauer leidet in diesen Wochen mehr als der andere.« Joss gab genaue Ratschläge. Es handle sich nicht um Aufstandsgedanken, es handle sich, ein Schiff durch einen Sturm zu steuern, dessen Besatzung am jenseitigen Ufer – »am Ufer vielleicht schon des nächsten Frühjahrs«, sagte Joss – eine Schlacht zu schlagen habe. »Und die Grind soll uns auf dem Kopf wachsen, wenn wir in diesem Frostgeheul nicht beweisen, dass wir schon vor dem Sieg zusammenstehen. Denn nichts anderes hast du geschworen, du und ich und alle.«

Der Bund bestand die Probe.

Hans Jakob Christoph von Grimmelshausen

Wie ein Fisch an einer Angelschnur

Noch ein paar Stücklein will ich erzählen, eh ich sage, wie ich wieder von der Muskete erlöst worden: eins von großer Leib- und Lebensgefahr, daraus ich durch Gottes Gnade entronnen, das ander von der Seelengefahr, darin ich hartnäckigerweise stecken blieb; dann ich will meine Untugenden so wenig verhehlen als meine Tugenden, damit nicht allein meine Histori ziemlich ganz sei, sondern der ungewanderte Leser auch erfahre, was vor seltsame Kauzen es in der Welt gibt, die sich nämlich wenig um Gott bekümmern.

Wie zu Ende des vorigen Capitels gemeldet, so dorfte ich auch mit andern auf Partei, so in Garnisonen nit jedem liederlichen Kunden, sondern rechtschaffenen Soldaten, die das Pulver schmecken können, gegönnt wird. Also gingen nun unser neunzehn einsmals miteinander durch die Untermarkgrafschaft hinauf, oberhalb Straßburg einem baslerischen Schiff aufzupassen, worbei heimlich etliche weimarische Officierer und Güter sein sollten. Wir kriegten oberhalb Ottenheim einen Fischernachen, uns damit überzusetzen und in ein Werder zu legen, so gar vorteilhaftig lag, die ankommende Schiff ans Land zu zwingen, maßen zehen von uns durch den Fischer glücklich übergeführt wurden. Als aber einer aus uns, der sonst wohl fahren konnte, die übrigen neune, darunter ich mich befand, auch holte, schlug der Nachen unversehens um, daß wir also urplötzlich miteinander im Rhein lagen, und zwar am allergefährlichsten Ort, wo der Fluß am strengsten war. Ich sahe mich nicht viel nach den andern um, sondern gedachte auf mich selbst. Obzwar nun ich mich aus allen Kräften spreizte und alle Vörtel der guten Schwimmer brauchte, so spielte dannoch der Strom mit mir wie mit einem Ball, indem er mich bald über, bald unter sich in Grund warf. Ich hielt mich so ritterlich, daß ich oft über sich kam, Atem zu schöpfen; wäre es aber um etwas kälter gewesen, so hätte ich mich nimmermehr so lang enthalten und mit dem Leben entrinnen können. Ich versuchte oft, ans Ufer zu gelangen, so mir aber die Wirbel nicht zuließen, als die mich von einer Seite zur andern warfen, und obzwar ich in Kürze unter Goldscheuer kam, so ward mir doch die Zeit so lang, daß ich schier an meinem Leben verzweifelte. Demnach ich aber die Gegend bei dem Dorf Goldscheuer passiert hatte und mich bereits drein ergeben, ich würde meinen Weg durch die Straßburger Rheinbrücke entweder tot oder lebendig nehmen müssen, ward ich eines großen Baums gewahr, dessen Äste unweit vor mir aus dem Wasser herfürreichten. Der Strom ging streng und recta darauf zu; derhalben wandte ich alle übrige Kräfte an, den Baum zu erlangen, welches mir dann trefflich glückte, also daß ich beides durchs Wasser und meine Mühe auf den größten Ast, den ich anfänglich für einen Baum angesehen, zu sitzen kam. Derselbe ward aber von den Strudeln und Wellen dergestalt tribuliert, daß er ohn Unterlaß auf und nieder knappen mußte und derhalben mein Magen also erschüttert, daß ich Lung und Leber hätte ausspeien mögen. Ich konnte mich kümmerlich darauf halten, weil mir ganz seltsam vor den Augen ward; da mußte alles von mir heraus, was ich auch noch in Frankreich und Westfalen gefressen hatte; und indem ich kotzte wie ein Gerberhund, flossen auch die Hosen voll, welches doch der Rhein gleich wieder hinwegflosse, weil mich der Ast alle Augenblicke einmal hinuntertunkte. Ich hätte mich gern wieder ins Wasser gelassen, befand aber wohl, daß ich nit Manns genug wäre, nur den hunderten Teil solcher Arbeit auszustehen, dergleichen ich schon überstritten hatte, mußte derowegen verbleiben und auf eine ungewisse Erlösung hoffen, die mir Gott ungefähr schicken müßte, da ich anderst mit dem Leben davonkommen sollte. Aber mein Gewissen gab mir hierzu einen schlechten Trost, indem es mir vorhielt, daß ich solche gnadenreiche Hülfe nun ein paar Jahre her so liederlich verscherzt. Jedoch hoffte ich ein Bessers und fing so andächtig an zu beten, als ob ich in einem Kloster wäre erzogen worden; ich satzte mir vor, ins künftige frömmer zu leben und tät unterschiedliche Gelübde. Ich widersagte dem Soldatenleben und verschwur das Parteigehen auf ewig, schmiß auch meine Patrontäsch samt dem Ranzen von mir und ließ mich nicht anderst an, als ob ich wieder ein Einsiedel werden, meine Sünden büßen und der Barmherzigkeit Gottes vor meine hoffende Erlösung bis in mein Ende danken wollte. Und indem ich dergestalt auf dem Ast bei zwo oder drei Stunden lang zwischen Furcht und Hoffnung zugebracht, kam dasjenige Schiff den Rhein herunter, dem ich hätte aufpassen helfen sollen. Ich erhub meine Stimme erbärmlich und schrie um Gottes und des jüngsten Gerichts willen um Hülfe, und nachdem sie unweit von mir vorüberfahren mußten und dahero meine Gefahr und elenden Stand desto eigentlicher sahen, ward jeder im Schiff zur Barmherzigkeit bewegt, maßen sie gleich ans Land fuhren, sich zu unterreden, wie mir möchte zu helfen sein.

Weil dann wegen der vielen Strudel und Wirbel, die es rund um mich herum gab und von den Wurzeln und Ästen des Baums verursacht wurden, ohn Lebensgefahr weder zu mir zu schwimmen noch mit großen und kleinen Schiffen zu mir zu fahren war, als erforderte meine Hülfe lange Bedenkzeit.

Wie aber mir unterdessen zumute gewesen, ist leicht zu erachten. Zuletzt schickten sie zween Kerl mit einem Nachen
oberhalb meiner in den Fluß, die mir ein Seil zufließen ließen
und das eine Ende davon bei sich behielten; das ander End
aber brachte ich mit großer Mühe ungefähr zuwege und band
es um meinen Leib, so gut ich konnte, daß ich also an demselben wie ein Fisch an einer Angelschnur in den Nachen
gezogen und auf das Schiff gebracht ward.

Da ich nun dergestalt dem Tod durch Gottes Gnad entronnen, hätte ich billig am Ufer auf die Kniee fallen und der
göttlichen Güte vor meine Erlösung danken, auch sonst mein
Leben zu bessern einen Anfang machen sollen, wie ich dann
solches in meinen höchsten Nöten gelobt und versprochen.
Aber, ach leider, ich armer Mensch ließ es weit fehlen. Dann
da man mich fragte, wer ich sei und wie ich in diese Gefahr
geraten wäre, fing ich an, diesen Burschen vorzulügen, daß
der Himmel hätte erschwarzen mögen. Dann ich dachte:
›Wann du ihnen sagst, daß du sie hast plündern helfen wollen,
so schmeißen sie dich alsbald wieder in Rhein‹, gab mich also
vor einen vertriebenen Organisten aus und sagte, nachdem
ich auf Straßburg gewollt, um über Rhein irgend einen Schul-
oder andern Dienst zu suchen, hätte mich eine Partei ertappt,
ausgezogen und in den Rhein geworfen, welcher mich auf
gegenwärtigen Baum geführt. Und nachdem ich diese meine
Lügen wohl füttern konnte, zumalen auch mit Schwören
bekräftigte, ward mir festiglich geglaubt und mit Speis und
Trank alles Gutes erwiesen, mich wieder zu erquicken, wie
ichs dann trefflich vonnöten hatte.

Beim Zoll zu Straßburg stiegen die Meiste ans Land und
ich mit ihnen, da ich mich dann gegen dieselbe hoch bedankte
und unter andern eines jungen Kaufherrn gewahr ward, dessen Angesicht, Gang und Gebärden mir zu erkennen gaben,

daß ich ihn zuvor mehr gesehen, konnte mich aber nicht besinnen, wo, vernahm aber an der Sprache, daß es eben derjenige Cornet war, so mich hiebevor gefangen bekommen. Ich wußte aber nicht zu ersinnen, wie er aus einem so wackern jungen Soldaten zu einem Kaufmann worden, vornehmlich weil er ein geborner Cavalier war. Die Begierde, zu wissen, ob mich meine Augen und Ohren betrügen oder nicht, trieben mich dahin, daß ich zu ihm ging und sagte: »Monsieur Schönstein, ist ers oder ist ers nicht?« Er aber antwortete: »Ich bin keiner von Schönstein, sondern ein Kaufmann.« Da sagte ich: »So bin ich auch kein Jäger von Soest nicht, sondern ein Organist oder vielmehr ein landläufiger Bettler.« »O Bruder«, sagte hingegen jener, »was Teufels machst du, wo ziehst du herum?« Ich sagte: »Bruder, wann du vom Himmel versehen bist, mir das Leben erhalten zu helfen, wie nun zum zweiten mal geschehen ist, so erfordert ohn Zweifel mein Fatum, daß ich alsdann nicht weit von dir sei.« Hierauf nahmen wir einander in die Arme als zwei getreue Freunde, die hiebevor beiderseits versprochen, einander bis in Tod zu lieben. Ich mußte bei ihm einkehren und alles erzählen, wie mirs ergangen, sint ich von L. nach Cöln verreist, meinen Schatz abzuholen, verschwieg ihm auch nicht, wasgestalt ich mit einer Partei ihrem Schiff hätte aufpassen wollen und wie es uns darüber erging. Aber wie ich zu Paris gehaust, davon schwieg ich stockstill; dann ich sorgte, er möchte es zu L. ausbringen und mir deswegen bei meinem Weib einen bösen Rauch machen. Hingegen vertraute er mir, daß er von der hessischen Generalität zu Herzog Bernhard, dem Fürsten von Weimar, geschickt worden, wegen allerhand Sachen von großer Importanz, das Kriegswesen betreffend, Relation zu tun und künftiger Campagnen und Anschläg halber zu conferieren, welches er nunmehr verrichtet und in Gestalt eines

Kaufmanns, wie ich dann vor Augen sähe, auf der Zurück-reis begriffen sei. Benebens erzählte er mir auch, daß meine Liebste bei seiner Abreise großen Leibes und neben ihren Eltern und Verwandten noch in gutem Wohlstand gewesen, item daß mir der Obrister das Fähnlein noch aufhalte, und vexierte mich daneben, weil mich die Urschlechte so ver-derbt hätten, daß mich weder mein Weib noch das andre Frauenzimmer zu L. vor den Jäger mehr annehmen und mir einige Courtesie erweisen werde, etc. Demnach redten wir miteinander ab, daß ich bei ihm verbleiben und mit solcher Gelegenheit wieder nach L. kehren sollte, so eine erwünschte Sache vor mich war. Und weil ich nichts als Lumpen an mir hatte, streckte er mir etwas an Geld vor damit ich mich wie ein Gadendiener montierte.

Man sagt aber, wann ein Ding nit sein soll, so geschieht es nicht. Das erfuhr ich auch; dann da wir den Rhein hinunter-fuhren und das Schiff zu Rheinhausen visitiert ward, erkann-ten mich die Philippsburger, welche mich wieder anpackten und nach Philippsburg führten, allda ich wieder wie zuvor einen Musketierer abgeben mußte, welches meinen guten Cornet ja so sehr verdroß als mich selbsten, weil wir uns wiederum scheiden mußten. So dorfte er sich auch meiner nicht hoch annehmen; dann er hatte mit ihm selbst zu tun, sich durchzubringen.

Gottlieb Konrad Pfeffel

Jost

Von seinem milden Landesvater
Durch Fronen abgezehrt, lag Jost
Auf faulem Moos. Ein frommer Pater
Gab in dem letzten Kampf ihm Trost:
Bald, sprach er, wird euch Gott entbinden
Vom Joch, das euch so hart gedrückt:
Die Ruhe, die euch nie beglückt,
Freund, werdet ihr im Himmel finden.
Ach, Herr! rief Jost so dumpf und hohl
Wie aus dem Grab, wer kann das wissen?
Wir armen Bauern werden wohl
Im Himmel fronweis donnern müssen.

August Lamey

Der Bauer an seinen aristokratischen Pastor

Herr Pastor, mach Er uns nichts weis!
Er schürt die Hölle mächtig heiß,
  Um uns in Furcht zu jagen.
Doch sieh Er, noch hats keine Not!
Ein' feste Burg ist unser Gott.
  Drum werden wir nicht zagen.

Was lärmt Er da vom Holz herab
Von Kirchenrecht und Kirchenhab?
  Das mag Er bald vergessen.
Hat Er sein Brot nur immerfort,
So pred'ge Er uns Gottes Wort;
  Dafür kriegt Er zu essen.

Er aber donnert immerzu,
Stört fromme Seelen aus der Ruh,
  Und klagt von argen Zeiten.
Er redet von verlorner Herd',
Doch meint Er, wie man gar wohl hört,
  Nur die verlornen Weiden.

Hör' Er einmal zu schelten auf!
Er hindert nicht der Dinge Lauf:

Wie's kommt, so muss es kommen.
Verloren sind die Schätze nicht,
Die man, wie Seine Kanzel spricht,
Der Christenheit genommen.

Wir sind ja alle Christen doch,
Und unsre Kirche stehet noch,
Und hat kein Leid erduldet!
Doch flucht Er immer drin so sehr,
So ist es ja kein Bethaus mehr –
Wer hat es dann verschuldet?

Was kümmern uns Concilien,
Und seine Patreklesien,
Die Er uns da zitieret?
Wir schlagen in der Bibel nach,
Und finden von der ganzen Sach
Kein Wörtlein angeführet.

Wohl finden wir, dass Jesus Christ
Demütig stets gewesen ist
Und arm in seinem Leben;
Die Jünger hatten auch kein Gut,
Doch haben sie gern selbst ihr Blut
Der Lehre hingegeben.

War da die Kirche schlecht bestellt?
»Mein Reich ist nicht von dieser Welt!«
Und: »Selig, die da glauben!«
Dies ist's ja, was die Bibel spricht!

Nimmt man uns diese Wahrheit nicht,
  Was kann man sonst uns rauben?

Nun lästre Er nicht mehr von heut
Die hochverdienten wackern Leut'
  Die uns Gesetze machen:
Sie wollen unser Glück, das will
Auch unser Herrgott – schweig Er still!
  Das sind nicht Seine Sachen.

Er will vom Jüngsten Tage schrei'n!
Stets schwätzt Er von der Hölle Pein,
  Als wär Er dort zu Hause.
Mach Er den ganzen Pfuhl auch leer!
Das Teufellegionenheer
  Hat nichts, wofür uns grause.

Ehrwürd'ger Herr! sei Er gescheit,
Und schwör Er seinen Bürgereid,
  Um seine Haut zu decken.
Geb' Er sich nur gewillig drin!
Schwer möcht' es werden, wider ihn,
  Den Stachel noch zu lecken.

Johann Peter Hebel

Einträglicher Rätselhandel

Von Basel fuhren elf Personen in einem Schiff, das mit allen
Kommlichkeiten versehen war, den Rhein hinab. Ein Jude,
der nach Schalampi wollte, bekam die Erlaubnis, sich in
einen Winkel zu setzen und auch mitzufahren, wenn er sich
gut aufführen und dem Schiffer achtzehn Kreuzer Trinkgeld
geben wolle. Nun klingelte es zwar, wenn der Jude an die
Tasche schlug, allein es war doch nur noch ein Dreibatzen-
stück darin; denn das andere war ein messingener Knopf.
Dessen ungeachtet nahm er die Erlaubnis dankbar an. Denn
er dachte: »Auf dem Wasser wird sich auch noch etwas er-
werben lassen. Es ist ja schon mancher auf dem Rhein reich
worden.« Im Anfang und von dem Wirtshaus zum Kopf weg
war man sehr gesprächig und lustig, und der Jude in seinem
Winkel und mit seinem Zwerchsack an der Achsel, den er ja
nicht ablegte, musste viel leiden, wie man's manchmal diesen
Leuten macht und versündigt sich daran. Als sie aber schon
weit an Hüningen und an der Schusterinsel vorbei waren und
an Märkt und an dem Isteiner Klotz und St. Veit vorbei, wurde
einer nach dem andern stille und gähnten und schauten den
langen Rhein hinunter, bis wieder einer anfing: »Mausche«,
fing er an, »weißt du nichts, dass uns die Zeit vergeht? Deine
Väter müssen doch auch auf allerlei gedacht haben in der
langen Wüste.« – Jetzt, dachte der Jude, ist es Zeit, das Schäf-
lein zu scheren, und schlug vor, man sollte sich in der Reihe
herum allerlei kuriose Fragen vorlegen, und er wolle mit

Erlaubnis auch mithalten. »Wer sie nicht beantworten kann, soll dem Aufgeber ein Zwölfkreuzerstück bezahlen; wer sie gut beantwortet, soll einen Zwölfer bekommen.« Das war der ganzen Gesellschaft recht, und weil sie sich an der Dummheit oder an dem Witz des Juden zu belustigen hofften, fragte jeder in den Tag hinein, was ihm einfiel. So fragte z. B. der erste: »Wieviel weichgesottene Eier konnte der Riese Goliath nüchtern essen?« – Alle sagten, das sei nicht zu erraten, und bezahlten ihre Zwölfer. Aber der Jude sagte: »Eins, denn wer ein Ei gegessen hat, isst das zweite nimmer nüchtern.« Der Zwölfer war gewonnen.

Der andere dachte: Wart, Jude, ich will dich aus dem Neuen Testament fragen, so soll mir dein Dreibätzner nicht entgehen. »Warum hat der Apostel Paulus den zweiten Brief an die Korinther geschrieben?« Der Jud sagte: »Er wird nicht bei ihnen gewesen sein, sonst hätt er's ihnen mündlich sagen können.« Wieder ein Zwölfer.

Als der dritte sah, dass der Jude in der Bibel so gut beschlagen sei, fing er's auf eine andere Art an: »Wer zieht sein Geschäft in die Länge und wird doch zu rechter Zeit fertig?« Der Jud sagt: »Der Seiler, wenn er fleißig ist.«

Der vierte: »Wer bekommt noch Geld dazu und lässt sich dafür bezahlen, wenn er den Leuten etwas weismacht?« Der Jud sagt: »Der Bleicher.«

Unterdessen näherte man sich einem Dorf, und einer sagte: »Das ist Bamlach.« Da fragte der fünfte: »In welchem Monat essen die Bamlacher am wenigsten?« Der Jud sagte: »Im Hornung, denn der hat nur 28 Tage.«

Der sechste sagt: »Es sind zwei leibliche Brüder, und doch ist nur einer davon mein Vetter.« Der Jud sagte: »Der Vetter ist Eures Vaters Bruder. Euer Vater ist nicht Euer Vetter.«

Ein Fisch schnellte in die Höhe, so fragt der siebente: »Welche Fische haben die Augen am nächsten beisammen?« Der Jud sagte: »Die kleinsten.«

Der achte fragt: »Wie kann einer zur Sommerszeit im Schatten von Bern nach Basel reiten, wenn auch die Sonne noch so heiß scheint?« Der Jud sagt: »Wo kein Schatten ist, muss er absteigen und zu Fuß gehn.«

Fragt der neunte: »Wenn einer im Winter von Basel nach Bern reitet und hat die Handschuhe vergessen, wie muss er's angreifen, dass es ihn nicht an die Hand friert?« Der Jud sagt: »Er muss aus der Hand eine Faust machen.«

Fragt der zehnte: »Warum schlüpfet der Küfer in die Fässer?« Der Jud sagt: »Wenn die Fässer Türen hätten, könnte er aufrecht hineingehen.«

Nun war noch der elfte übrig. Dieser fragte: »Wie können fünf Personen fünf Eier teilen, also dass jeder eins bekomme und doch eins in der Schüssel bleibe?« Der Jud sagte: »Der letzte muss die Schüssel samt dem Ei nehmen, dann kann er es darin liegen lassen, solang er will.«

Jetzt war die Reihe an ihm selber, und nun dachte er erst einen guten Fang zu machen. Mit viel Komplimenten und spitzbübischer Freundlichkeit fragte er: »Wie kann man zwei Forellen in drei Pfannen backen, also dass in jeder Pfanne eine Forelle liege?« Das brachte abermal keiner heraus, und einer nach dem andern gab dem Hebräer seinen Zwölfer. Der Hausfreund hätte das Herz, allen seinen Lesern, von Mailand bis nach Kopenhagen, die nämliche Frage aufzugeben und wollte ein hübsches Stück Geld daran verdienen, mehr als am Kalender selber, der ihm nicht viel einträgt. Denn als die elfe verlangten, er sollte ihnen für ihr Geld das Rätsel auch auflösen, wand er sich lange bedenklich hin und her, zuckte die Achseln, drehte die Augen. »Ich bin ein armer Jüd«, sagte er endlich. Die andern sagten: »Was sollen diese Präambeln?

Heraus mit dem Rätsel!« – »Nichts für ungut!« – war die Antwort –, »aß ich gar ein armer Jüd bin.« – Endlich nach vielem Zureden, dass er die Auflösung nur heraussagen sollte, sie wollten ihm nichts daran übelnehmen, griff er in die Tasche, nahm einen von seinen gewonnenen Zwölfern heraus, legte ihn auf das Tischlein, so im Schiffe war, und sagte: »Daß ich's auch nicht weiß. Hier ist mein Zwölfer!«

Als das die andern hörten, machten sie zwar große Augen und meinten, so sei's nicht gewettet. Weil sie aber doch das Lachen selber nicht verbeißen konnten und waren reiche und gute Leute, und der hebräische Reisegefährte hatte ihnen von Kleinen-Kems bis nach Schalampi die Zeit verkürzt, so ließen sie es gelten, und der Jud hat aus dem Schiff getragen – das soll mir ein fleißiger Schüler im Kopf ausrechnen: wieviel Gulden und Kreuzer hat der Jude aus dem Schiff getragen? Einen Zwölfer und einen messingenen Knopf hatte er schon. Elf Zwölfer hat er mit Erraten gewonnen, elf mit seinem eigenen Rätsel, einen hat er zurückbezahlt und dem Schiffer achtzehn Kreuzer Trinkgeld entrichtet.

Sigrid Damm

Meine Freiheitsstunde wird auch einmal schlagen

Straßburg, das ist für Jakob Lenz nicht nur die Stadt der Soldaten, der Exerzierplätze, der Mauern und Bastionen. Straßburg ist ihm die Stadt, die ihm Sprache und Stimme gibt, die Stadt mit der geistigen und künstlerischen Atmosphäre.

Straßburg, das ist ihm die Stadt mit der südlichen Wärme, dem weiten betörenden Himmel, den Vögeln des Morgens; ihrer Landschaft, in der Rheinebene gelegen, ansteigend hinten am Horizont die Gebirge, Schwarzwald zur einen, Vogesen zur anderen Seite. Die großen Flüsse schon draußen im Umkreis der Stadt, dann im Weichbild Ill, Altrhein und Breusch, geteilt in unzählige Arme, wasserumflossene Wöhrden und Inseln bildend, Niederungen, feuchte Wiesengründe.

Verlockender Süden – die kurzen heißen Sommer mit den Gewittern, dem üppigen Grün. Das Wirtshaus »Am Wasserzoll«, die Ruprechtsaue. Jakob wird den Tanz im Wirtshausgarten »Am Wasserzoll« erleben. Dort, in der lieblichen Ruprechtsaue, wird er in warmen Nächten im Freien liegen, und am Abend, wie die anderen, Fische, kleine Salme aus dem Wasser ziehen, rösten und unter den Weidenbäumen verzehren.

Und er wird des Morgens, im fahlen Licht, zur Stadt zurückkehren. Zur Stadt Straßburg, die ihm auch die Stadt der vertrauten Gassen und Winkel, des hochaufragenden Münsters, die Stadt der Gerber und Wäscherinnen, der Markttage und Studentenumzüge wird.

Die Stadt, in der er Gleichgesinnte, Freunde findet. Wenige, einen. Manchmal genügt schon einer. Lenz findet ihn, diesen einen: Johann Wolfgang Goethe. Zwei junge Männer aus verschiedenen Welten treffen da zusammen. Schüchtern, zögernd sprechend der eine, Pfarrerssohn aus Livland, der öden kleinen Welt, ungewöhnlich gescheit, mit der Fähigkeit zum scharfen Witz, zur Ironie, gedämpft jedoch, ohne Selbstsicherheit, ohne Weltmanieren. Der andere selbstbewußt, gewinnend gegen jedermann, lustig, wild, aufgeschlossen, von großem Geist; der Sohn eines reichen Mannes, aufgewachsen fernab jeder sozialen Not in Frankfurt am Main, der Freien deutschen Reichsstadt.

Lenz ist offenbar fasziniert. Glückhaftes Erkennen: Hier fühlt einer wie ich, hier hat einer meine geheimen Gedanken schon gewagt, durchdacht, ausgesprochen, das gibt mir Kraft, reißt mich heraus aus dem Sumpf der offiziellen Mittelmäßigkeit, lässt mich plötzlich, wie erlösend erkennen, es ist nicht abwegig und absurd, da es die anderen nicht beschäftigt, nein, genau dies musst du verfolgen, ausarbeiten – gegen alle und alles. Das muss Jakob Lenz geschehen sein, als er jenem Goethe begegnet, nur zwei Jahre älter als er, wie er ein angehender Dichter.

Jakob wird sein innigster Freund werden, ihn maßlos bewundern, lieben, viel von ihm lernen. Und später unerträglich unter ihm leiden; seine Arbeiten, anonym veröffentlicht, werden als die des Freundes gefeiert, er aber bleibt unbeachtet, im Schatten, bis schließlich die Freundschaft, gewaltsam von Goethe beendet, mit großem Schmerz und Bitterkeit für Jakob zerbricht.

Aber das liegt noch fern. Jetzt, im Sommer 1771, bei ihrer ersten Begegnung, erkennen sich Lenz und Goethe als Gleichgesinnte, gehen aufeinander zu.

Mögliche Gesprächsthemen: Shakespeare, Ossian, Homer. Was ihnen missfällt an der gegenwärtigen Literatur, am Theater, dem Stadtklatsch, den Mädchen. Und was sie begeistert. Sie philosophieren gemeinsam über den Ursprung der Poesie, der eine erklärt zum Beispiel, wie die hebräische aus der Landschaft dieses Volkes, seinem Glauben, seinen Sitten, seiner Geschichte entstand. Sie sehen sich um, werden sich ihrer Historie bewusster, auch der Stadt, in der sie weilen, und ihres großen Bauwerkes, des Münsters. Der Freund öffnet Jakob die Augen. Plötzlich ist es nicht mehr der unmäßige Steinkoloss, an dem er vorüberhastet. Formgesetze klären sich in ihrer Strenge, ihrem Reichtum. Das Münster wird ihm, wie dem Freund, ein Ort, »zugleich zu genießen und zu erkennen«.

An der höchsten Stelle des Münsterturmes, unter der Krone im sogenannten Hals sitzen sie oder treten auf die »Platte, kaum eine Elle im Gevierte«, hinaus – berauscht von ihren Schwärmereien, die geheimsten Pläne einander bekennend: Goethe seinen »Götz«, Lenz seinen »Hofmeister«.

Vielleicht war es so. Vielleicht anders.

Oft können sie sich nicht gesehen haben in Jakobs erstem Straßburger Jahr. Einen Monat, höchstens zwei, sind sie gemeinsam in dieser Stadt. Lenz kommt in Frühsommer 1771. Goethe, seit März 1770 hier, verlässt Straßburg nach bestandener Lizentiaten-Prüfung Anfang August 1771.

Vielleicht also waren ihre Begegnungen flüchtig. Kaum ein paar Worte. Nur ein Aufblitzen. Aber es genügt.

Die Begegnung mit Goethe ist für Lenz so wichtig wie vor wenigen Monaten Goethes Treffen mit Johann Gottfried Herder. Im September 1770 war dieser nach Straßburg gekommen als Reisebegleiter eines debilen Prinzen, kündigt seine Stellung und bleibt bis Ostern 1771 in der Stadt, um sein krankes Auge behandeln zu lassen. Der operative Eingriff missglückt; monatelang ist Herder an das Krankenlager gefesselt. Er sucht, besessen von den Plänen, die ihn aus Riga trieben, ja, durch die Erlebnisse in Frankreich darin bestärkt, Austausch, Gespräch. Der junge Goethe wird sein Zuhörer. Herder gibt ihm Einblick in seine entstehenden Arbeiten über den Ursprung der Sprache, der Poesie. Ihn will er für seine Ideen begeistern. »Journal meiner Reise 1769«, auf der Flucht aus Livland geschrieben, wird zu Lebzeiten nie veröffentlicht. Das Handgeschriebene aber gibt Herder Goethe in Straßburg zu lesen. Einmischung in die Politik, Tatphilosophie – das trifft Eigenstes. »Würkungskrafft« und Literatur als »Zunder zu großen Taten« werden bald die Schlagworte der jungen Leute sein.

Goethe gibt nach Herders Abreise durch ihn Entdecktes weiter. Auch an seinen Freund Lenz.

»In den letzten Monaten« muss es gewesen sein, erinnert sich Goethe später, »… wir suchten doch Gelegenheit, uns zu treffen und teilten uns einander gern mit, weil wir als gleichzeitige Jünglinge ähnliche Gesinnungen hegten«, »aber«, fügt er hinzu, »wir sahen uns selten, seine Gesellschaft war nicht die meine.«

Ja, Lenzens Gesellschaft ist nicht die Goethes. Goethe ist Student an der Universität. Lenz Bediensteter. Der eine kann frei über seine Zeit verfügen, der andere ist abhängig. Goethe ist vom Vater geschickt. Lenz ist gegen den Willen des Vaters hier. Der eine ist reichlich mit Geld versehen, der andere ist ohne Geld.

Soldatenmilieu, das mochte Goethe nicht. Lenz auch nicht.

Trotzdem lebt Jakob Lenz über vier Jahre mit den Offizieren Kleist, folgt ihren Launen und Befehlen, erträgt den rüden

Ton und das Zotenreißen. »… ich bin nicht frey – ich bin vieles nicht… meine Freiheitsstunde (das hoff ich zu Gott) wird auch einmal schlagen und dann will ich anders seyn«, schreibt er Anfang Juni 1774 an Lavater.

Wie sieht sein Tag und der nächste und der darauffolgende aus? Hofmeister, Gesellschafter, Reisebegleiter, wie klangvoll sein Titel auch sein mag, ein besserer Bediensteter, ein Lakai der Barone von Kleist ist er. In die »allergeringsten ihrer beyder Geschäfte« sei er »verwickelt«, gesteht Jakob einem Freund in Bezug auf seine Brotherren. Er dürfe sich nicht einmal für kurze Zeit von ihnen entfernen.

In der Tat. Er teilt mit ihnen die Behausungen. Er teilt mit ihnen die Kasernen und die Militärobjekte außerhalb von Straßburg, in die die Offiziere verschlagen werden, die Feldlager des Sommers, staubig und trist, die Winterquartiere, abgelegen und einsam.

Oft also ist Jakob während der vier Jahre seines Frankreich-Aufenthaltes gar nicht in Straßburg. Werden die Regimenter verlegt, zieht er mit. Muss er mitziehen.

Wenn die Offiziere es wünschen, befehlen, hat Lenz sie zu begleiten, ins Kasino, auf die Promenade, zur Wachablösung oder ins Theater, ins Gasthaus, in private Gesellschaften. Allerdings: dort ist er nur ein Statussymbol. Es gehört zum guten Ton, es schickt sich für einen Adligen, einen Gesellschafter zu haben. Und Lenz macht sich da gut. Spricht er doch Französisch, in einer zweisprachigen Stadt äußerst wichtig. Kann er doch Briefe schreiben, übersetzen, ja selbst Liebesgedichte verfassen.

Er ist verantwortlich für alles, vom Zimmer aufräumen, Essen und Wein herbeischaffen, Uniformen ausbürsten, schmutzige Wäsche wegbringen bis zum Stiefelputzen vermutlich. Eben in die »allergeringsten Geschäfte« verwickelt.

Jahrelang lebt Jakob so mit den Offizieren. Kopf an Kopf, Bett an Bett, in einem Zimmer zumeist.

Wie kann er da arbeiten? Er kann. Sind die Barone auf dem Exerzierplatz, in der Kaserne, dann schreibt er. Besessen. Unter Druck. In einem Zimmer, in dem Uniformen, Stiefel, Büchsendeckel voll Schuhwichse, Tabakpfeifen, Degen, Zaumzeug, Sporen wild durcheinander liegen. Auf dem Tisch Whistkarten, Reste von Essen, halbleere Gläser.

Hastig mag sich Lenz die eine Tischhälfte frei gemacht haben für seinen Bogen und das Tintenfass. Alle Äußerlichkeiten werden unwesentlich. Er schreibt. Entwirft, zerreißt, schreibt neu. Die Einfälle, die Gedanken, die Bilder überstürzen sich. Die Szenen vor ihm, er kann sie nicht schnell genug auf das Papier bringen.

Von mir ist gar nicht mehr die Rede

Karlsruhe, den 31. Dezember 1817

Helles, schönes, reines Frostwetter.

Nur Ihre Mutter ängstigt mich so sehr! Was die denken wird? Wie hab' ich Varnhagen die Zeit her alle Tage gequält, und immer so gemacht, als ob er mir helfen könnte Ihnen zu schreiben. Gott, Gott! rief ich wieder gestern, könnt' ich nur Custine schreiben! »Thu' es *gleich*!« erwiederte er. Aber Visiten kamen, *u.s.w. u.s.w.* Dies nur gestern. So geht's täglich. Dabei lebe ich das desesperirteste, einsamste, ungeselligste, unfreundlichste Leben: ohne Erheiterung, Reiz, Spannung, Anregung irgend einer Art: ohne alle Geschäfte und Thätigkeit, einsam und allein: aber in unabgebrochener Störung! So, daß ich ganz verdumme, und auch nicht mehr zu schreiben vermag. Nun verstehen Sie's doch! Von mir ist gar nicht mehr die Rede. Das heißt, was aus mir hervorgehen könnte, findet keine Beziehung; alles was mich berührt, bezieht sich nicht auf mich. Alles nur auf Varnhagen; und dies auf sein Amt, seine Position; ich habe keine und bin auch nicht frei. Sagen darf ich das nicht; nicht einmal merken lassen. Dann würde Varnhagen gleich auf Exzesse kommen. Für's Erste, mir zu Liebe, mich weg haben wollen. Sein Amt und seinen Stand verändern: und doch keine andern haben etc. Also hab' ich die unseligste Charge, die traurigste, drückendste in der Natur – die wir kennen – vernünftig zu sein. Es ist mir unmöglich, mir hier eine stehende Societät zu bilden: ich sehe

Leute genug: gestört, inkommodirt bin ich genug: mit keiner Frau bin ich wie mit Ihrer Mutter, wie mit der Schlegel, par exemple! Keine hat einen Trieb zu mir, kommt unverhofft. An Hof geh' ich nicht. Er will nicht viel bedeuten, und Alle, die hingehen, klagen: und doch, da es in dieser Residenz nur *eine* dürftige Gesellschaft giebt, und keine Gegengewichte so ist man gewissermaßen *ternie*, wenn einen das Geschwader nicht dort erblickt, und wenn man nicht wenigstens Diners und einen *Ball* giebt; nun sehe ich zwar Alle, und auch bei mir: und alle fragen mich warum ich nicht – nur Weihnachten, wo Stephanientag ist, und Neujahr-Cour, existirt Hofgehen; das Uebrige sind soirées bei der Großherzogin, wozu man aus persönlicher Gunst kommt – an Hof gehe: ich antworte mit meiner Gesundheit: die auch die Hälfte der Ursache ist. Genug ich bin isolirt und überflüssig hier, und bin bitter auf meine Vergangenheit mit meinen Gedanken verwiesen: und doch grausam gestört, in Zeit und Ruhe. Und wär's auch nur, weil ich an Varnhagen's Störungen, und Allem was ihn betrifft Antheil nehmen muß. Ganz den Ort und von meiner *ganzen* Lage, kann ich Ihnen nur mündlich aufdecken! Genug; ich konnte *nichts* vermeiden von dem in was ich nun stecke: und kann auch nichts *ändern*, ohne blutige Risse. Ach! Und ich bin von keiner Adlernatur, ich habe nur die Einsicht, daß um zu leben, welche nöthig ist!!! – – *ja!* Goethe läßt seinen Tasso sagen; und das hat noch Niemand gesagt: »Und in allen Stücken billig sein, heißt sein eigen Selbst zerstören!« […] Der Dr. Schlosser will in preußische Dienste gehen, und gerne am Rhein angestellt sein. Mir hat das Kinzigerthal im Schwarzwalde besser als die Rheingegend gefallen. Adieu. Ihre

R.

Viele schöne Grüße an den lieben Bärstecher.

Otto *Flake*

Es war alles in Basler Händen

Der Herbst brachte den Jahrmarkt. Alles kaufte das Bild des Studenten Sand, der zu Mannheim den Kotzebue ermordet hatte und dafür hingerichtet worden war. Die Arbeiter, Handwerksburschen und Barbiergesellen trugen ihm zu Ehren rote Mützen. Rot war in Mode, zum erstenmal seit der Franzosenzeit, an die das Volk trotz allem Leid nicht mit Abscheu dachte. Die Stadtsoldaten schauten misstrauisch auf die gefährliche Farbe hin. Zu sechs hielten sie in der Gemeinde Ordnung. Wenn ein Trupp von Wiesentälern, verarmte Hausleinenweber, die gegen die Fabriken nicht aufkamen, nach Polen oder Amerika auswanderte, gaben ihm die Stadtsoldaten bis Stetten ein unfreundliches Geleit, und höhnische Worte folgten den Heimatlosen.

Der Herbst war auch darum Bubenzeit, weil man nun mit dem Kuhhirt auf die Matten zog. Der Hund, der ihm bis dahin das Vieh zusammengehalten hatte, sah sich von einem Dutzend Helfer verdrängt, gehörte aber nicht der Rasse an, die nachträgt; am zweiten Tag schon tollte er kläffend und springend mit. Der Hirt hatte bei den Knaben ein größeres Ansehn als Vater oder Lehrer.

An schulfreien Tagen konnte man zum Heuen gehn und gewiss sein, dass der Bauer jedem ein Schüsselchen gestockte Milch vorsetzte. Das Brot zum Einbrocken schnitt man vom Laib, der die Runde machte; das Messer steckte gleich darin. Im Spätherbst war Weinlese, bei der es so viel des süßen

Mostes gab, wie nur ein Herz begehrte.

Am Eingang der Rebberge standen die Herbstschreiber, die für die Hofkellerei des Großherzogs den Weinzehnten sammelten. Die Bauern murrten, die kleinen Leute schimpften auf sie, die ernteten, wo sie nicht säten, und Beamte schickten. Auch der Pfarrer erhob den Zehnten von allem, was auf dem Acker wuchs, von Heu und Öhmd, Kartoffeln, Rüben, Bohnen, von Flachs und Hanf. Der Zehnter erschien mit Stab und Wagen, bezeichnete eine Garbe oder ein Büschel und lud sie auf.

Weit und breit gab es nur das eine Basel, nur die eine Stadt. Dorther kamen die Zeltwagen voll Baumwollpacken, dorthin kehrten sie mit der Fertigware zurück. Es war alles in Basler Händen, und wenn sie viel Geld aus dem Tal zogen, brachten sie es auch herein, bis Schopfheim und Hausen, wo man Papier machte und Eisen goss.

Raps, Reben, Flachs, Obst und zahme Kastanien folgten den Hängen; darunter lief die ansteigende Chaussee, noch tiefer der schäumende Bach mit alten Mühlen, auf denen Moos wuchs, und hoch darüber in klaren Nächten oder warmen die Milchstraße, die geteilte. Selten kam es jemand in den Sinn, bis zum Feldberg und Belchen vorzudringen. Der Bürger fand es zu anstrengend, der Bauer war froh, wenn er am Sonntag den Körper ausruhen konnte.

Aber es wurden viele Holzstämme den Schwarzwald heruntergeschafft und nahmen, auch sie, den Weg nach Basel. Lörrach erhob von jedem Wagen, der durchfuhr, die Abgabe. Sie bestand in einem Scheit, das ohne Aufenthalt der Fuhrmann auf dem Marktplatz abwarf. Die Stadtwache heizte ihren Ofen damit, und die Buben schleppten es ihr vors Haus.

Mit Schanzen, Scharten, Türmen hätte man Basel für ein

vergessenes Stück Mittelalter halten können, wären nicht auf dem Rhein die Frachtschiffe gewesen, die aus der Welt holten und in sie hinaustrugen, was die Städter reich macht und die Bauern Bedürfnisse lehrt. Am Freitag war dort Markttag, und das halbe Wiesental strebte ihm zu Pferd, zu Fuß, mit Karren, mit Körben am Arm und auf dem Kopfe zu. Ein gut Teil des Erlöses blieb gleich in den Läden; an der Grenze erhob man weder hüben noch drüben Zoll. Im Badischen hatte jeder Gau und bei den Schweizerischen jeder Kanton seine eigene Tracht.

Anonym

Bittschrift

Aller durchlauchtigster Landesvater!
Der Unterzeichnette wagt es an Ihro königliche Hoheit

Landesväterliches Herz die Untertänigste Bitte zu stellen, eine Verordnung zu erlaßen dass in den Fabariken nicht langer als 12-13 Stund pro Tag gearbeittet werden dürfte anstatt wie jezt immer von Morgens 5 bis Abends 8 Uhr gearbeitet wird.

Es ist gewiß traurig wie die Armen Leute in den Fabariken nur gleichsam wie die Maschinen betrachtet werden, und ihnen nur so viel Ruhe gelassen wird dass sie nicht ganz ermatten. Wir bitten Ihro Königliche Hoheit allerdemütigst sich über die vielen tausend Armen Leuten in Ihrem Lande die in den Fabariken ihr Brod verdienen müssen diese Bitte zu gewähren, dann würden gewiss alle ein Gebett zum Himmel erheben, dass Gott Ihren Güttigen Landesvater ihnen lange erhalten möchte.

Die Fabrikanten würden dennoch ihres Intreße in reichem mase finden, sodass die Industerie deßwegen nicht leiden würde. Es ist traurig zu sehen wie die Armen Fabarik Arbeiter körpperlich und moralisch vernichtet sind, und muß jedem Ihrer wohlgesinten Unterthan wehe thun wenn er sieth wie in den Fabariken eine Generation anwachst die zu allem fähig wird was Unsittliches und Schlechtes getrieben werden kann.

Ich bitte daher Ihre Königliche Hoheit noch einmal alleruntertanigst ein Fabarik Pollizeigesetz zu erlassen in welchem erstens die Arbeitszeit genau bestimmt ist wo ich glaube 12-13 Stund pro Tag sei genug in den Unrein Dünstenden Fabarik Sählen wenn der Mensch gesund bleiben muß. Zweitens, dass die Arbeiter nicht ohne wichtige Gründe gestraft oder aus der Arbeit geschikt werden können. Drietens, dass keine Kinder welche noch in die Schuhle gehen müssen, mehr als die Hälfte Arbeitszeit pro Tag in die Fabarik gehen dürfen. Viertens, dass der Fabrikant verpflichtet sei Arbeitern die in seiner Fabarik um ein Glied ihres Körpers kommen, so lange zu erhalten bis der Arbeiter freiwielig darauf verzichtet und so weiter.

Werden auf diese Weise die Arbeitter gesetzlich geschüzt, so bleiben alle gesünder, fühlen ihre Menschenwürde, und werden auch als Menschen leben wen sie als Menschen behandelt werden. Ich würde daß Fabarikleben näher schildern wenn meine Feder die Gefühle und Erfahrungen beßer niederschreiben könnte…

Ein Ihro treu ergebener Unterthan, der seinen Nahmen nicht zu schreiben wagt aus Furcht der Brief könnte unterschlagen werden und die Fabarikanten könten ihn empfindlich dafür strafen.

Iwan Turgenjew

Des Adels höchste Blüten

Am 10. August 1862 um vier Uhr nachmittags wimmelte es vor der bekannten »Conversation« in Baden-Baden von Menschen. Das Wetter war herrlich; alles ringsum – die grünen Bäume, die hellen Häuser der anheimelnden Stadt, das wellige Bergland –, kurz alles dehnte sich festlich und ansehnlich unter den Strahlen einer wohlmeinenden Sonne; über allem lag gleichsam ein absichtsloses, vertrauensvolles und freundliches Lächeln, und das gleiche vage, aber gute Lächeln überzog auch die Menschengesichter, alte wie junge, hässliche wie schöne. Selbst die stark geschminkten Pariser Kokotten vermochten den Gesamteindruck heiterer Zufriedenheit und Lebensfreude nicht zu stören, und die bunten Bänder und Federn, die goldenen und stahlblauen Pailletten an Hüten und Schleiern erinnerten unwillkürlich an die lebhafte Pracht und das leichte Spiel von Frühlingsblumen und regenbogenfarbigen Schwingen. Nur das überall schnarrende, ausdruckslose gutturale Geschnatter der französisch Sprechenden konnte das Vogelgezwitscher weder ersetzen noch sich mit ihm vergleichen.

Im übrigen verlief alles in gewohnter Weise. Das Orchester im Pavillon spielte bald ein Potpourri aus »La Traviata«, bald einen Straußschen Walzer, bald »Sagt es ihr«, eine russische Romanze, vom beflissenen Kapellmeister instrumentiert. Um die grünen Tische in den Spielsälen drängten sich wie immer die allbekannten Gestalten mit dem ewig gleichen, stumpfen und gierigen, halb fassungslosen, halb erbitterten, doch im Grunde genommen habsüchtigen Ausdruck, den die Spielleidenschaft allen, selbst den aristokratischsten Zügen verleiht. Der etwas korpulente, ungewöhnlich elegant gekleidete Gutsbesitzer aus Tambow verstreute wie gewohnt, mit immer dergleichen unbegreiflichen fieberhaften Hast, die Augen weit aufgerissen, mit dem Oberkörper dicht über den Tisch gebeugt und ohne auf das geringschätzige Lächeln der Croupiers zu achten, im selben Augenblick, da man »Rien ne va plus!« rief, mit schweißfeuchter Hand die runden goldenen Scheiben der Louisdors über alle Quadrate des Rouletts und beraubte sich damit jeder Möglichkeit, selbst im Falle eines Erfolges etwas zu gewinnen, was ihn aber nicht im geringsten daran hinderte, noch am gleichen Abend dem Fürsten Coco, einem der bekanntesten Anführer der Adelsopposition, mit teilnahmsvoller Entrüstung beizupflichten, demselben Fürsten Coco, der in Paris, im Salon der Prinzessin Mathilde, in Gegenwart des Kaisers so treffend bemerkt hatte: »Madame, le principe de la propriété est profondement ébranlé en Russie.«[1] Am »Russischen Baum« – à l'Arbre russe – kamen unsere liebwerten Landsleute wie gewöhnlich zusammen; pompös, nonchalant, elegant fanden sie sich ein, begrüßten einander mit Grandezza, Ungezwungenheit und Charme, ganz wie es sich für Individuen geziemt, die auf der Höhe der modernen Bildung stehen, doch nachdem sie sich zusammengefunden und Platz genommen hatten, wussten sie beim besten Willen nicht, worüber sie sich unterhalten sollten, und begnügten sich entweder mit leerem Gewäsch oder mit den abgedroschenen, höchst gewagten und platten Ausfällen eines längst steril gewordenen französischen Exliteraten mit kleinen Judenschuhen an den winzigen Füßchen und einem lächerlichen Bärtchen in der widerwärtigen

Visage, eines Possenreißers und Schwätzers. Er faselte ihnen, à ces princes russes, allen möglichen faden Unsinn aus den alten Almanachen »Charivari« und »Tintamarre« vor, und sie, ces princes russes, brachen in dankbares Lachen aus, als erkennten sie unwillkürlich die drückende Überlegenheit des fremdländischen Räsoneurs wie auch die eigene vollkommene Unfähigkeit, sich etwas Amüsantes einfallen zu lassen. Dabei fand sich hier fast die gesamte »fine fleur« unserer Gesellschaft ein, »des Adels höchste Blüten«.

[1] »Gnädige Frau, das Eigentumsprinzip ist in Russland sehr ins Wanken geraten«.

Joseph Viktor von Scheffel

Erste Epistel in die Heimat

Säkkingen, den 6. Januar 1850.

Also in Säkkingen! – Heute vor acht Tagen um Mitternacht habe ich meinen Einzug gehalten.

Nachdem ich Sonnabend in Offenburg beim wackern Alexander, dem aber die Einquartierung und die Steuerlast schwer auf dem Herzen liegen, Mittag gemacht und abends von Langendenzlingen aus nach Waldkirch hinübergefahren war, wo ich schöne Simonswälder Strohhüte und Taillen, gutes Bier und den Rechtspraktikant Kamm antraf, der mich mit germanischer Gastfreundschaft aufnahm, brachte mich der letzte sonntägliche Bahnzug durch die in trüber Schneebeleuchtung sich im Rhein spiegelnden Isteiner Felsen nach Efringen, und von da ward ich – ohne zu wissen wie – in verschiedenen Omnibus und Eilwagen nächtlicherweise nach Säkkingen befördert und in mitternächtlicher Stunde auf der Landstraße vor dem Postgebäude an die Luft gesetzt.

Das erste Wesen, was ich allhier ansichtig wurde, war ein biederer Hausknecht, der sich nach einigen Pausen meiner erbarmte und mich mit dem Koffer in die Stadt Säkkingen herein auf den Marktplatz vor das Gasthaus zum »Chnopf« führte.

Hier hatte ich ebenfalls wieder eine Zeit in frischer Luft zu stehen, bis des Knopfes Pforten sich öffneten. Während dieser erwartungsvollen Pause erschien, nachdem von den Glocken der Stiftskirche der zwölfte Stundenschlag dumpf erklungen war, das zweite Wesen, das ich allhier erblicken sollte, – der schnöde Nachtwächter.

»Loset, was i euch will sage!
D'Glocke het zwölfi g'schlage«,

sang derselbige krähend – oder krähte derselbige singend (ich lasse euch vollkommen freie Wahl), aber den schönen Zusatz

»Un wo no in der Mitternacht
E Gmüet in Schmerz und Chummer wacht,
Se geb der Gott e rüeihige Stund
Un mach di wieder froh und g'sund«,

diesen sang der schnöde Nachtwächter nicht; er schien ihm nicht in sein System des Nachtwächterns zu passen, was ich ihm sehr verübelte. Allmählich fand sich auch noch ein ferneres Wesen, was mir ein kühles Gastzimmerchen im Knopf zur Verfügung stellte.

Wenn einer einen Tag lang bei schneidender Kälte und vielem Schnee teils eisenbahn-, teils omnibusweise in der Welt herumgefahren ist, dann weiß er den tiefen Zauber des Spruches, den Marie leichtsinnigerweise auf den Oberflächen weißer Zipfelkappen anbringt, zu würdigen: – »Schlafe, was willst du mehr!« – Ich tat's.

Geträumt habe ich übrigens sowohl das erstemal dahier als seithero lediglich nichts; ist auch gar nicht nötig, hab' ich doch seit dem März 1848 so viel geträumt, dass ich noch geraume Zeit an dem Vorrat zu zehren haben werde. Wenn ich hier ein Tannenbaum wäre, in diesem ungeheuerlichen Schnee, dann würde ich es sehr passend finden, von einer Palme zu träumen im heißen Morgenland. – –

Nach dieser unjuristischen Abschweifung von Träumen

komme ich in die realste Wirklichkeit zurück, nämlich aufs Amthaus zu Säckingen. Dorthin verfügte ich mich am Montag morgen, ward vom Oberamtmann, meinem Herrn und Meister, günstig aufgenommen und gleich in meinen Geschäftskreis eingewiesen, den übrigen Beamten vorgestellt, bestehend aus einem Assessor Losinger und einem vorsündflutlichen, uralten Rechtspraktikanten Gamber, der einmal hier vergessen worden und seitdem auf der Amtsstube stehen geblieben ist; übrigens ein treffliches Gemüt; – den Neujahrsabend brachte ich sang- und klanglos bei den Honoratioren auf dem Leseverein zu und zog mich bald in meine Stube zurück und las noch im alten Hebel, der mir überhaupt noch manchmal eine Medizin sein wird.

Von Freud' und Becherklang ist, glaub' ich, in ganz Säckingen nicht viel die Rede gewesen am Neujahrstag; die Schlußrechnung fürs Jahr 1849 war zur Hervorbringung anderer Stimmungen viel geeigneter.

Den ersten Januarii 1850 ist Neujahr gewesen. An diesem Tag hab' ich mir eine Wohnung gesucht und selbe auch beim Bürgermeister Leo dahier gefunden, und ist sie auch kein Salon, so kostet sie hiergegen auch 4 fl. monatlich und ist, wie ich von allen Seiten versichert werde, eines der »nobelsten« Zimmer dahier. Alsdann hab' ich ein paar Besuche gemacht, – unter andern auch beim Posthalter Malzacher, der sich Vater bestens empfiehlt, – und nachmittags in Begleitung mehrerer Biedermänner und deren Gemahlinnen einen ehrsamen Spaziergang nach Stein in der Schweiz unternommen, der zu allgemeiner Befriedigung ausfiel. Seit Mittwoch sitze ich nun »festgemauert in der Erden« d. h. in meiner Amtsstube, und helfe mit an der Weltverbesserung durch Vermehrung der Akten-Faszikel, und wenn mir hie und da ein Skrupel kommt, so denke ich an das alte Lied:

Vorm Schreiber muss sich biegen
Oft mancher stolze Held
Und in den Winkel schmiegen,
Ob's ihm gleich nicht gefällt.

und schreibe wieder weiter im Gefühl meiner Würde, dass
die Feder knarrt und das Papier rauscht und braust. In diesen
Mittelpunkt meines hiesigen Lebens, in diese Schreibstube,
wo alle Wurzeln meiner Kraft liegen, muss ich Euch aber
noch des näheren einführen. Gebt mir also Euren Arm und
folgt mir.

Seitab vom Marktplatz in Säckingen, von der Kirche weg
nach dem Rhein hin, steht eine Reihe hochgiebliger alter
Gebäude mit spitzbogigen Türen, vergitterten Fenstern usw.
In diesen haust der Staat, das heißt: das Amtsrevisorat, die
Bezirksforstei und das Bezirksamt. Das stattlichste der Gebäude, ein dreistockiges Haus, ist das Amthaus. Durch eine
alte Bogentüre tritt man ein in die Vorhalle, die, mit Gewölbe-
stellungen versehen und auf zwei Säulenpfosten ruhend,
den Weg nach den verschiedenen Amtsstuben eröffnet. Wir
gehen aber noch nicht so schnell weiter, sondern verweilen
eine Zeitlang bei den sinnigen Inschriften der Halle. Bei den
Türken ist's eine schöne Sitte, die Wände der Moscheen und
öffentlichen Gebäude mit Sprüchen aus dem Koran zu versehen. Der deutsche bureaukratische Staat kennt nur einfach
geweißelte Wände. Aber der biedere Sinn des Volkes hat hier
ergänzend gewirkt und mit zarten Sprüchen aus dem Hauen-
steiner Koran die kahlen Mauerräume geschmückt.

Ich setze einige bei, wie ich sie aus der bunten Sammlung
noch im Gedächtnis habe. Also z. B.:

»Wenn doch nur ein heiliges Kreuzdonnerwetter das ganze
Amthaus verschlüge!« oder

»Allmächtiger Vater, schenk doch den Amtsherren einen besseren Verstand, daß sie die bürgerliche Rechtspflege besser führen!« oder

»Lange warten müssen macht zornig« – oder

»Heute ist Johannes R. von Herrischried hier gewesen und hat dem Amtmann tüchtig die Wahrheit gesagt!« – oder

»Eine Republik wär' halt doch das allerbeste!« – oder

»Wenn sich alles von selbst erledigte, dann wär gut Oberamtmann sein!« u. a. m.

Nachdem wir den Duft aus diesen Blüten des Volksgeistes eingesogen, treten wir links zur zweiten Tür ein. (Die Damen werden gut tun, beim Eintritt ihren Flacon vorzuhalten.) Hier ist meine Höhle. Aber ich hause nicht allein in ihr. Das Bezirksamt Säckingen hat sich jene Hauptregel der Historienmalerei, nämlich die möglichst »ökonomische Verteilung der Figuren im Raume« gründlich zu eigen gemacht. In dieser Stube gehört nur ein Schreibtisch, ein Aktenfach und ein geringer Flächenraum mir. In einem andern Drittel der Stube haust der eigentliche Herr und Gebieter derselben, der Amtsdiener, und im Reste derselben halten sich in Winterszeit die vorgeladenen Parteien auf, die Gerichtsboten gehen ab und zu, die Gendarmen pflegen der Privatunterhaltung mit Seiner Hochwürden dem Amtsdiener – kurz, es geht hie und da äußerst gemütlich zu. Ich bin eigentlich mehr geduldet, als dass ich etwas zu befehlen habe; im Volksbewußtsein ist der Amtsdiener der Hauptinsasse. Wenn einer hereinkommt, so heißt es zuerst mit einem Bückling: »'fel mich Ihnen, Herr Hauser, wie geht's?« usw. Dann noch so beiläufig zu mir und dem Aktuar: »Guten Morgen, ihr Herren.« Das ist übrigens von jeher die soziale Position des Säckinger Rechtspraktikanten gewesen – warum sollte ich's anders verlangen?

Albert Bürklin

Die Ausgaben für Kultur

Dieses ist ein Kapitel, hinter das der Herr Kanzleirat bei der Abrechnung jedesmal mit einem Anfluge von moralischem Katzenjammer geht. Aber was will man machen? Man ist nicht nur Kanzleirat und Famlienvater, man ist auch Mensch, und der Mensch muss seine Erholung haben. [...] Er ist Mitglied der »Eintracht«, hauptsächlich seiner Familie wegen, wie er sagt.

Seine gute Frau, die den ganzen Tag nur flickt, stopft, kocht, wäscht und mit den Kindern sich plagt, muss abends ihr Erholungsstündchen haben, bei einem guten Buche aus der Bibliothek der »Eintracht«. Sie verkümmert ja sonst ganz und gar und nach der körperlichen Anstrengung des Tages erfrischt sie abends ein geistiger Genuss. Paul Heyse ist ihr Liebling und die Marlitt und der Werner, der eigentlich eine Sie ist und Bürstenbinder heißt. Der Marlitt ihre »Alte Mamsell« und der Bürstenbinder ihr »Glückauf« hält sie für das Schönste, was je geschrieben worden ist und je geschrieben werden kann. [...] Auch die Kinder dürfen hie und da ein gutes Buch aus der »Eintracht« lesen; aber darin ist der Herr Kanzleirat außerordentlich gewissenhaft, er wählt die Bücher selber aus, nicht dass so eine Kinderseele vergiftet wird durch ein schlechtes Buch, wie sie leider in jeder Bibliothek zu finden sind. Die Bücher, welche zu lesen den Kindern gestattet ist, müssen neben der Unterhaltung auch belehren: Reise- und Lebensbeschreibungen. Romane sind gänzlich verbannt. [...]

Eine Auslage macht dem Herrn Kanzleirat ernstliches Bedenken. »Therese« sagte er zu seiner Frau, »waren wir wirklich im vorigen Jahre viermal im Theater und haben dafür 12 M ausgegeben?«

»Freilich, Väterchen, waren wir«, antwortete seine Frau. »Es macht dir ja so vieles Vergnügen und da du dir in den Kopf gesetzt, niemals ohne mich zu gehen, so wird es mit den 12 M seine Richtigkeit haben.« […]

Aber war es kein Luxus, in das Parterre zu gehen? Es ist allerdings ein »Paradies« da, auch »Juchhe« genannt, in das jeder Sterbliche für 50 Pf eintreten kann, aber ihm als Beamten ist außer andern Paradiesen auch dieses Paradies verschlossen. Er gehört in die V. Beamtenklasse und dieser Fünfer steht als Erzengel Gabriel mit seinem feurigen Schwerte vor diesem Paradiese und lässt keinen Kanzleirat hinein. Das wäre gegen die Würde des Amtes V. Klasse. Man sieht es nicht einmal gerne bei der VI. und VII. Klasse, und erst von der VIII. an, Kanzleidiener etc., sind sie paradiesfähig. Und nun gar die Frau Kanzleirätin! Die Frau Oberrevisor, die Frau Registrator, die Frau Bahnverwalter und die Frau Hauptamtsverwalter würden augenblicklich aus dem Kaffeekränzchen austreten, wenn die Frau Kanzleirat sich soweit vergessen sollte. […]

Das Parterre ist also kein Luxus für den Herrn Kanzleirat, aber häufig ist es ein Kunststück. Will er sich zwei Plätze erobern auf den drei Bänken, die man in Karlsruhe Parterre nennt, so müsste er sich mit seiner Frau an der Kasse breitquetschen lassen, um dann eine Stunde lang vor Beginn des Stückes die verschiedenen Gemüsesorten auf dem neuen Vorhange zu betrachten, unter denen die Frau Kanzleirat namentlich einen großen Krautkopf bewundert, der sich vorzüglich zum Sauerkrauteinschneiden eignen müsste. Wenn deshalb das Ehepaar das Theater besuchen will, so werden die beiden ältesten Söhne eine Stunde vorher abgeschickt, Plätze zu belegen. Außer seiner Bequemlichkeit betrachtet der Herr Kanzleirat dieses noch als eine ausgezeichnete pädagogische Maßregel, indem die Buben, nachdem sie eine Stunde die Plätze gehütet, in dem Augenblicke das Theater verlassen müssen, wenn es losgeht, und so eine vorzügliche Gelegenheit haben, sich in Enthaltsamkeit und Entsagung zu üben. – Was das Theater betrifft, so beneidet der Herr Kanzleirat jedesmal die Offiziere, die in den ersten Bänken für 15 Pf glänzen dürfen.

Heinrich Hansjakob

Auf dem Korso unserer Residenz

Einen wesentlichen Bestandteil unseres Korsos bilden die Studenten des rühmlich bekannten Polytechnikums unserer Residenz, junge Herren aus allen deutschen Landen. Sie führen die alten Namen der Schwaben, Rhenanen, Vandalen, Teutonen, schlagen sich »auf blutigen Walstätten« und ziehen mit Heftpflaster im Gesicht und mit ihren großen Hunden durch die Langestraße. Qualis rex, talis grex[1], diese Studentenhunde sind die wohlgezogensten Bestien dieser Gattung, die ich je kennen lernte. Stundenlang und halbe Tage lang liegen sie vor den Türen der Kaffeehäuser und warten auf ihre Herren, ohne im geringsten jemanden zu inkommodieren. So führen sich auch ihre Herren im öffentlichen Straßengewimmel fast durchaus wie gebildete Leute auf, und ich meine, diese Polytechniker benehmen sich viel ruhiger und anständiger als zu meiner Zeit die akademischen Bürger an der Universität. Die deutschen Studenten sind bekanntlich eine interessante Spezialität, wie sie Italien und Frankreich nicht hat; denn auf den französischen Boulevards und den italienischen Korsis ist der Student nicht zu unterscheiden vom Handlungskommis. So sind auch die Polytechniker der Residenz in Farben und »Wichs« eine belebende Zierde des Korsos und eine wohltuende Erscheinung gegenüber den zahlreichen langweiligen Bürogesichtern, die das Gros unserer Promenade bilden. In jeder kleineren Residenz werden die höhern und niedern Beamten und Diener der Staatsmaschine das Charakteristikum für die Straßenbilder abgeben, und man wird deshalb einer Menge von Menschen begegnen, denen man ansieht, dass sie irgendeine offizielle Stellung bekleiden, und wenn sie auch nur Schrauben oder Nägel in dem Räderwerk einer Landesregierung wären. So kommt es, dass auch auf unserm Korso zu gewissen Stunden, vor und nach dem Büro des Nachmittags und Abends, viele Leute sich ergehen mit Beamtenphysiognomien. Der Typus derselben ist etwa folgender: »Etwas aristokratisch, aber ohne die angeborene Noblesse des Aristokraten; streng abgegrenzte Züge, meist langweilig wie das Viereck ihrer Bürozimmer; mit mehr oder weniger Selbstbewusstsein andere Menschen anschauend; in der Regel mit einem Bart behaftet, wie ihn der jeweilige Kaiser oder Großherzog trägt, und mit einem kleinen, dünnen Spazierstöckchen in der Hand.« Wenn du solche und ähnliche Leute siehst, Fremdling, so denke: »Es sind Staatsdiener oder solche, die es werden wollen, und solche, die es nie werden, aber doch bei der Regierung tätig sind als Unterbeamte.« Siehst du aber Männer ohne Stock, angegriffen und mühsam dreinsehend, aber doch noch mit gewisser populärer Heiterkeit das Weltgetümmel musternd, so wisse: Das sind Volksvertreter, und so sie recht blass aussehen, Budgetmänner, die Tag und Nacht Sitzungen mitmachen müssen. Das Haupterkennungszeichen des Deputato ist das Fehlen des Spazierstockes. Es hat dies seinen Grund weniger in dem selbstbewussten, freiheitlichen Gang und in der Verschmähung eines jeden Zeichens, das an Polizei und Büttel erinnert, sondern in folgendem, durchaus harmlosem Umstand: Wenn der Landbote auszieht von der Heimat, um residenzwärts zu fahren, so muss er einen Regenschirm mitnehmen als unbedingt notwendiges Übel für die lange Regenzeit des Winters. Man kann sich manchmal nicht schützen gegen die Gewässer und kalten Strahlen im hohen

Haus, und so will man wenigstens im Freien unbelästigt sein von den Tränen des Himmels. Zum Regenschirm aber noch einen Stock mitnehmen, geht nicht an. Ja, wenn der letztere im Koffer Platz hätte, aber dazu ist er zu lang. Den Stock aber an den Schirm binden und offen mitnehmen, kann man aus ästhetischen Gründen keinem Landboten zumuten. So ziehen Landschuster und Landschreiner aus, wenn sie über zwei Feiertage verreisen, um in der Stadt eine alte Base zu besuchen oder dem Sohn in der Kaserne sein Heimweh zu stillen. »Noblesse oblige!« Und deswegen lässt man seinen Spazierstock zu Hause. Vielleicht nimmt es dich ganz besonders wunder, fremder Leser, wenn du einmal zur Winterszeit auf den badischen Residenzkorso kommst, mich zu sehen. Ich würde dir zu diesem Zwecke gern ein ganz genaues Bild von mir entwerfen, aber ein deutscher Dichter behauptet mit Recht, »dass beim besten Willen der Treuherzigkeit kein Mensch über sich selbst die Wahrheit sagen könne« und so kann ich dir kein richtiges Konterfei zeichnen. Schauen wir nach einem fremden Helfer um: Die »Rhein- und Neckarzeitung« hat einmal gesagt: »Ich wäre der Romantiker der badischen Kammer.« Das könnte dir vielleicht auf die Spur helfen. Wenn du nämlich zu den obigen Merkmalen der Landboten noch einen Menschen siehst, der nichts weniger als romantisch aussieht, so denke: Das ist er.

[1] Sprichwörtlich übersetzt: Wie der Herr, so's G'scherr.

Louis Aragon

Ein Schritt nur trennt uns vom Abgrund

Einmal werden die Handbücher der Geschichte die hochherzigen Reden und die großen Gedanken berichten, die auf dem Kongress von Basel laut wurden. Das hier zu tun ist weder unsere Aufgabe noch unser Ehrgeiz. Blocker, der sozialistische Präsident der Basler Regierung, der eine Verbeugung vor der christlichen Religion machte wie viele andere Redner, die sich schlecht von dem Gefühl losmachen konnten, unter den Gewölben eines Domes zu sprechen; der alte Bebel selbst, der sich bei dem Bischof bedankte und versicherte, dass Christus, wenn er wiederkäme, sich nicht den Christen, sondern den Sozialisten anschließen würde – derselbe alte Bebel, der andererseits behauptete, dass die Leute, die da sagen »Friede auf Erden und den Menschen ein Wohlgefallen!«, lieber noch auf die Kanzel steigen würden, um das Volk in den mörderischen Krieg, zur Vernichtung der Menschheit und zur Zerstörung aller Güter zu treiben –; Greulich und Keir Hardie, die in den Wahlsiegen des Sozialismus die Garantie des Friedens sahen; Sakasoff, der für den friedlichen Kampf und den Frieden eintrat; und alle die andern … Haase, der sich, als habe er schon ein schlechtes Gewissen, verhaspelt und von den Glocken und dem Balkankrieg redet; Adler sucht die Erleuchtung beim Evangelium, und was hat doch der Pole Daszinski gesagt?

Wenn man alle diese Redner vorgeführt hat und wenn man dann aus jeder Rede das unter Phrasen verschüttete revolutionäre Samenkorn herausgesucht hat, den Aufruf Vaillants, alle Mittel gegen den Krieg anzuwenden, oder die legale oder revolutionäre Aktion, von der Jaurès sprach – wenn man über alles das berichtet hat, wird man noch nichts vernommen haben von dem großen Herzen, das in jenen Tagen in Basel schlug.

Vielleicht war wirklich diese Parade der Wilhelm Tells und der Friedensengel mehr lächerlich als wirksam. Vielleicht überwogen die Narrenpossen das Tragische. Vielleicht können wir in diesem Umzug der feierlichen Bonzen heute nur noch die Gesichter der Verräter erkennen, die achtzehn Monate später das Proletariat Europas den Kriegsherren ausliefern sollten. Vielleicht ist es so. Und doch kann ich bei diesem Fest, von dem der Geruch des Weihrauchs und der Verwesung zugleich aufsteigt, wie ein Vorbote der furchtbaren Metzeleien im Masurenland oder vor Verdun, nicht lachen über diese blumenstreuenden Kinder. Was werden sie eines Tages sein, diese jungen Auserwählten von 1912? Ihre Hände werden lernen, das Gewehr zu halten. Eines Tages werden sie mit diesen selben Händen tödliche Blumen, Handgranaten, werfen.

Ich kann nicht lachen über diese riesige in Basel versammelte Volksmenge, über diese große Hoffnung, die betrogen werden sollte. Es gibt unter diesen Leuten dort nicht nur Verräter. Es gibt dort Männer, die schon vom Finger des Todes gezeichnet sind. Ich blicke über diese Terrasse am Rhein hin, wo in diesem Augenblick Pressensé spricht. Ich sehe dort Tausende und aber Tausende lebendiger junger Männer. In ihrem warmen Fleisch pulst das Blut. Das Blut steigt in ihre Wangen. Die Bewegungen ihrer an Arbeit gewöhnten Körper sind geschmeidig. Ihre Frauen sind mit ihnen, ihre Bräute, ihre Kinder. Man sieht sie plötzlich unerwartete Bewegungen machen, sie stoßen lachend ihre Nachbarn an, ihre Augen glänzen und gleiten zärtlich über Lippen, über Brüste. Sie haben menschliche Wünsche, sie haben Hunger und Durst, und es wird ihnen heiß ums Herz, wenn sie ein Mädchen seinen nackten Arm aufheben sehen. Zuversichtlich ruhen ihre Augen auf dem gestikulierenden Redner, auf den flatternden roten Fahnen. Diese gewaltige Herde ist hierhergekommen wie zu einem Fest. Ich habe Angst, ihrem Schicksal ins Auge zu sehen.

Max Raphael

Auf das Affenmäßige in sich beschränkt

Ab 6.20 Uhr Exerzieren und Instruktion. Nach dem Essen zum Kartoffelschälen abkommandiert. (Kartoffelschälen, Rübenputzen und -schneiden, Kesselputzen). Nachmittags Instruktion und Exerzieren. Brest-Litowsk gefallen.

Wie war ich froh, als endlich der Abend erlaubte, den freudig erregten Menschen und Straßen zu entfliehen! Selbst der größte Philister hat heute alle seine Bagatellen an Sorgen und Freuden vergessen und berauscht sich maßlos an dem siegenden Nationalbewusstsein. Der kriegsfreiwillige Dichter singt seinen Schwanengesang: »Die herrliche Stunde soll leben, soll leben« und lässt sich totschießen. Und die Glocken läuten Preis und Ruhm dem Morden! Empfinde ich allein dies Gebimmel als Hohn auf Christum? Hehlt die Kirche nicht den herrschenden Materialismus und die vollkommene Anarchie? Ja, rechtfertigt sie sie nicht geradezu, indem sie die ausziehenden Mörder und Schlachtopfer segnet? Und über dem Meer von Blut der feindlichen Kinder läuten die Glocken, die dem Dienst des ihnen allen gleichen Gottes geweiht sind! Hat nur vor *meinem* Gefühl eine solche Staatsdirne von Kirche alles Daseinsrecht verloren?

Ich klammerte mich in meiner brennenden Erregung an die Dinge, die in der Landschaft um mich waren: an die Bäume, die ihre weiten Kronen über die grüne Erde hinwölbten, an die Rebäcker, Felder und Wiesen, die in einem anmutigen

Spiel den Tüllingerhügelrücken in Breite und Höhe bis an die rahmenden Gratwaldungen erbauten. Das Tal, halb in die Dunkelheit der Nacht, halb in die milde Helle des Mondlichts getaucht, lag in einer schwangeren Stille, die durch das fließende Wasser bald stürmisch rauschend, bald hell plätschernd erläutert wurde. Die Nacht, die das vielgestaltige Dasein in ein paar einfache Linien, in ein deutliches Verhältnis von Flächen und Massen zusammendrängte, beruhigte mein wirbelndes Empfinden und ließ mich für einen Augenblick wohltätig vergessen, dass das gegenwärtige Leben jählings in den Abgrund strudelt. Aber wer wagt das zu sagen, da der Fall von Brest-Litowsk ein großer Sieg ist?

In den gemeinsamen Schlafsaal zurückgekehrt, fand ich die Kameraden bei einer eigentümlichen Siegesfeier. Der Bauer aus dem Schutterwald – ein noch nicht vierundzwanzig-jähriger Vater von drei legitimen Kindern – tanzte im Hemd, das Käppi schief auf dem Ohr, das Koppel umgeschnallt – tanzte, vom Säbel umbaumelt, einen urkomischen Walzer. Die andern »bogen sich vor Lachen«, und er selbst gefiel sich in der Rolle des Clowns so gut, dass die Szene kein Ende finden wollte. Schließlich ließ er sich hinreißen, die Erlebnisse seiner Hochzeitsnacht zu erzählen, die von einer so unbezähmten Gier zeugten, dass die eben so von ihm belustigten Kameraden sich abfällige Urteile zuzutuscheln begannen. Ich sah diesen kleinen Kerl plötzlich bis auf den Grund seiner Ausgelassenheit: er hatte Heimweh nach seinem Weib. Was mag mancher von ihnen im stillen durchmachen, bis sie die Sieger von Brest-Litowsk um die polnischen Mädchen beneiden und selbst einen solchen Ersatz herbeisehnen?

17.IX.15

Ausmarsch, ohne zu wissen, wohin. Ganz auf das Affenmäßige in sich beschränkt werden. Stundenlang nachtreten, wie ein Kamel in der Halfter – eine neue Abscheulichkeit des Dienstes.

Ich sah die Schokoladenfabrik von Suchard. Welch eine Fülle von Schweiß, von schmerzhaftem Nervenverbrauch, von kümmerlichstem Sklavendasein zur Herstellung einer Süßigkeit! Unter diesem Anblick möchte man sie mit einer Handbewegung aus dem Konsum der Menschen streichen. Aber schließlich ist sie ja nur ein Symbol für all die vielen Gegenstände, die einer über die nackte Notdurft hinaus- gedrungenen Menschheit zur Befriedigung eines mehr oder minder gesteigerten Luxus dienen und einen beträchtlichen Teil der ganzen Industrie ausmachen, um derentwillen der größte Teil der Kriege geführt wird. Sollten doch jene Asketen recht haben, welche die Menschen auf einen natürlichen Ur- zustand zurückführen wollen, um ihnen solche grauenhaften Ausgeburten ihrer Zivilisation zu ersparen? Es gibt im Leben kein Zurück und kein Aus-der-Geschichte-heraus. Aber wie weit haben die ungeformten Energien der Gesellschaft die schöpferischen Kräfte außer Spiel gesetzt, damit dieser Krieg möglich werden konnte!

Es kann für uns keine dringendere, menschlichere Aufgabe geben, als den dunklen Weg zu suchen, der aus diesem Irrsinn für immer hinausführt. Aber wie ihn finden? Genügt es, dass der Einzelne, viele Einzelne zur Einsicht gelangen, dass dieser Krieg nicht das Ergebnis einer zufälligen, politischen Kon- stellation oder des bösen Willens einzelner Menschen oder Völker war, sondern, dass er mit zwingender Notwendigkeit aus dem gesamten Leben folgte, das nicht nur die Staaten son- dern auch alle Schichten der Gesellschaft und alle einzelnen Bürger geführt haben? Nur wenn die Menschen aller Staaten zur Scham fähig sein würden darüber, dass ihre den Stoff des Lebens bezwingende Formkraft so verfallen war, dass das

Vernunftwidrige die zur Gottähnlichkeit Berufenen zu entmenschten Werkzeugen machen konnte; nur wenn sich alle zu dem Willen aufraffen würden, Macht über die Wirtschaft und die sie bedingenden Verhältnisse zu gewinnen, ihnen Grenze und Ziel mit Rücksicht auf das harmonische Gesetz des Ganzen zu setzen, nur dann wird sich Ordnung und Licht wiederfinden lassen. Woher aber soll den Menschen Scham über ihre Unfreiheit kommen, da sie nicht Scham genug besitzen, nicht um das goldene Kalb zu tanzen? Der Obergötze Mammon, den sie geschaffen haben, ist stärker als ihre Scham und erzeugt in ihnen, bis hinab zum Munitionsarbeiter und zur Prostituierten eine Gier nach der Materie, aus der nur noch die eine Verzweiflung spricht: Après nous le déluge![1]

---

[1] Nach uns die Sintflut.

Wolfgang Duffner

Mein Großvater und der Hartmannsweiler Kopf

Mein Großvater, der den Krieg für eine bedenkliche Vorstellung hielt, inszeniert von gerissenen Rüstungsindustriellen und deren Lakaien, den Politikern, überlegte eine Nacht lang, als die Franzosen im August vierzehn den Rhein zu überqueren drohten, ob es Situationen gebe, wo die Stimme der Vernunft der Stimme der Pflicht zu weichen habe. Mein Großvater entschied sich für die Stimme der Pflicht, nahm an den Vogesenkämpfen teil, die ihm den Karl-Friedrich-Militärverdienstorden und ein Grab auf dem Soldatenfriedhof in Sennheim einbrachten, wo die Kreuze so niedrig sind, dass man die Namen nur in tief gebückter Haltung lesen kann.

Reinhold Schneider

Die leeren Zimmer

Von der Wirklichkeit eines Krieges wusste ich nichts. Ich verlebte die Augusttage in vorbehaltloser Begeisterung. Die Vorstellungen waren vom 70er Krieg bestimmt: nicht von dem, der sich abgespielt hatte, sondern von dem, der in Schulbüchern und patriotischen Geschichtswerken geschildert war. Ein jeder Krieg musste ebenso »glücklich« verlaufen. Aber einer der Hausdiener, ein schöner Mann mit blondem Bart, lag tagelang schluchzend in seiner Kammer, nachdem er den Gestellungsbefehl erhalten hatte.

Die Häuser leerten sich. Die gewohnten Zusammenhänge zerrissen augenblicklich. Als eine junge Russin, in der Empörung über den Siegesjubel im Kurgarten, den Tisch ihres Balkons auf das Dach der Terrasse schleuderte, forderte die Menge die Herausgabe der Russen. Die Weigerung meines Vaters wurde mit Steinwürfen beantwortet, die die Fenster der Terrasse zertrümmerten. Nachts reisten die letzten russischen Gäste – die Familie eines hohen zaristischen Beamten – weinend ab, dem Abgrund ihres Schicksals entgegen. Italiener – noch unsere Freunde – wurden verprügelt, weil sie für Franzosen gehalten wurden.

Ich erinnere mich, dass ich auf einem Spaziergang im Walde – noch könnte ich die Stelle bezeichnen – blitzhaft die Ahnung hatte, der Krieg gehe verloren. Sie ist gewiss bald übertäubt worden. Nicht während der fast allabendlichen Siegesfeiern in der Stadt erlebte ich Geschichte; ich machte diese

Erfahrung langsam, in den folgenden Jahren. Früher liebten es die Gäste, an den verschiedensten Plätzen des Parkes zu sitzen, wenigstens zu frühstücken; nun dachte niemand mehr daran. Die Wege vergrasten; die Büsche wucherten über die Bänke. Das hatte etwas Endgültiges. Niemals mehr standen Pferde im Stall, wo auf kleinen Tafeln über den Raufen noch mit Kreide die Namen der letzten Gäste angeschrieben waren. Die Villen im Park blieben verschlossen; in der einen lagen in einem Schrank des Kellergeschosses noch die Tennisbälle und Schläger, das Malgerät, Hüte und Mäntel der russischen Familie. Worauf warteten sie? Und wieviel Jahre war es erst her, seit in dem großen Herde dieses Hauses, auf dem noch für die Kaiserin Elisabeth gekocht worden war, das letzte Feuer brannte? Ich lief durch die Gänge, die vielen ausgestorbenen Räume, über die verlassenen Balkone und Terrassen, in deren abblassenden Vorhängen sich ein letzter Schimmer der Fröhlichkeit verfangen hatte. In den Bodenkammern waren die Betten aufgeschichtet, die Tischdecken, die Leuchter. Ich hatte die Einrichtung der Salons bewundert; nun bemerkte ich, wie sie veralteten gleich den zurückgelassenen Hüten und Mänteln. Das alles sank, verstaubte, blieb zurück wie Gegenstände, die aus einem rasenden Wagen geschleudert wurden.

Hugo Ball

Ich werde hier nichts Gutes zu
erwarten haben

Basel, 2. XI. [1915]

In Basel war ich einmal als Student. Da man als Student nie
weiß, wie man's anfangen soll, ließ ich mir Bilder von Hol-
bein und Böcklin zeigen, kletterte in den Spanten der Müns-
tertürme herum und bewunderte die leeren drei Bänklein,
vor denen der junge Professor Nietzsche aus Naumburg die
Griechen erklärte. Damals war Basel für mich die Stadt der
Humanisten. Diesmal wird es die Stadt der Totengräber, der
Meßkuriosa und Anomalien sein; denn ich bin mir selbst zur
Kuriosität, zur Anomalie und zum Totengräber geworden.
Wenn ich den Aussagen meiner Umgebung trauen darf, ist
Basel der sittliche Kehrbesen und sozusagen das wachsame
Argusauge der Schweiz. Wer es versuchen sollte, sich auch
nur spaßeshalber hier aufzuhalten, ohne über seine Mütter
und Urgroßmütter bis ins sechste Glied hinauf Aufschlüsse
geben zu können, der würde schlechte Erfahrungen machen.
Wer vollends bei der hochnotpeinlichen Frage nach seinem
Erdenberuf in ein ersterbendes Nervenzucken verfiele, der
fände sich binnen vierundzwanzig Stunden ohne das geringste
Federlesen über die Grenze und dorthin spediert, wo sein
nervöses Zungenreden beheimatet ist.

Basel hat keinen Sinn für die Unbefleckte Empfängnis und
auch nicht für die stockende Redeweise. Wer hierorts etwas
auf dem Herzen oder, was dasselbe ist, auf dem Gewissen
hat, der trommelt und man versteht ihn. Hat seine Weltan-

schauung ein geheimes Gemütsleiden, so trommelt er etwas stärker. Sind aber Regungen vorhanden, die unzweideutig auf einen Defekt schließen lassen, so trommelt er, bis man ihm beide Arme in einen Gipsverband legen muss. Es wird nur einmal im Jahr und summarisch getrommelt. Die ganze Bürgerschaft beteiligt sich daran. Das Reservoir entlädt sich ohne Rücksicht auf Rang, Stand und Würde in den unterschiedlichsten Wirbeln, Trillern und Kadenzen. Es ist eine wahre Rasselorgie und ein geschlegelter Buß- und Bettag. Die hintersinnigsten Zuckungen treten dabei in Erscheinung. Alles Verscharrte und Zugeknöpfte wird ausgestülpt und hergetrommelt. Man gedenkt seiner verstorbenen Freunde und Anverwandten, man gedenkt der verfänglichen Freuden dieser Welt und in weiterem Umkreis aller historisch erfassbaren Hinrichtungen, Füssiladen, Bataillen und Kasernen; aller Magistratsverordnungen, Hunger-, Wasser- und Feuersnöte; aller Pestilenzzeitläufte und Brandschatzungen. Man gedenkt mit einem Wort aller schreckhaften und funeralen Einrichtungen und Vorkommnisse dieses finsteren Daseins und trommelt sie sich von der Seele.

Die Trommel (es ist jetzt von der kleinen, nicht von der großen die Rede) trägt hier gewissermaßen jedermann als Berlock an der Uhrkette oder als Amulett um den Hals. Sie ist der Bauch der Zeit, der knurrende Töne von sich gibt, und das Kalbsfell der Generationen. Da jeder stets ein Jahr lang Zeit hat, sich einen neuen Haken im Tremulo auszudenken, so ist immer einer des anderen Lärmhirte und Paukduellant. Und man kann sagen, das Stirnrunzeln nehme hier zu gewissen Zeiten derartige Dimensionen an, dass beim jüngsten Gericht ein Basler den andern durch Erregung des absolut unübertroffenen Schauders in den finstersten Orkus hinuntertrommelt.

Das mit dem Trommeln ist vernichtend. Als Alarm und Reveille betrachtet, ist es die Auferstehung der Toten. Es ist zu überlegen, ob ich mir Basel nicht zur Geburtsstadt kreiere. Es ist die finsterste Stadt Deutschlands. Ich werde hier nichts Gutes zu erwarten haben. Mit Zahnrheumatismen bin ich angekommen. Der Regen trommelte auf die Dächer, und das Zimmer, das man mir zeigte, ist kahl wie ein Operationsraum in einem Krankenhaus dritter Klasse. Man bildet sich immer ein, es könne nicht schlimmer kommen. Aber das Leben ist unerschöpflich an Stufen und Nuancen im Unbehagen. Also will ich Kerze, Watte und Spiritus besorgen.

Carl Einstein

Kleine Autobiographie

Diese Herrnhutische Stadt, worin ich geboren wurde, versandet noch heute den Rhein, reizlos und ärmlich. Man hat dort die besten französischen Möbel geschreinert und der Portwein der Herrnhuter, die ihre Töchter damals nach dem Los an Missionare verheirateten, war eine gute Sache. Schon morgens nahm man ihn im Elefantenstall. Dies Herrnhuter Viertel war rational und totenstill, geometrisch wie eine alte Jungfer. Die weißen Fenster blieben geschlossen, niemand schaute heraus, pedantisches Empire verbarg große Gärten, woraus mitunter eine weiße Haube lugte. Die Kirche war kahl wie ein Operationssaal, Gott als weißes Quadrat.

Der Pöbel wohnte im kleinen Frankreich, ebenso die Stadtverrückten. Dort hing Wäsche und die Mädchen gingen auf die Rabeninsel am Rhein. Man erzählte Schauerliches. Am kleinen Frankreich vorbei, woraus hie und da ein Stein oder Fluch in die Schlossstraße flogen, ging man ins Fürstliche, beschaute idiotische Schlosspfauen und saß an der Rheinspitze, die den Fluss zerschnitt. Dort träumte man von Ausflügen nach Andernach und schaute nach dem Kirchturm von Leutesdorf hinüber.

Abends saß man vor dem Haus. In der Weinkneipe gegenüber gröhlten die Schützen gereimte Trinksprüche, man erzählte Mordsgeschichten, wenn man nicht in Sue, dem Zauberer von Rom, Dumas oder Gerstäcker steckte. Als Comble des Witzes wurde mitunter die Eingabe eines Schulmeisters an Friedrich den Großen vorgelesen. Diese langweilige Stadt scheint langsam zu sterben. Ich glaube, die andere Rheinseite hat mehr Verbindungen oder sonst was. Doch immer noch speien die aufsässigen Männer des kleinen Frankreichs gelassen in den heiligen Rhein.

Nachts saß ich mit meinem verstorbenen Onkel um den runden Tisch. Wir rauchten und lasen Räubergeschichten aus der Leihbibliothek eines stotternden Buchbinders. Man ging spät schlafen und stand spät auf.

Auf der Schule machte mir die übliche Ignoranz der Lehrer einen hässlichen und dauernden Eindruck. Unwahrscheinlich deformierte Bürger dösten und quälten zwischen Stammtischen und Grammatik. Humanistische Monstres. Ein Altphilologe, der aus dem Manöver zurückkam, modernisierte den Cäsar, rüstete ihn mit Maschinengewehren aus und ließ die Legionäre locker ausgeschwärmte Schützenlinien bilden. Ein Wort beunruhigt mich heute noch: »frumentarium, das Getreidewesen«. Was ist das? Wir hatten einen Physikprofessor, einen schweigsamen Waldläufer, der einmal die Rede zu Kaisers Geburtstag halten sollte und damit begann: »Wenn ich zwei Frösche in ein Glas Wasser setze…« Von der Sexualität der Frösche kam er dann auf das geeinte Vaterland zu sprechen. Bei der Lektüre des Platon wurde der Hauptwert auf das »men te kai ouden« gelegt, mitnichten aber so wenn nämlich hinwiederum. Platon selbst hatten die Pauker so wenig begriffen wie wir.

Das entscheidende Erlebnis war natürlich Karl May, und der Tod Winnetous war mir erheblich wichtiger als der des Achill, und ist es mir geblieben. Ich flog aus dem Abitur und kam in ein Landgymnasium. Sonntags betrank ich mich im Karzer und las Detektivromane, Wedekind oder Rimbaud. Das Nest war entsetzt, dass ich es wagte, die Wohnung eines früheren Majors des dort garnisonierten Dragonerregimentes zu beziehen. Der Pedell musste mich stets in die Penne abholen. Nachmittags lief ich auf einen kleinen Berg und trank dort in einem Riesenfass. Natürlich hieß die Kneipe »Perkeo«. Der Blick in die ermüdende Rheinebene war dermaßen verzweifelt, dass ich in diesem Fass zu schreiben begann. Die Kellnerin, die mich bediente, hatte mit einem bekannten deutschen Dichter ein Verhältnis; allerdings beklagte sie sich über dessen Nervosität. Dieser Mann wurde meine erste literarische Bekanntschaft.

Ich erinnere mich eines eigentümlichen Physikprofessors, der aus Religiosität nicht an die Gravitation glaubte, sowie des Lehrers im Griechischen, der im Dunst seiner bäuerlichen Pensionäre die Ursprachstämme suchte; dann gab es noch einen Direktor im braunen Gehrock, der unter einem Riesenphoto Goethes unablässig Iphigenie neu dichtete. Er glich vollkommen seinem missgestimmten Griffon. Ich werde dieses ekelhafte Nest nie vergessen. Einmal besuchte mich ein Messias, der aus Bordeaux kam. Er schien aus Kleinasien zu stammen. Jedenfalls trank er fürchterlich und kannte sich ausgezeichnet in sämtlichen Hafenstädten aus.

Die wichtigsten Gebäude waren Zuchthaus und Schloss. Sonntags rasten die Bürger in dem französischen, geometrischen Park umher, grüßten je nach der sozialen Lage, während ich im Kirchturm regelmäßig meine Karzerstrafen heruntersaß. Ich zog es vor, dort still die Sonntage zu verschlafen, statt mir die Nachmittage durch den Blödsinn der Lehrer zu verderben. In einem Koffer brachte ich mir Nahrung, Alkohol und eine Decke mit. Ich erinnere mich, einmal nachts in einem Hausflur gegen einen Erhängten gerannt zu sein.

Dann ging ich nach Berlin. [...]

Emil Belzner

Blinder Passagier der Revolution

Der große Lehrer, Schüler, Freunde und Ketzer reisen in gefährlich langsamen Zügen. Einer dieser Züge, ein ramponierter Salonwagen nebst angehängtem Heiz-, Küchen- und Wasserwagen, hat Deutschland im April 1917 durchquert.

Und meine Beschützerin, meine Reisebegleiterin, meine Dolmetscherin, meine Aufsichtsdame, meine Ernährerin auf dieser kurzen sagenhaften Strecke war Inès Armand, wahrscheinlich die schönste, leidenschaftlichste Muse, die je unter Menschen weilte. Gegenwart und Prophezeiung wurden aus ihrem Munde eins. Sie war unnachsichtig, und ein Peloton in der Frühe oder in der Nacht schon erwartete sicher jeden verwerflichen Günstling. Eine Muse, die geliebt hatte und noch liebte – welch ein Wunder! Es wird eines der größten Geheimnisse der Geschichte bleiben, in welchem Maße sie die Weltrevolution beflügelt hat. Taumelnd ging drei Jahre später Lenin hinter ihrem Sarg. Sie war an derselben Krankheit gestorben, vor der sie alle glühenden Menschen warnte, an der Schwindsucht. […]

Jetzt atmete ich ihren Atem tief ein. Jetzt spürte ich ihre Brust, die sich hervorwölbte. Jetzt strich ihre warme Frauenhand über meine Wange. Die lärmige Stille von vorhin dauerte an, das eingebildete Stimmengewirr der Stille. Diese Stille wurde lediglich dadurch unterbrochen, dass ein Knopf absprang oder ein Kamm aus dem herrlichen Haar der Schönen zu Boden fiel. O mütterliche Welten, wohin lenkt ihr unsere

Hände! Sirenen, Fliegeralarm. Man ließ den Zug wegen seiner von der deutschen Regierung und Heeresleitung kläglich missverstandenen kostbaren strategischen Fracht nicht in den Bahnhof. Er musste nochmals draußen warten. Ich atmete den Atem der Schönen tief ein; ich barg mich im Geruch ihres Haars und ihres Leibes. Auf einmal fühlte ich, dass ich entsetzlich allein war, dass ich binnen kurzem, sobald wir Frankfurt erreicht hätten, entsetzlich allein sein würde. Und eine Angst ergriff mich inmitten der Liebe, die plötzlich zu einem Dahinfahren in die Unendlichkeit wurde. Unentwirrbare Gesichte, Gerichte, Gesichter und Stimmen drangen erneut auf mich ein. Verzweifelt vor Glück und panischer Furcht stieß ich nochmals ein langgezogenes »S-s-s-s-s-s« aus meiner knabenhaften Ermattung hervor, um Steppen-, Dschungel- und Wüstenwelt ringsumher zu beschwichtigen und Ruhe einzusenken in mich selber. Dabei starrte ich unentwegt auf ›Jenen, den du gesehen hast‹.

Doch der richtete sich nun rasch auf, griff nach einer halbgefüllten Tasse Tee, die irgendwo auf dem Tisch stand, trank sie leer und fuhr mich lachend an: »Dieser Menagerie-Tiger und Passions-Schlemihl ist ein gerissener Junge. Weiß, wie man Tiger beruhigt. Mich hat dieses ›S-s-s-s-s-s‹ aus dem Wach-Schlaf gelockt. Bin selber schon auf Tiger-Fährte gelegen. Habe auch einmal ein paar Worte mit einem sibirischen Königstiger über den Strom hinüber gewechselt, mit einem prächtigen Wollhaartiger, der mich in seiner Sprache einen zähen Affen nannte, ein Vaterunser betete, bevor er den griesgrämigen Popen im nächsten Dorf fraß und froh war, als er tiefer in die tierreichen Wälder gelangte und keinen Menschen mehr sah. Hahaha, hm, hm. ›S-s-s-s-s-s‹, machen Sie das einmal in der Wildnis, Messerschmiedchen, ohne das Auf und Ab des Tones, das dazu gehört, wie schnell hätten Sie eins mit der Pranke! Ein so dummes Glatthinein und Glattheraus gibt es in der Natur nicht. Trotzdem, meinen Segen haben Sie, wenn Sie in Frankfurt aussteigen. Vergessen Sie Ihr Hämmerchen nicht, sonst bekommen Sie ein Disziplinarverfahren ans Bein wegen Material-Verschleuderung. Ein richtiges deutsches Prozesschen, auch in Russland üblich. Nein, Material darf man nicht verschleudern, bei einem Aufstand und einer Revolution am allerwenigsten. Mit einem solchen Hämmerchen könnte man ja auch einen Menschen totschlagen, wie? Was schauen Sie mich so entgeistert an? Ich bin ein Mensch wie andere. Habt ihr in Rastatt oder Bruchsal keine Leute, die so aussehen wie ich?«

Es war nicht leicht für mich, mich vor der Liebe zu fassen, mich vor dem Dämon zu fassen. »Doch«, sagte ich, »Sie sehen etwas dem Bäckermeister Evangelista Sprenger in Bruchsal ähnlich. Aber der hat einen dickeren Bauch, und Sie haben eine dickere Nase, eine breitere.« – »Haha, hehe, hmhm, Evangelista ist schlecht, Sprenger ist gut. Aber auch aus einem Evangelista kann noch ein guter Sprenger werden. Was meinen Sie, werden der Vatikan und die Wittenberger Thesenkirche ewig stehen? Den Vatikan kann man als Museum vermieten oder als himmlische Wohnungen für Bankiers. Und die Wittenberger Thesenkirche wäre als Heimstätte für Alt-Utopisten vom Schlage Thomas Münzers nicht schlecht, was?« Die Weste stand offen, er schob die Hände unter die Hosenträger: »War der Bäckermeister Sprenger beruflich organisiert?« – »Das weiß ich nicht.« – »Kirchgänger?« – »Ja, und im Kindergottesdienst legte er als Helfer die biblischen Erzählungen aus.« – »Zum Beispiel?« – »Zum Beispiel den ›Gesang im Feuerofen‹.« – »Wie hat das auf euch Kinder gewirkt?« – »Wir waren schon in jenen Jahren ziemlich vorwitzig, verschlagen und, soweit es ging, respektlos. Wir wollten der Sache auf freche Weise auf den Grund gehen und dachten uns etwas aus: Da wir an manchen Tagen der Woche in der Bäckerei mithalfen, warteten wir eine Gelegenheit ab, Meister Sprenger auf die Probe zu stellen. Als er einmal in den Ofen hineinkroch, um diesen, auf dem Bauche liegend, von Holzasche und Backresten sauberzufegen, hängten wir uns an die Zuggriffe und zogen den Schieber herunter, so dass er gefangen im Ofen saß. Wir lauschten, was er singen würde. Er sang nicht, sondern brüllte: ›Ihr Gauner, ihr Spitzbuben, rennt sofort zu meiner Frau, sie soll kommen und mich herauslassen!‹ Wir rannten den langen Gang in den Laden vor und sagten in aller Seelenruhe: ›Frau Sprenger, Ihr Mann hockt im Backofen und kann nicht heraus.‹ – ›Jessesmarie!‹ schrie die Bäckersfrau, rannte hinter zum Backofen und ließ ihren Mann heraus, indem sie mit stämmigen Armen den Schieber hochdrückte. Wir standen dabei und schauten zu, wie sie ihn an den Beinen herauszog und wie er schwitzend und rotgesichtig herauskam. ›Ihr Dreckspatzen‹, sagte er zu uns, ›flugs hinaus aus meiner Bäckerei mit euch!‹ Wir plärrten: ›Lieber Herr Sprenger, lieber Herr Evangelista, wir wollten doch nur den Gesang im Feuerofen hören, nachdem Sie uns das alles so schön erklärt hatten. Ist es denn nicht wahr, was in der Bibel steht?‹ Das rührte ihn wieder und er sagte: ›Doch, liebe Kinder, es ist alles wahr, aber der Ofen war nicht mehr heiß genug.‹ «

Lenin konnte sich kaum halten vor Lachen. Er bog sich vor Lachen. Er stampfte die Papiere auf dem Boden mit den kaputtenen Gedichten und Plakaten noch mehr zusammen. Das Dämonische seines Gesichtes glitt über in die argloseste Güte der Welt. Man merkte ihm von Grund auf die Freude an Kindern und Kinderstreichen an. Es muss ihm sehr gefallen haben, dass wir an irgendeiner Wundergeschichte nicht zuschanden wurden, sondern sie platzen ließen. »Dabei lief das Wunder von selbst auf Asche und Sand«, lachte er. »Und solche Burschen springen dann mit dem gleichen Trick auf unsere Züge, um sich nach Tiger-Schnurrbarthaaren zu erkundigen, was?« – »Nein«, fiel ihm die Schöne ins Wort, »damals war er einer Legende auf den Fersen. Heute suchte er von Sträflingen Auskünfte über Tiger, und begegnete Freien, die der Wahrheit auf den Fersen folgen.« – »Nicht mit Versen«, warf er dazwischen. – »Nein«, wiederholte sie, »Freie, die der Wahrheit auf dem Fuße folgen.« Sie hob den abgesprungenen Knopf auf und steckte etwas Offenstehendes mit einer Sicherheitsnadel zusammen. »Du musst damals ein heller Junge gewesen sein«, sagte sie, während sie den Knopf in ein Täschchen mit Nähzeug tat. »Hast wohl noch einen größeren Haarwuschel gehabt als heute und alles mögliche Zeug in den Taschen. Ich möchte dich zurückverfolgen bis zu deiner Geburt, weil ich doch von Wladimir alles weiß. Hast sicher auch die englische Krankheit gehabt, wie er, sie überstanden und auch die Masern überstanden und dir, nachdem du ganz gesund warst, ein Fahrrad gewünscht und versprochen, nie wieder krank zu werden.« – »Ein Fahrrad schon«, sagte ich, »aber das war zu teuer für uns.« Lenin: »Bedenken Sie, Frau Armand, bedenken Sie, Frau Inessa, als die Fahrräder aufkamen, gab es dieselben zunächst nur in Luxusausführung, in Nickel, mit blitzenden Speichen und tollen Klingeln und blanken Ledertaschen. Von Gorki weiß ich, wie der alte Graf Tolstoi in Tula gegen den Willen der Familie ein Fahrrad kaufte, das Radfahren lernte, mit wehendem Bart über Holzbrücken radelte, Feldwege unsicher machte und an Eisenbahndämmen entlangfuhr. Man müsste einmal sein Verhältnis zur Technik studieren. Trotz der vielen Pferde, die er im Stall hatte, spekulierte er mit der Geschwindigkeit von

Maschinen. Aus Paris hat er einst, als er noch kein Sektierer war, den ganzen Jules Verne mitgebracht. Etwas von Zukunftsmusik steckte so gut in ihm wie etwas von Vergangenheitsmusik. Dieser Graf hat zum erstenmal den russischen Bauern beschrieben, das Aufrührerische, Revolutionäre in ihm gewittert. Er, der mit einer Lokomotive als Vorspann in die selbstgebaute Unsterblichkeit reiste, er hatte das Zeug zu einem Luftschiffer, zu einem Kommando quer durch die Milchstraße. Auch solche Dinge werden kommen. Wir werden die Rote Fahne auf dem Mond und auf der Venus hissen. Der ›Gesang im Feuerofen‹ ist ein herrliches Schelmenstück, haha, das hat mir gefallen: ›Der Ofen war nicht mehr heiß genug‹ , hahaha, hehehe, hohoho, das muss ich in Petrograd unserem Tifliser Parteitheologen erzählen.«

Peter Bamm

Lob des Dienstmanns Numero drei

Ein weitgereister Mann zu sein, gilt heute wie zu allen Zeiten als erstrebenswert. Nur vergessen die, denen es an der Wiege gesungen worden ist, allzuleicht, dass man weitgereist nur für die ist, die dageblieben sind. Wer beharrlich Kontinente abgrast und Metropolen sammelt, ist, wenn er dafür bewundert werden will, angewiesen auf die bescheidenen Diener Merkurs, die ein Leben lang auf einer Stelle bleiben.

Wem wohl gebührte da höheres Lob als dem Dienstmann Numero drei, der seit vierzig Jahren jeden Sommer in Baden-Baden verbringt und jeden Winter dazu. Koffer aus Cincinati und Pillkallen, Reisetaschen aus Marseille und Stockholm, Regenschirme· aus Sydney und Zwickau passierten sein erfahrenes Auge und seine erfahrene Hand. Er selbst aber hat niemals die Weltordnung so missverstanden, dass er je in Sydney, Zwickau oder Stockholm gewesen wäre.

Einem Gerücht zufolge ist der Dienstmann Numero drei Anno neunundneunzig einmal in Achern gewesen. Aber da ist er mit dem Leiterwagen hingefahren, und wie er zurückgekommen ist, das weiß er nicht mehr, denn er war voll des süßen Acherner Weines – eine Jugendsünde, die ihm anzukreiden um so weniger berechtigt wäre, als er seine Zeche bar bezahlt hatte. Seitdem hat sich der Numero drei von seinem Bahnhofswarteplatz nicht mehr entfernt. Und warum auch sollte dieser Mohammed zum Berge wandern, wo die ganze Welt doch zu ihm kommt!

Gepäck hat Charakter. Darüber kann es keinen Zweifel geben. Wenn Kofferkunde irgendwo an einer hohen Schule gelehrt würde, Numero drei müsste einen Ruf als Ordinarius dieser Wissenschaft bekommen. Man glaube ja nicht, dass diese Wissenschaft etwa weniger einfach oder gar weniger nützlich wäre als irgendein anderer Zweig der Wissenschaft vom Menschen. Sie ist nur weniger verbreitet. Ein Meister dieses Fachs, wie es der Dienstmann Numero drei ist, kann aus einem Haufen Gepäck mehr über seinen Besitzer herauslesen, als wenn unsereiner denselben vierzehn Tage beim Pokern studierte.

Es gibt da eine gewisse Art von unheimlich schweren Stücken, die allen Vorschriften zum Trotz im Abteile reisen. Diese Stücke sind bei allen erfahrenen Dienstmännern der Welt als geizige Koffer bekannt. Lederne Reisetaschen, in denen es scheppert, wenn man sie über die Schulter wirft, sind selten verheiratet. Handtaschen, die aufspringen, sind als weiblichen Geschlechts erkannt, lange bevor Puderdose, Schwammbeutel und Tauchnitzband auf dem Bahnsteig liegen.

Wenn zwei große Schweinslederne und ein kleiner Vulkanfiber auf denselben Schein ausgeliefert werden, so weiß Numero drei, dass ein Fehltritt vorliegt, noch ehe er festgestellt hat, dass sie hübsch und er reich ist. Unansehnliche, aber stabile Schrankkoffer gehören älteren Amerikanerinnen. Weißes Elefantenleder im Leinenüberzug bedeutet verarmter Großfürst.

Es gibt Henkeltaschen, denen man ansehen kann, dass sie schon im neunzehnten Jahrhundert über den Ozean gefahren sind. Leider sind die, die genug moralischen Mut besitzen, mit solchen Henkeltaschen zu reisen, ebenso selten wie die, die genug Weisheit besitzen, solche Taschen erkennen zu können.

Es gibt agrarisches Gepäck und industrielles Gepäck, es

gibt Amateurgepäck und Profigepäck. Es gibt nobles und solides, elegantes und braves, gelehrtes und geschäftliches, nervöses und biederes Gepäck. Dem Dienstmann Numero drei den Koffer übergeben heißt ihm die Biographie in die Hand drücken. Ihn kann man nicht mehr täuschen.

Natürlich verfügt unser Kofferphilosoph auch hinsichtlich der Kofferschilder über die gründlichsten Kenntnisse, die man sich nur wünschen kann. Die Labelologie, die Lehre von den Kofferschildern, ist geradezu sein Fachgebiet.

Er kennt die Farben aller großen Schifffahrtslinien. Die Ozeane strömen zusammen bei ihm auf Bahnsteig zwei. Er weiß, wie die Sonne untergeht über dem Hotel Moderne, ob es nun das in Grenoble ist oder das in Charbin. Das Queens Park Hotel in Trinidad ist ihm so vertraut wie das Repulse Bay Hotel in Hongkong. Nelböck in Salzburg und Colombia in Genua sind ihm alltägliche Gegebenheiten.

Viele solcher Schilder sind kunsthistorischen Wandlungen unterworfen gewesen. Aus diesen und aus der Patina lassen sich zuverlässige Datierungen gewinnen. Da der Dienstmann Numero drei natürlich genau weiß, welches die teueren und welches die billigen Herbergen sind, so vermag er, wenn er in Ruhe einen vielbeklebten Koffer betrachten kann, genau zu sagen, wann einer sein Vermögen gemacht hat und wie er über die Weltkrise hinweggekommen ist.

Die große Woche des Dienstmanns Numero drei ist die Große Woche von Baden-Baden. Wenn es sein Beruf ist, Menschen zu kennen, so ist es sein Steckenpferd, Pferde zu kennen. Es ist ein Vollblutsteckenpferd edelster Abstammung. Wenn die großen Reiter und die großen Rennstallbesitzer kommen, so hat er nicht bloß das Vergnügen, dass er sie kennt, sondern auch das, dass sie ihn kennen. Wie mancher Koffer ist ihm schon vom Vater her vertraut.

Bei der Ankunft der Hoffnungen, bei der Abfahrt der Enttäuschungen ist die feste Säule im Wandel des grünen Rasenglücks der Dienstmann Numero drei. Viermal im Laufe der Jahre hat auch er den Großen Preis von Baden-Baden gewonnen. Die Quote 1800:10 ist die Grundlage, auf der der Frieden seiner alten Tage ruhen wird.

Das Highlife hinge in der Luft, wenn es den Dienstmann Numero drei nicht gäbe. Denn wenn das Highlife seine Koffer selber trüge, würde es sich aufheben. Die Leute geben viel Geld aus, um es bequem zu haben. Sie geben es dem Dienstmann Numero drei. Dafür zahlt er freigebig zurück mit Wohlwollen an die, die so leicht sich langweilen. Und wenn Numero drei die Mütze abnimmt, so ist's wahrhaftig eine hohe Ehre. Er kennt die feine Welt. Aber so viel Welt- und Menschenkenntnis hat bei unserem Freunde keinen Neid erzeugt. Von 13.02 Uhr bis 15.28 Uhr in der Sonne zu sitzen und den Bart zu zwirbeln, ist ihm Glücks genug.

Mir hat der Dienstmann Numero drei meinen Pappkarton getragen, als ich vor einigen Lustren das erstemal nach Baden-Baden kam. Die wohlwollende Freundlichkeit, mit der der wackere Mann den armen Hauslehrer dazumal behandelte, hat mir für meine Zukunft viel Hoffnung eingeflößt.

Dass ich heute mehr Grund habe, ihn zu preisen, als er Grund hätte, mich zu preisen, das liegt nur daran, dass ich unvernünftig genug war, als Schriftsteller Ruhm sammeln zu wollen, anstatt dass ich vernünftig genug gewesen wäre, als Dienstmann Weisheit zu sammeln. Wer der ganzen Welt nachläuft, wird es niemals so weit bringen wie der, der die ganze Welt an sich herankommen lässt.

Preis und Lob dem Laotse des Bahnsteigs, dem Dienstmann Numero drei!

Annette Kolb

1933

Es war der Abend des 31. Januar. Die Nachbarhäuser auf unserem Hügel im Schwarzwald standen leer, und ich war allein. René Schickele fuhr im Herbst mit seiner Familie in die Provence, um sich dort für den Fall eines Umsturzes umzusehen. Ich schloss mich ihnen nicht an, denn im Frühjahr kommen sie gewiss wieder zurück. Bis dahin hatte man den lächerlichen kleinen Abenteurer, der sich zum Herrn und Gebieter Deutschlands aufspielen will, längst zum Teufel gejagt. Wie hübsch war es bei mir im abgeblendeten Licht: das matte Silbergrau der Wände, und wie die Bilder sich von ihnen abhoben, das große zumal, mit den alten vergoldeten Leisten, und die Louisseize-Kommode, am liebsten der ganz niedrige, sozusagen zeitlose Lehnstuhl mit dem hohen Rücken, den breiten Armen, von dem man sich so leicht erhob, und in dem man sich Alfred de Musset oder Balzac oder Liszt so gut vorstellte, und der zierliche, dabei steinschwere Lüster, der, wenn er erstrahlte, man wusste nicht warum, an den Lys de la Vallée anklang.

Mein kleines Haus stand schon öfters in Zeitschriften abgebildet, doch wer mich fragte, was mir am besten daran gefiel, dem sagte ich: seine Weite. Dabei ist das Badezimmer nur eine Kabine, ich schlafe in einer Zelle, schreibe in einem Gelass, und im Speisezimmer ist eine Bank den Wänden angebaut, damit man zu viert drin essen kann. Dreizehn schäbige Stufen führen zur oberen, schon mansardierten Etage. Sie sieht nach

Westen, und dort ist das Gastzimmer, und wenn das Mädchen unten im Orte schläft, sind es zwei Gastzimmer, sechs Zimmer also; von der Waldstraße aus gesehen, konnte man wohl glauben, dass hier das geglückte Modell für eine freundliche Arbeiterwohnung gelungen sei (sind wir doch geistige Arbeiter hier oben). Nie aber sage ich: mein Häuschen, sondern nenne es mein Haus, weil man so frei darin herumgeht, als wäre es groß. Nach Westen nämlich ist die Fassade eine ganz andere – sie ist die eines Pavillons. Die Beschränktheit des Raumes reizte wohl das Talent des Architekten Schmitthenner, er löste ein Problem, hinter das ich nicht gelangte. Hier nämlich setzte er den einzig ansehnlichen Raum, er nimmt die ganze Breite des Baus für sich allein in Anspruch, strahlt sie sozusagen aus, und das ist wohl der Kniff. Denn weder die schon genannten Möbel, noch der Blüthnerflügel, ein Diwan, die Büste von Kolbe auf ihrer Säule, noch der Ofen, noch das anmutige antike Tischchen beeinträchtigen im mindesten die glücklichen Maße dieses teils altertümlichen, teils modernen Salons. Zwei hohe Fenster reichen bis zum Boden, und vor ihnen und den Mansarden spielen sich die spektakulären Sonnenuntergänge ab, die Farbenkonzerte mit verstärktem Orchester der sich türmenden Wolken, zwischen ihnen blaugrüne Seen des unendlichen Himmels wie inmitten des Requiems die Arien des Leids.

Der Leser geduld sich.

Ich möchte nur noch der Wicken gedenken, aus England bezogen, die auch heuer wieder meine Mauern umschlingen werden, und der abschüssigen Wiese, die bis zur Hecke verläuft – der Grenze meines kleinen Besitztums, während oben rings um die Terrasse, wo mein Liegestuhl steht, flache Beete geschaffen wurden für Rosen in niedrigen und hohen Stauden; wunderbar gedeihen und duften sie hier – und rechts von ihnen unterhalb die schon mächtig gewordene Linde deckt die ersten Dächer des Orts. Und hier führt kein Pfad. Niemand kam hier vorbei. Nur Geladene dringen bis zur Pavillonseite vor, und ungestört blickt sie zu Tal.

Aber das Allerschönste ist doch der März. Was war in mein Erdreich gefahren, dass im März dort nie vorher gesichtete Veilchen in solchen Unmassen hervorgelockt, dass eine tiefblaue duftende Veilchenflut sich in Bälde ausbreiten würde. Schöne heiße Sommer waren hier unser Anteil gewesen, es war das Jahrzehnt, das sich in der Geschichte als ein Intermezzo einschaltete. Ja, es war, als läge nicht der schwerste aller Kriege nah hinter uns, es war, als griffe Vergessenheit um sich. Das einstige trügerische Licht zwar schien uns nicht mehr, aber es war Hoffnung in der Welt, die Theater standen in Blüte, die Dichter, Erzähler, Essayisten, die links vom Rhein »Gens de lettres« hießen, bei uns leider unter dem Namen »Schriftsteller« gingen (noch hässlicher »Schriftstellerinnen«), wir Leute von der Feder also, waren plötzlich zu höherem Ansehen gelangt, es flossen uns größere Honorare zu, wir konnten unbehindert unsere Meinung äußern; ich hatte mir in der ›Frankfurter Zeitung‹ meine Narrenfreiheit erworben, nicht mehr angegriffen wurde unsere kleine, durch den Krieg etwas entwurzelte Gruppe; die Weimarer Republik litt sie nicht nur, sie gewährte uns Kredite, dass wir uns an der Peripherie Deutschlands ansiedelten, nah an der Schweiz, noch näher an Frankreich. Nicht lange und wir wurden die Zone. Ohne Pass, nur mit einem Tagesschein konnten wir nach Basel, und von dort aus stand uns die Welt offen. Ich hatte seit einigen Monaten einen kleinen Wagen, einen Babyford; fuhr den Rhein entlang, sah mir deutsche Städte an. Nun freilich war er eingestellt, Frost und Nebel, alle Berge unsichtbar.

Und ich war des Alleinseins müde. Doch wie trüb und kalt die Tage sich noch hielten, dennoch wuchsen sie schon merklich an, zu Ostern wollte ich meinen Nachbarn nach Mülhausen entgegenfahren. Toll trieben die es ja in der schönen Jahreszeit mit ihrem Garten.

Feine melodische Klänge fielen da in meiner Standuhr, war es acht oder neun Uhr? Die Stunde war's, zu welcher der Rundfunk in Mannheim oder Berlin großartige Konzerte entsandte. Unlängst war es ›Tod und Verklärung‹ von Richard Strauß, nie vorher, nie wieder so schön. Ich drehte auf. Aber heute kam keine Musik. Es war wohl eine Störung? Gemurmel, Applaus, dann der Ansager. Dann Worte, von mir zum ersten- und letztenmal vernommen – in einem niederträchtigen Deutsch, eine Stimme, die in Gebell ausartete. Töne und Untertöne des Hasses, der Rachgier, der hündischen Wut. Sie entfachten in mir ein Organ für alle Infamie, deren dieser Unmensch fähig sein würde. Denn vom Bewusstsein der Macht war dieser unbefugte Redner getragen, und wenn er sie behielt, dann war Krieg, ein neuer, unmenschlicher Krieg unabwendbar. Aber nicht mit mir! war der Aufschrei meines Inneren. Ein Sturm hatte mein Dach davongetragen und meine Mauern erschüttert. Tags darauf war ich in Freiburg, mein Guthaben auf der Bank abzuheben. Es war nicht sehr groß. Wer flott verdient, ist nicht eifrig im Zurücklegen, denn er glaubt, dass es so weitergehen wird.

Für den elften Februar war ich zu einer Lesung am Kölner Rundfunk verpflichtet, wollte sie des Honorars wegen nicht versäumen, und vermietete indessen mein Haus sehr gut und leicht. Was ich in Köln vorlas, war recht harmlos, wie mir schien. Einige kleine Stinkbomben, ohne Belang, flogen herein. Ich saß dann mit dem Intendanten, und es gesellten sich ein paar Herren zu uns, die gewiss nicht anders dachten als ich; sie hörten mir zu, einer sagte: »fester geankert hat er sich schon«. Und ein anderer: »jetzt, wo er sein Ziel erreichte, wird er amöner werden«. – »Nein, grauenhaft wird es werden«, sagte ich und ging.

Käthe Vordtriede

Mein lieber Sohn!

Freiburg, den 16.5.1933

Hier wird es geradezu unerträglich. Linksstehende haben kein Recht und kein Eigentum mehr. Frau Sexauer muss aus dem Laden heraus, weil Nazi-Nies sich hineinsetzen will. Heute abend spricht in der Festhalle Pastor *Münchmeyer-Borkum*, der wegen unsittlicher Angriffe auf seine weiblichen Gemeindeschäfchen bekanntlich vor Jahren geschmissen und zu sechs Monaten Gefängnis verurteilt wurde, über das Thema: »Welch' eine Wendung durch Gottes Fügung!« Mit grösstem Tamtam zeigen die Nazi diesen Edlen auf allen Litfasssäulen an. Der politische Redakteur der »Freiburger Zeitung«, Lang, ist geschmissen. Die »Tagespost« wird täglich verunglimpft im »Alemannen«, weil sie Inserate von Knopf nimmt. Der *Erzbischof* wird dauernd beschimpft, weil er am Charfreitag im Münster predigte und von der heutigen Regierung sagte: »Herr, vergib ihnen, denn sie wissen nicht, was sie tun!« Der 77jährige Seehund Schramm soll bis zu seinem Tode im Gefängis bleiben, weil er versuchte, Peter Mayers Möbel nachzuschicken. Möbel und Peter Mayers Geld, das Schramm bei sich trug für die Spedition, wurden beschlagnahmt, d. h. gestohlen. Frau Brumm, mit Peter Mayer auf einem Flur lebend, hat die Sache verpfiffen. – Gestern war ich im *Gewerkschaftsbüro*. Plötzlich kommen, ohne Anklopfen, Stadtrat Sieder und zwei Kriminale und werfen *Kappes* raus und »beschlagnahmen« alle Gelder. Stadtrat Sieder sah mich schön an. Er hatte mich mal verklagt, nachdem ich schrieb, dass er von Wohlwert in der Harmonie sagte, er würde koschere Wurst aus Polen verkaufen, um die Deutschen zu vergiften. Den Prozess gewann ich damals. Er bestritt die Äußerung nämlich, kam aber nicht damit durch. Wie Fränze auf der Universität erfuhr, hat er 15 Jahre lang studiert, ist immer wieder in allen Fakultäten durchgefallen. Die größten Vierziger sind M. d. L.

Richard Bloch sollte verhaftet werden und floh. Darauf warf man Frau Bloch und Margot ins Gefängnis, dort sollten sie bleiben, bis sie aussagten, wo er ist. Sie wollten ihn nicht verraten und blieben hocken. Richard erfuhr es durch seinen Bruder Erich und klingelte von Strassburg beim Bezirksamt an. Da kamen sie frei, doch wurde Richard am Telefon gesagt, wenn er sich nicht freiwillig nach Deutschland in »Schutzhaft« begäbe, flögen sie wieder ins Gefängnis.

Im »Alemannen« wird öffentlich aufgefordert, den Dentisten Ruf zu prügeln (Jude), weil er für eine 14gliederige Brücke 214 Mark genommen hat. Herr Strauss, Inh. v. Math. Meier, wurde verhaftet, weil er beim Horst-Wessel-Lied, als Zuhörer im Bürgerausschuss, nicht aufstand. Wie ich dir schon durch Zeitungsausschnitt mitteilte, ist das Gesamtvermögen der SPD »beschlagnahmt«. Das wird so gemacht: Gestern holten sie *Zumtobels* Privatschreibmaschine aus seiner Redaktion in die »Alemannen«-Redaktion. Sie war unsere beste, kostete 500,– Mark. Drei Tage vorher hatte noch im »Alemannen« gestanden: »Welcher Edeldenkende schenkt uns eine Schreibmaschine?«

Das sind nur kleine Dinge – aber symptomatisch für die großen Dievereien. Alle Buchhändler müssen sich eine Visitation gefallen lassen, alle »nicht gefallenden« Bücher werden gestohlen und verbrannt. Armer Loewy! Herr *Wenk* war in

Berlin. Bürgerlich, rechts eingestellte Leute, erzählten ihm, wie sie in den ersten Tagen der glorreichen Revolution die Schmerzensschreie aus dem Polizeigebäude am Alexanderplatz von den Gefolterten Tag und Nacht hörten. Auch eine bekannte Genossin, Marie Jankowski, 46 Jahre alt, Stadtverordnete, wurde ausgezogen und halbtot geprügelt. Dann musste sie »Deutschland, Deutschland über alles« singen.

Stefan Meier, *Geiler* und *Martzloff* sind kahlgeschoren und ins Zwangsarbeitshaus verschleppt. Der geistige und kulturelle Terror ist unerträglich. Riesige Propaganda machen jetzt einige Rotznasen im Auftrag und mit Hilfe des Kultusministeriums für Hoamatliteratur, à la *August Ganterbräu*, Umzüge, Vorträge usw. Stundenlang könnte ich Dir von den Greueln erzählen.

Claude Vigée

Ich habe niemals meine Heimat verlassen

Ich bin 1921 geboren, wenige Kilometer vom Rhein entfernt, in einer Sandlandschaft des nordöstlichen Elsaß. Die Gegend um Bischweiler ist von Buchen- und Fichtenwäldern bedeckt. Der Flussnebel hängt fast das ganze Jahr über den Mooren, die von Fröschen bevölkert, von Schnaken heimgesucht und an den Rändern mit mächtigen Weiden, Espen und Schilf bewachsen sind. Dieser Uferstreifen ist das Ried.

Dort verbrachte ich meine Kindheit und Jugend bis ins sechzehnte Lebensjahr und lernte früh das ärmliche Leben der halb proletarischen, halb bäuerlichen Textilarbeiter meines Heimatstädtchens kennen, in dem halb verfallene Wollspinnereien aus dem 19. Jahrhundert dahindämmerten, mit baufälligen Werkhallen aus rotem Ziegel und rissigen Schloten, von denen die meisten schon lange nicht mehr rauchten. Bischweiler war ein verschlafenes Nest mit leergefegten Straßen, von Rieddörfern umringt. Die ländliche Lebensart schlich sich bis in sein Zentrum, dessen gerade, graue Häuserzeilen im späten 17. Jahrhundert von hugenottischen Flüchtlingen erbaut worden waren, die mit ihren Tuchmanufakturen den früheren Reichtum des Städtchens begründet hatten.

In den Gässchen mit den kleinen Arbeiterhäusern von einst unter ihren eigentümlichen hohen Dächern wechselten die Hopfenspeicher und großen Scheunentore mit alten Patrizierhäusern, deren Erkerfenster geschnitzte Täfelungen zierten; Heu- und Leiterwagen standen zum Auf- oder Abladen von

Säcken mit Nüssen, Weizen, Futter, Hopfen oder Mehl bereit, womit die einheimischen Händler sich eindeckten. Meine Großeltern väterlicherseits führten seit drei Generationen einen Tuchladen in der Langen Gasse. Die Bauern aus der ganzen Umgebung drängten sich da, wenn sie samstagmorgens ihre Erzeugnisse auf dem Markt verkauften. Jenseits der Laub – so heißt der 1665 nach den Verwüstungen des Dreißigjährigen Krieges wiedererrichtete Fachwerkbau des Rathauses im Herzen der Stadt – führte das Hirteneck zur Apothekergasse. Die war von schönen Bürgerhäusern gesäumt, vor zwei Jahrhunderten von den Notabeln der Region erbaut, nachdem sie durch Textilindustrie, Hopfenhandel und Herstellung von Arzneien zu Reichtum gekommen waren. In gerechter Verkehrung der Dinge hieß diese Straße in unserem Dialekt *d'Söjgass:* früher trieben die Schweinehirten vom Hirteneck ihre Herden zur Niedermatt, einer tiefgelegenen Moorwiese.

Mein Großvater Leopold mütterlicherseits war ein Landjude, kraftstrotzend und sinnenfroh, der einen Fünfzig-Kilo-Sack Weizen spielend von einem Dorf des Rieds ins nächste trug und sich in den Wirtshäusern wegen Lappalien mit den Nichtjuden prügelte, dass die Stühle flogen. Er stammte aus einem Weiler im äußersten Norden des Elsaß, dessen jüdische Gemeinschaft Ende letzten Jahrhunderts zerbröckelt war. 1910 war er nach Bischweiler abgewandert, hatte sich aber nie mit dem goldenen Exil seiner Wahlheimat abgefunden, wo er sich nicht ohne Mühen befleißigte, das respektable Leben eines gutbürgerlichen Familienvaters mosaischer Religion zu führen, wie unsere Nachbarn, die badischen Juden unter Kaiser Wilhelm II., zu sagen pflegten.

Ein enges Band der Komplizenschaft vereint meinen Großvater Leopold und mich seit meinen frühesten Lebensjahren.

Er beauftragte nämlich Yanny, mein Kindermädchen, ihn im Wirtshaus zum Goldenen Löwen abzuholen, wo er jeden Nachmittag seine Partie Belote – *Därdeles* sagte er – spielte, damit er die Zeremonie meines täglichen Bades unter Aufsicht der Kinderwärterin, die keine siebzehn Jahre alt war, nicht versäumte. Wenn sie sich über die kleine emaillierte Eisenwanne bückte, um mich zu seifen, bot Yanny meinem Vorfahr den hübschesten Hintern der Welt ...

Von Leopold habe ich ein persönliches Notizbuch bewahrt, das auf der Flucht im Krieg von 1940 in unseren Koffern durch ganz Frankreich und dann nach Amerika gelangte, als ich 1943 gezwungen war, meinen Zufluchtsort Toulouse zu verlassen, um mich der Neugier der Staatspolizei zu entziehen. Sie führte mich auf der Fahndungsliste wegen Widerstands gegen die Judenverfolgung: in den Reihen der B'nai-David, einer jüdischen Selbstschutzgruppe, der ich mich neunzehnjährig inmitten der Wirren aus einem vitalen Impuls angeschlossen hatte.

Heute abend liegt es nun vor mir, das vergilbte, an den Ecken abgestoßene Büchlein meines Großvaters Leopold (auf Hebräisch hatte sein Name einen viel stolzeren Klang: kämpfender Löwe, Sohn des Erleuchtenden). Da liegt es auf dem Arbeitstisch in meinem Haus aus rötlich schimmerndem Stein in Jerusalem in Judäa. Und ich entziffere, was er am 17. März 1910, am Tag nach seinem Fortgang aus Seebach im nördlichen Elsaß eingetragen hat: »Heute meinen schönen schwarzen und weißen Boden verlassen und diese Sandwüste betreten, in der kein Obstbaum gedeiht. Voll Trauer und Sorge. Da ohne Geld, zum Zeitvertreib dies niedergeschrieben.« Nie habe ich eine treffendere Definition der literarischen Betätigung gelesen ... Die Zeilen waren in hebräischen Buchstaben gekrakelt, ungelenk, wie von der Hand eines Kindes.

Leopold, der bald wieder Grund zu leben und mit dem Schreiben aufzuhören gefunden hatte, hinterließ seiner Nachkommenschaft kein weiteres Werk. Ich hatte darin weniger Glück als er. Wie er lernte ich die Sandwüsten des Exils kennen, wo man mangels Geld zu schreiben beginnt, bloß um die Zeit totzuschlagen. Meine Wüsten lagen aber nicht fünfundzwanzig Kilometer vom Geburtsort entfernt, sie dehnten sich über tausende Meilen bis zu den Appalachen und dem amerikanischen Westen, und dies für beinah zwanzig Jahre. In meinen amerikanischen Notizbüchern brachte auch ich die Ernte der Not und Langeweile ein.

Die erwachsenen Söhne meines Großvaters weigerten sich später, ihm ein Reitpferd zu kaufen, das ihn in seinem tristen Arbeiterkaff hätte hinwegtrösten sollen über den Verlust der dörflichen Horizonte, nach denen er sich so schmerzlich sehnte; als er dann verwitwet war, nach dem Tod meiner Großmutter Sarah seligen Angedenkens, zeigte sich bei ihm um die sechzig eine Berufung zum Schürzenjäger. Als Don Juan von Bischweiler belebte er den Klatsch dieser protestantischen, puritanischen Stadt bis an die achtzig.

Ich nahm die Stelle des Vertrauten und Verbündeten ein in seinen späten Liebesabenteuern. Wenn er im Treppenhaus des weitläufigen, widerhallenden Hauses im Entenloch, wo wir vor der Katastrophe alle zusammen wohnten, nach mir rief, damit ich schwarze Schnürsenkel für ihn besorgte, wusste ich, es war wieder an der Zeit, einen Liebesbrief an die Witwe eines auf dem Feld der Ehre heldenhaft gefallenen Unteroffiziers der pommerschen Ulanen zu überbringen, deren magere Rente von Leopold und einigen anderen Notabeln des Ortes in jenen schwierigen Jahren der ersten Nachkriegszeit aufgebessert wurde.

Für den heimlich erwiesenen Dienst erhielt ich zur Belohnung fünfzig Centimes: um mir davon bei Frau Gundelbrust in der Greißlerei-Papeterie-Konditorei der Welschengasse drei Würfel Kochschokolade zu kaufen, die sie mit einem kräftigen Hammerschlag von der großen braunen Tafel hieb.

Im Spätherbst schwänzte ich oft die Schule in den Wäldern um Bischweiler, vor allem am Hasensprung, dem sandigen Gelände hinter dem Friedhof, wo wilde Kaninchen zwischen den Fichten hoppelten. Ich lehnte mein Fahrrad gegen einen Baumstamm und blieb in meiner Pelerine mit der blauen Kapuze einfach unter den Ästen der Buche im Regen und im Nebel des nahen Rheins stehen und lauschte dem Geräusch der Tropfen, wie sie zwischen die bereits braunen Blätter rollten, spürte sie langsam auf mich zukommen im drehenden Morgenwind. November war's, dann ist es im Elsaß kalt und naß, und das Mysterium des Winters erfaßt die Wälder bis an die Wurzeln. Ganz im stillen ging er zu Werk, sein großes Schweigen wurde nur gebrochen vom Aufklatschen des Regens. Geduldig klopfte er gegen die krummen Äste mit den rostigen, nur mehr spärlichen Blättern, die sich der Verwesung überließen.

Das leise Rieseln ohne Anfang und Ende nannten wir daheim Landregen. Wochenlang ging es so dahin. Die Stille umfing mich sanft; mit elf Jahren erfuhr ich das geheime Leben des Herbstwalds, ich sah, wie das graue Licht sich in eiligen kalten Tränen brach, die plötzlich aufflammend zu Boden fielen. Ich wusste mich mit all dem vereint: glücklich und triefnass bis auf die Knochen. Abends nach der Schule sauste ich mit dem Rad durchs dunkle Land, das mein wahres Königreich war. Alle Wege ein Schlammbad, aus den Pfützen spritzte der Lehm hoch, eiskalt schüttete plötzlich ein

Schwall Regenwasser zwischen meine patschnassen Haare und den rauhen Stoff der Pelerine bis in den Nacken. Auf dem Waldpfad sah ich die Holpersteine sich im Lichtkreis meiner Lampe buckeln, das Rädchen des Dynamos surrte am Vorderreifen. Kein bisschen Leben mehr da draußen, alles nur Nebel und Finsternis bis auf unruhiges Hundegebell von Zeit zu Zeit in der Ferne, wo unter der schweren Nebeldecke taub und stumm das Land lag. Da reckte sich unvermittelt ein Einzelgehöft vor mir auf mit seiner drohenden weißen Front und den pechschwarzen Balken und strahlte in die Finsternis. Die Glut eines halbblinden Fensters erlosch schnell wieder, als ich herankam. Auf der leeren weiten Welt gab es nur mehr die kahlen Wälder, die sich wieder dicht um mich schlossen. Das Gras auf beiden Seiten des Weges raschelte unter den tätschelnden Fingern des unermüdlichen Regens im Dunkeln. Alle meine Gedichte sind aus diesen Radfahrten durch die Wälder von Marienthal und Gries geschöpft. Über die Lenkstange meines Vorkriegsrads gebeugt, stürmte ich, mächtig in die Pedale tretend, durch die Regennacht – jagte von meinem elsässischen Jerusalem zu jenem helleren, in dem sich das strengere Bergeslicht von Judäa verklärt. Alles Leben, alle Poesie ist nichts als Rückkehr zum Ursprung, den es nicht gibt. Das über Jerusalem herabströmende Morgenlicht ist heute ebenso nahe, ebenso unfassbar wie einst der Landregen im Elsaß. Ich habe niemals meine Heimat verlassen. Niemals werde ich sie erreichen.

Hans Arno Joachim

Der Gott der Väter

Gepriesen sei der Gott meiner Väter
nach langer Zeit.
Gelobt sei der Gott meiner Großväter,
den sie nannten,
Schöpfer Himmels und der Erden.
Auch genannt von ihnen:
König,
Ihr Schild und ihrer Väter Schild.
Gott Abrahams, Gott Isaacks,
Gott Jakobs.
Gelobt und gepriesen nach langer Zeit, – aufs neue.

Gelobt sei der Herr, König und Gott
des Herrn Rabiner Aron Roos und der Frau Rabiner Roos,
Des Rabiner Kaufmann Reis und Frau, geborene Roos.
Gott von Synagogenrath Reis und Frau Henriette, geborene
Mirils.
Gott von Samuel Joachimzcyk, begraben in Zerkow.
Gelobt sei er, Gott der Roos und der Joachimzcyks,
Gott von Dr. med. Hermann Joachim und Frau, geborene
Roos,
Mit der er zeugte den Dr. Kurt Joachim und mich
Hans Aron Joachim, Schriftsteller
der sich Deiner erinnert, mein Gott,
Zu Freiburg einer Stadt, welche gelegen ist an drei Quellen.

Und nun mehr ein Fremdling geworden ist
Im Lande Deutschland,
Wie es seine Großväter waren in Ägypten und seine Väter
in Babylon.

Und spricht von Dir,
Lieber Gott in Schmieheim und in Alt-Breisach,
Lieber Gott in Posen und in Jarozin,
Lieber Gott in Freiburg und in Paris.

Jiří Weil

Sechs Tiger in Basel

Ich kam an einem Regentag in Basel an. Es war in Ordnung, dass es in Basel regnete, ich weiß nicht, wozu die Sonne in Basel gut gewesen wäre. Ich weiß nicht, wozu sie auf die Chemiefabriken scheinen sollte, auf die Docks an den Hafenanlagen des Rheins, die schwarze Stadt an der Grenze zweier Staaten.

Eigentlich war es auch gar nicht nötig, dass ich Basel besuchte. Es ist ja im Grunde nicht einmal eine Schweizer Stadt, obwohl sie der Eidgenossenschaft angehört. Aber ich hatte Bekannte dort, und außerdem gab es da zwei Kathedralen, eine echte und eine falsche.

Mir lag nichts an den Kathedralen. Ich hatte auf meiner Reise durch die Schweiz eine Menge von ihnen gesehen und brachte sie schon durcheinander. Aber da nun einmal in allen Städten auf die Kathedralen hingewiesen wurde, musste ich eben auch die Kathedrale von Basel sehen. Bis heute weiß ich nicht, ob ich nicht vielleicht die falsche gesehen habe. Aber es war mir ja auch gar nicht um die Kathedralen zu tun, während ich in Basel war. Ich wollte das sehen, was sich die Schweizer selbst anschauen. Aber die Schweizer gingen den Bahnhof anschauen, wenn dort ein Zug aus Frankreich ankam, sie besichtigten die Dampflokomotive, für sie war das ein exotisches Schauspiel, weil sie nur elektrische Züge haben. Ich konnte an der Dampflok nichts Besonderes finden, es war eine gewöhnliche Lokomotive, wie es sie bei uns zuhauf gibt. Und so ging ich in den Regentag hinaus, um durch das düstere, schwarze Basel zu wandern.

Ich bedauerte, dass ich nicht in Genf war, ich hätte mich auf die Terrasse eines Cafés gesetzt, schwarzen Kaffee bestellt und in den Regen geblickt, wie er die Stadt blank wäscht. Wäre ich in Genf gewesen, hätte mich der Regen überhaupt nicht gestört, weil ich zugesehen hätte, wie die Leute aus der Straßenbahn steigen, wie sie an einem Kiosk Halt machen und Zigaretten und eine Zeitung kaufen. Ich fühlte mich wohl, als ich in Genf war, weil die Leute dort auf Französisch lachen, froh und leicht, weil sie Aperitifs trinken und sich mit *salut* begrüßen. Aber ich war ja in Basel, da gab es keine Cafés mit Terrassen, nur Bierstuben, wie in Deutschland. Und dieses Deutschland, zerschlagen, hungrig und verzweifelt, lärmte irgendwo ganz in der Nähe vor sich hin, vielleicht sogar gleich hinter den nächsten Häuserblocks.

Ich besichtigte die Kathedrale, die echte oder falsche, und ging in eine Galerie, um mir eine Ausstellung der Surrealisten anzusehen, der einzigen Surrealisten in der Schweiz, ich weiß nicht, was diese Surrealisten ausgerechnet in Basel tun, aber es gibt sie dort jedenfalls. Ich stritt mit einem Schweizer Journalisten, den ich aus Prag kannte, über die Demokratie, wir schieden im Unfrieden, weil ich ihm etwas gesagt hatte, was man keinem Schweizer sagen darf, dass nämlich die ehrwürdige Firma Brown-Boveri im schweizerischen Baden Verbrennungsöfen für die Gaskammern in Auschwitz geliefert hatte. Er antwortete mir mit Zitaten des holländischen Philosophen Huizinga, ich wusste aber nicht, was Huizinga mit Auschwitz und der Schweizer Neutralität zu tun haben sollte, und so machte ich diesem peinlichen Besuch in der Basler Mietskaserne, wo der Journalist wohnte, ein Ende und ging wieder in den Regen hinaus. Ich hatte vergessen, ihn zu fragen, was es in Basel Interessantes gibt, bevor wir uns in die Diskussion um Auschwitz und Huizinga verstrickten, und jetzt konnte ich ihn nicht mehr fragen.

Es blieb mir nichts übrig, als mich in eine Bierstube zu setzen, denn ich war schon müde vom Herumwandern im Regen, von dem überflüssigen Streit und der Fabrikstadt Basel. Es war eine gewöhnliche Bierkneipe, wo die Leute hinter ihrem halben Liter saßen und sich in ihrem langsamen Alemannisch unterhielten, beißender Rauch erfüllte die Kneipe, ein Rauch von Pfeifen, Zigarren und billigen Zigaretten, die ich in keinem Schweizer Laden gesehen hatte.

Ich bestellte mir ein Essen, das sie hier *choucroute* nennen, es ist ein Elsässer Essen, und es wird in allen Wirtshäusern der deutschsprachigen Schweiz angeboten.

Ich aß das *choucroute* und spülte es in der verqualmten Wirtsstube mit einem Bier hinunter, ich versuchte dabei zu lesen, aber ich hatte in meiner Manteltasche nur Claudels Stück »L'annonce faite à Marie« dabei, und das war keine Lektüre für diese Bierkneipe – irgendwie saß der Wurm drin.

Ich bemühte mich, Gesprächsfetzen aufzuschnappen, aber die Leute sprachen über schweizerische Angelegenheiten, von denen ich nichts verstand, sie schimpften auf die Franzosen, die sie jetzt von beiden Seiten bedrängten, an der Elsässer Grenze und von der französisch besetzten Zone her, sie redeten über Menschen, die ich nicht kannte, und außerdem verstand ich sowieso nur jedes dritte Wort, denn sie sprachen alemannisch, und das ist ein schwer verständlicher Dialekt. Ich hatte keine Lust, in den Regentag hinauszugehen, für einen Kinobesuch war es noch zu früh, ich wusste nicht, was ich in Basel anfangen sollte, solange es regnete, und ins Hotel wollte ich nicht zurück. Ich wusste auch nicht, was ich im

Hotel anfangen sollte, einem gewöhnlichen Hotel am Bahnhof, das für Handlungsreisende bestimmt war.

Und außerdem war ich noch wütend auf den Journalisten, der mit dem Schweizer Wohlstand prahlte, mit den Läden, wo alles im Überfluss vorhanden war, Woll- und Seidenwaren, amerikanische Rasierapparate und tragbare Radiogeräte, Füllfederhalter, Teppiche, Uhren und was sich der Mensch nur ausdenken kann. Er bekundete ein falsches Mitleid mit uns armen Schluckern irgendwo an der Peripherie Europas. In diesem Augenblick, als ich in dem Basler Wirtshaus langsam mein Bier trank unter diesen Menschen, die ihr langsames Alemannisch sprachen, wünschte ich, der Teufel möge den Schweizer Wohlstand holen. Sollten doch die Schweizer am eigenen Leib erfahren, was Krieg bedeutet, die Bombardierungen, die Konzentrationslager und der Arbeitseinsatz. Nur um die Kühe tat es mir leid, die Kühe taten mir aufrichtig leid, für den Fall, dass Bomben und Konzentrationslager sie ereilen sollten, denn die Schweizer Kühe sind freundlich und zutraulich, und sie können für nichts. Ich dachte an die Kühe, wie sie so ruhig und zufrieden auf den Alpenwiesen weiden und einhergehen, wie ihre Glocken im Tal wie Musik klingen, weil jede Glocke auf einen anderen Ton gestimmt ist. Ich hatte Sehnsucht nach den Schweizer Kühen, im schwarzen Basel, wohin sie niemals hinunterkommen von ihrer Weide, es sei denn zur Schlachtung.

Ich dachte in einem fort an die Kühe und nahm gar nicht wahr, dass sich jemand an meinen Tisch setzte. Ich bemerkte ihn erst, als ich hörte, wie er bei der Kellnerin ein Bier bestellte. Nein, das konnte kein Irrtum sein, kein anderes Volk auf der Welt spricht so die deutschen Wörter aus.

»Sie sind Tscheche?«, fragte ich.

»Aber sicher, das ist doch klar. Wie hat es Sie denn hierher verschlagen, Landsmann?«

»Einfach so«, sagte ich. »Ich bin hier in Basel nur auf der Durchreise, morgen fahre ich nach Zürich, und von dort geht es nach Hause zurück.«

»Ich fahre auch nach Hause, von Basel direkt mit dem Zug. Aber wenn ich an die Tiger denke, ist mir einfach zum Heulen, glauben Sie mir. Wahre Gottesgeschöpfe sind diese Tiger, aber sie tun mir so leid, dass es mir das Herz zerreißt. Die können nicht mehr nach Hause zurück. Wissen Sie was, lassen Sie uns auf die Tiger trinken. Ich sage Ihnen, das sind ja so liebe Tiere, diese großen Katzen, und niemand, aber auch gar niemand kann verstehen, wie einem solchen Tiger zumute ist, wenn er um sich nur eine fremde Sprache hört, was sage ich da, gleich drei fremde Sprachen hier in der Schweiz.«

Ich dachte, mein Landsmann müsse wohl betrunken sein, wahrscheinlich war es auch so, denn er sprach stockend und warf die Worte durcheinander. Es war offensichtlich, dass er schon geraume Zeit durch die Basler Wirtshäuser gepilgert war, bevor er in dieser Bierstube landete.

»Trinken wir also auf die Tiger«, sagte ich. »Ich habe nichts gegen Tiger. Ich hatte nie etwas mit ihnen zu schaffen, und sie haben mir nichts getan.«

»Ja«, sagte mein Landsmann, »Sie haben Recht, den Tigern wird oft übel nachgeredet. Glauben sie bloß nicht, was man in Zeitungen und Büchern so über sie schreibt. Was wissen diese *Kanimuren* schon von Tigern.«

»Trinken wir lieber auf die Kühe«, sagte ich. »Ich habe gerade an die Kühe gedacht, als Sie sich zu mir setzten. Ich mag die Schweizer Kühe. Sie sind sanft, still und zufrieden, sie haben nie einen Krieg erlebt und hatten es immer gut, weil die Schweiz neutral war.«

»Auf die Kühe trinke ich nicht«, winkte mein Landsmann wütend ab. »Auch auf die Schweizer Kuh nicht. Was ist das bloß für ein Tier. Verstand hat es nicht für einen Pfifferling, und dauernd ist es am Kauen, wie diese Jungs aus Amerika. Das ist nichts für mich, so eine Kuh. Gebt mir lieber einen Tiger, das ist was anderes, mit dem kann der Mensch richtig reden, so von Herz zu Herz.«

Ich begriff, dass ich mit meinem Landsmann so nicht weiterkam. Er hatte nur die Tiger im Kopf, und ständig kam er wieder auf sie zurück. Es tat mir schon leid, dass ich das Gespräch auf die Kühe gebracht hatte, und ich versuchte, die Unterhaltung auf ein anderes Feld zu lenken.

Wir schwiegen ein Weilchen, während ich überlegte, worüber ich mit ihm reden könnte. Der Landsmann legte unterdessen den Kopf auf den Arm, und es schien, als weine er oder döse vor sich hin.

»Ich habe mich Ihnen ja gar nicht vorgestellt«, sagte er nach einer Weile mit schwerer Zunge. »Karafiát ist mein Name, und ich komme aus Protivín.«

Ich sagte ihm ebenfalls meinen Namen und woher ich komme. Und dann schwiegen wir erneut. Ich wusste nicht, worüber ich mit Karafiát reden sollte.

»Wie gefällt Ihnen die Schweiz?«, fragte ich schließlich dumm. Karafiát hob gleichgültig den Kopf und winkte ab.

»Ich kenne das gut hier. Ich war schon ein paar Mal hier, vor dem Krieg. Nichts für mich, das Volk ist allzu ruhig. Und von Tigern haben sie keine Ahnung.«

Wieder die Tiger. Mir drehte sich schon der Kopf. Alles war vollkommen sinnlos, das schwarze Basel, die falsche Kathedrale, die Surrealistenausstellung, die verqualmte Bierstube. Und zu alledem diese Tiger, die nicht heimkehren konnten und um die ein Karafiát aus Protivín bei einem Schweizer Bier

Tränen vergoss. Dieser Mensch war offensichtlich nicht besoffen, sondern verrückt. Oder ein besoffener Verrückter.

»Die Leute gehen sich hier Dampflokomotiven anschauen«, sagte ich. »Für sie ist das eine Sensation.«

»Na ja«, sagte mein Landsmann ganz vernünftig. »Warum denn nicht. Das gibt es umsonst, und die Schweizer sind ein sparsames Volk.« Er legte wieder den Kopf auf den Arm und starrte düster auf den Tisch. Ich bestellte noch ein Glas Bier.

»Also dann auf eine glückliche Heimkehr«, sagte ich. »Dass es uns dort wohl ergeht.«

»Wieso uns?«, sagte Karafiát. »Wir sind doch fein raus. Aber was sollen die Tiger sagen, wenn niemand mit ihnen tschechisch spricht und sie nicht nach Hause zurück können. Jetzt erklären Sie mir mal, wie kommen diese armen Tiere dazu, dass die Menschen sie so peinigen?«

Ich hielt es nicht mehr aus. Es war zwar sinnlos, aber es war immer noch besser, als zu schweigen. »Was für Tiger? Ich verstehe überhaupt nichts. Ich kenne mich mit Tigern nicht aus.«

»Das ist ja der Fehler, mit den Tigern sollten Sie sich auskennen. So ein Tiger, das ist ein Tier, wie es im Buche steht. Wissen Sie, ich bin mit einem Zirkus unterwegs, und zwar ausschließlich mit den Tigern, etwas anderes rühre ich gar nicht erst an. Wenn mir einer damit kommt, dass ich mich um die Giraffen kümmern soll, die Elefanten oder die Seehunde, diese nassen Scheusale – da dank ich schön, nicht mit mir. Ich bin einzig und allein für die Tiger da.« »Sie sind Dompteur?«, fragte ich.

»Das nun auch wieder nicht«, sagte Karafiát. »Das brächte ich nicht fertig, die armen Tiere schikanieren, mit der Peitsche knallen und sie zwingen, Dinge zu tun, auf die sie keine Lust haben. Ich mache nur sauber für die Tiger, wissen Sie, ich gebe ihnen Futter und behandle sie, wenn sie krank sind. Ich bin sozusagen ihr Pfleger. Aber sie schikanieren, also dazu habe ich nicht das Herz.«

Ich begann Karafiát ein wenig zu verstehen.

»Aber was sind denn das für Tiger, dass sie nicht nach Hause zurückkönnen? Und warum tun sie Ihnen leid?«, fragte ich.

»Ach wissen Sie, das ist eine lange Geschichte, das müsste ich von Anfang an erzählen. Ich trinke schon seit dem Morgen, um das Mitleid und die Wut zu ersäufen, und es hilft mir nicht. Je mehr ich trinke, umso trauriger bin ich. Sehen Sie dort das Plakat an der Wand? Gleich werden Sie wissen, von welchen Tigern ich rede.« Ich blickte auf die Wand, dort hing tatsächlich ein großes, buntes Plakat. Auf dem Plakat verkündete eine große Reklame von Barnum, dass ein Zirkus nach Basel käme, mit sechs bengalischen Tigern und ihrem berühmten Dompteur Vojtěch Hubka als Hauptattraktion. Allerdings stand dort anstelle von Vojtěch die deutsche Namensform Adalbert.

»Schauen Sie nur genau hin, was da steht auf dem Plakat. Sehen Sie, was das für ein fauler Zauber ist?«

»Nun ja«, sagte ich. »Was ist schon dabei, wenn einer auf Teufel komm raus Adalbert heißen will, obwohl er sein Leben lang Vojtěch hieß.«

»Davon rede ich doch nicht. Soll ihn der Teufel holen, als Adalbert oder wie auch immer. Ich rede von den Tigern. Denen wird hier Unrecht getan.«

Ich konnte nicht erkennen, wieso das Plakat den Tigern Unrecht tat.

»Sehen Sie denn nicht? Hier heißt es ›sechs bengalische Tiger‹. Aber das sind ja gar keine bengalischen Tiger, es sind tschechische Tiger, aus Böhmen gebürtig und Bengalisch verstehen sie kein Wort. Ich muss es wissen, ich war doch bei diesen Tigern.«

»Sie waren bei Hubka?«, fragte ich.

»Ja, aber ich wusste ja nicht, dass er mit den Tigern abhauen wollte, dass er nicht mehr nach Hause zurückwollte. Mir hat er gesagt, er ginge mit ihnen auf Tournee, und kaum waren wir in der Schweiz, fing er gleich bei diesem Zirkus an. Ich wusste nicht, dass der Zirkusbesitzer sein Schwiegervater war und er selbst ein halber Deutscher, weil er eine Deutsche zur Frau hatte. Aber das war mir im Grunde auch egal, beim Zirkus gibt es Leute aus allen Völkern, selbst Chinesen und Schwarze. Aber einmal, da waren wir gerade in Winterthur, sagte Hubka zu mir, er werde nicht mehr nach Hause zurückkehren und die Tiger werde er behalten. ›Mensch, Vojta‹, sagte ich. ›Das kannst du den Tigern doch nicht antun. Bleib meinetwegen, wo dich dein Herz hinzieht, aber die Tiger schicke zurück, dann fahre ich eben mit ihnen. Es sind tschechische Tiger, sie gehören der Republik, und in der Fremde gehen sie ein vor Kummer.‹ ›Was soll ich ohne die Tiger anfangen?‹, fragte Hubka. ›Ohne die Tiger komme ich auf keinen grünen Zweig. Und überhaupt bin ich für dich nicht irgend so ein Vojta. Für dich heiße ich Adalbert.‹ ›Also, wenn das so ist, Adalbert‹, sagte ich, ›dann leg dir andere Tiger zu. Dein Schwiegervater kann dir deutsche Tiger besorgen, aber von diesen hier lass die Finger.‹ ›Wo soll er die Tiger denn hernehmen?‹, fragte er. ›In Deutschland sind alle Tiger vor Hunger krepiert, oder die Leute haben sie aufgegessen. Und außerdem sind die hier bereits dressiert. Wo soll ich bitte schön die Zeit hernehmen, um irgendwelche fremden Tiger zu dressieren?‹ ›Na gut, Adalbert oder Vojta‹, sagte ich. ›Aber ich spiele nicht mit bei dieser Lumperei, ich habe nicht das Herz, dass ich die Tiere verrate und verkaufe.‹ ›Na, dich zwingt ja auch keiner‹, sagte Hubka. ›Solche Typen, die den Tigerdreck wegfegen, finde ich dutzendweise.‹ ›Dann finde sie doch, du Lump‹, schrie ich und musste mich zurückhalten, um ihm nicht eine reinzuhauen. ›Und dich will ich gar nicht mehr zu Gesicht bekommen.‹ Ich ging schnurstracks zum Hotel und bestellte mir einen Schnaps, um meine Wut zu ersäufen. Ich trank durch bis zum Morgen, bis ich aufs Bett fiel und einschlief wie ein Klotz. Ich erwachte von einem fürchterlichen Schlag gegen die Tür. Ich wollte noch schlafen, nach dem gestrigen Schlamassel drehte sich mir der Kopf. Also schrie ich los, sie sollten Ruhe geben und mich schlafen lassen. Auf Tschechisch natürlich, aber das war mir egal. Da höre ich eine Stimme hinter der Tür: ›Ich bins, Vojtěch Hubka. Mach auf, Pepik, ich bitte dich. Ich muss dringend mit dir reden.‹ ›Aha‹, sag ich, ›Vojtěch, sagst du. Ich kenne aber keinen Vojtěch, ich kenne nur einen Adalbert, und mit dem rede ich nicht.‹ Ich drehte mich in meinem Bett auf die andere Seite und wollte weiterschlafen. Aber Hubka begann, wieder auf die Tür einzudreschen, und so konnte ich nicht einschlafen. Ich stieg aus dem Bett, machte die Tür auf und sagte: ›Na komm schon rein. Sag, was du willst, aber fass dich kurz, ich möchte noch schlafen, und heute Nachmittag geht es nach Hause.‹ Hubka sah irgendwie abgehärmt aus. ›Ich bitte dich, um Gottes willen, komm zu den Tigern zurück. Sie wollen nichts fressen, und sie wollen auch überhaupt nicht mehr hören. Einen Moment lang habe ich schon gedacht, Fuad werde sich auf mich stürzen, als ich hinter ihnen in den Käfig stieg.‹ ›Aha‹, sage ich. ›Jetzt sind also irgendwelche Typen, die den Tigerdreck wegfegen, nicht mehr gut genug für sie, sieh mal einer an. Dass du es nur weißt, Adalbert, mach mit den Tigern, was du willst. Du hast sie verraten und verkauft.‹ ›Ich bitte dich, Pepik, um Gottes willen. Sie gehen doch ein, hab doch wenigstens Erbarmen mit den Tigern!‹ Wir stritten uns noch lange herum, und am Ende bin ich dann doch zu ihnen zurückgekehrt, mir taten die Tiere leid. Sie wissen ja, sie sind mir in all den Jahren ans Herz gewachsen, und ich wollte nicht, dass sie in dem fremden Land jämmerlich zugrunde gingen. Hubka versprach mir, er würde sie nach Hause schicken, sobald er ordentlich Geld beisammenhätte, und so zogen wir von einer Stadt zur anderen, immer unter Fremden. Ich stritt mich ständig mit Hubka herum. In all den Städten musste ich trinken vor Wut. Hubka fing nämlich an, die Tiger auf Deutsch anzureden. ›Lass das sein‹, schrie ich. ›Jetzt willst du sie also germanisieren. Aber das wird dir nicht gelingen, Freundchen. Siehst du denn nicht, wie böse sie werden, die werden dich noch einmal zerreißen.‹ Das hatte eine gewisse Wirkung auf Hubka. Er sagte: ›Aber wenn doch mein Herr Schwiegervater nicht wünscht, dass ich mit ihnen tschechisch spreche. Er hat die Tschechen gefressen, weil sie ihn zu Fuß über die Grenze gejagt und ihm den Zirkus weggenommen haben. Er kann es überhaupt nicht vertragen, Tschechisch zu hören. Wenn du willst, rede ich sie auf Italienisch oder Französisch an.‹ ›Das nun auch wieder nicht‹, sage ich. ›Entweder sprichst du mit ihnen tschechisch oder gar nicht.‹ Also redete er gar nicht mehr mit ihnen, ließ nur noch die Peitsche knallen. Dafür sprach ich mit ihnen tschechisch, den ganzen Tag, und ich bestärkte sie fest darin, in der Fremde nicht zu vergessen, dass sie in Böhmen geboren waren, und niemals ihre Herkunft zu verleugnen. Und dann habe ich mir noch ausbedungen, dass dieser Deutsche, der Zirkusbesitzer, seinen Fuß nicht zu den Tigern hineinsetzen durfte. Aber hier, in diesem Basel, riss mir die Geduld. ›Wann bringst du jetzt endlich die Tiger zurück‹, schrie ich Hubka an. Er fing wieder an, sich herauszuwinden, es sei jetzt alles so teuer geworden, er habe noch nicht genug Geld für neue Tiger. Das brachte mich so in Wut, dass ich schnurstracks in ein Reisebüro ging und mir eine Zugfahrkarte kaufte. Nur muss ich jetzt wieder meine Wut hinunterspülen, so leid tun mir die Tiger. Sagen Sie, ist denn auch nur ein Funken Gerechtigkeit daran, dass der Mensch den Tieren so etwas antun kann?«

Karafiát verstummte und legte wieder den Kopf auf den Arm. Ich zahlte und ging aus der Bierstube in den Regen hinaus. An allen Ecken hingen Plakate, auf denen die Tiger abgebildet waren und ihr berühmter Dompteur Adalbert Hubka.

Roland Lang

Im Rundflug über Balthasar

Bei der Ausfahrt Ettenheim verlasse ich die Autobahn und fahre nach Westen. Das Land ist flach wie ein Kuchenblech. Morgen ist Heiligabend. Ich fahre durch Kappel, Rust und Niederhausen und überall brennt vor dem Rathaus oder der Sparkasse ein haushoher Weihnachtsbaum. Die Straßen sind fast menschenleer. In Kappel spielt ein Junge auf der Straße Ball. Als er mich kommen sieht, geht er ohne Hast von der Fahrbahn. Geschneit hat es vor drei Wochen das letzte Mal, aber auch da eher symbolisch, der Schnee blieb keine achtundvierzig Stunden liegen. Es ist vier Uhr nachmittags, in einer guten Stunde wird es dunkel sein. Das Licht liegt wie Gries auf den Feldern. Die Landschaft sieht aus, als sei hier immer Dezember: ich fahre in eine Schwarzweiß-Fotografie hinein.

Ich fahre zum Genossen Balthasar nach Weisweil.

Weisweil liegt zwischen Oberhausen und Wyhl. (Dem Wyhl der großen Bürgerinitiative gegen das Kernkraftwerk.) Balthasar ist Fischermeister und Bauer und Wagenschmied und Gastwirt und hat sich neuerdings einen Vollbart wachsen lassen. Einer Hautflechte wegen.

In der Gaststube sitzend, sehe ich ihn durch die Küche kommen. Ich schnuppere. Ein sanfter Geruch von Landwirtschaft ist zu schmecken. Balthasar begrüßt mich und geht sich umziehen.

Ich komme alle Monate einmal in die Wyhler Gegend, dann

besuche ich Balthasar und wir unterhalten uns – vorausgesetzt, er hat Zeit. Ich trinke ein Viertele Rotwein – Rotwein schärft bekanntlich die geistige Aufnahmefähigkeit – und höre den Geräuschen in der Küche zu.

Balthasars Familie lebt seit über dreihundert Jahren im Dorf. 1664 ist sie im Zusammenhang mit ihrem Fischereirecht zum ersten Mal urkundlich erwähnt. Praktisch war schon Balthasars Urgroßvater Kommunist. Als Balthasar mir das erzählt, rechne ich erst sein Alter, dann das mutmaßliche Alter seines Vaters aus, rechne die Generationen zurück und äußere Zweifel. Aber Balthasar hat Recht. Sein Urgroßvater hat beim badischen Aufstand von 1849 mitgemacht. Er ist als *Rädelsführer* verhaftet und zu 600 Gulden Strafe verurteilt worden. Politische Gegner haben ihm ein Teil seines Hauses weggesprengt. Früher gab es auf dem Land in den Häusern Schlupflöcher für die Hühner. Die Hühner wurden sorgfältig gehütet und schliefen meist im Inneren des Hauses. In einem solchen Schlupfloch haben sie eine Ladung Sprengstoff hochgehen lassen. Erfreulicherweise schlief der Urgroßvater aber nicht im Hinterhaus, so dass er unverletzt blieb. Wenn die Ladung richtig placiert gewesen wäre, sagt Balthasar, wär das ganze Haus in die Luft geflogen. Nach der Niederschlagung des Aufstandes kam der Urgroßvater nach Bruchsal – ich glaub, es war Bruchsal, sagt Balthasar – ins Gefängnis. Von dort aus hat er dann heimgeschrieben – so wenigstens erzählt man es sich im Dorf – : *Liebe Mutter, verkaufe Ochs und Kuh und schick das Geld nach Karlsruh.*

In dieser Hinsicht hat der Landstrich Tradition. Hier organisierten sich die Bauern im *Bundschuh*, zu Anfang des 16. Jahrhunderts. Der *Bundschuh* war eine revolutionäre Bewegung, ein Vorläufer des großen deutschen Bauernkrieges. Joß Fritz, einer der maßgeblichen Führer des *Bundschuh*, lebte lange Zeit in der Nähe von Freiburg. 1525, auf dem Höhepunkt der Revolution, reichte das Kampfgebiet des Schwarzwald-Hegauer Haufens von Triberg bis Radolfzell. Auch 1849 waren Baden und die Pfalz Hauptkampfzentren, als es darum ging, die bürgerliche Reichsverfassung zu verteidigen. Friedrich Engels hat den pfälzisch-badischen Aufstand im Freikorps Willich mitgemacht. In seiner Arbeit »Die deutsche Reichsverfassungskampagne« schildert und wertet er die politischen und militärischen Kämpfe. Engels ist nach der Niederlage mit anderen Genossen über Oppenau, den Hundskopf, Wolfach und Waldkirch in die Schweiz geflüchtet. An einer Stelle seines Berichtes schreibt er: *Den mehr oder weniger gebildeten Opfern des badischen Aufstandes sind von allen Seiten in der Presse, in den demokratischen Vereinen, in Versen und in Prosa Denksteine gesetzt worden. Von den Hunderten und Tausenden von Arbeitern, die die Kämpfe ausgefochten, die auf den Schlachtfeldern gefallen, die in den Rastatter Kasematten lebendig verfault sind oder jetzt im Auslande allein von allen Flüchtlingen das Exil bis auf die Hefen des Elends durchzukosten haben – von denen spricht niemand.*

Balthasars Urgroßvater hat Glück gehabt. Er ist nach Weisweil zurückgekehrt. Wie ist es dann weitergegangen? frag ich. Ich meine: was hat dein Großvater gemacht? Mein Großvater war ein Deutschnationaler. Der hat zum Hitler gehalten. Mein Vater hat immer mit ihm rumdiskutiert. Mein Großvater ist 1866 geboren, der hat das Dritte Reich noch miterlebt. Und dein Vater? Mein Vater ist Kommunist. Lebt der noch? Der lebt noch. Hier im Dorf? Haja, auf dem Hof bei meinem Bruder. Dreiedrißig, da war i no kei sechs, dehs denkt mir noch, wid Nazi an de Regierung komme sinn, hondertprozentig. Wo senn Pechfackelomzog gmacht hen, hier durchs Dorf. Vor unserem Hüs henn se ghalte on mei Vattr hat zum Fenster rausbrüllt *Rotfront!* Un die henns Horst Wessel Lied gsonge un e Deil hat gschrie: Zendet ihm d Bud a! Sie henn si aber net getraut. Immer wieder seh ich Balthasar sein Kuchenstück in den Kaffee eintauchen. Eingebrocktes. Früher, als Schüler, in der großen Tasse: da schmeckte es mir auch. Jetzt kommts mir nur noch wie Pampf vor. Immer wieder hab ich versucht aufzuschreiben, was mir, im Zusammenhang mit Balthasars Geschichten, beim Wort *Heimat* einfiel. Ein bißchen kenne ich die Gegend, ich bin früher oft nach Freiburg gekommen. Ich hatte eine Freundin in Freiburg und an den Wochenenden, wenn das Wetter schön war, sind wir in die Umgebung gefahren, ins Höllental, auf den Feldberg oder Richtung Kaiserstuhl, durch Ortschaften, die mir von den Weinetiketten her vertraut waren: Ihringen, Achkarren, Königschaffhausen. Der Rhein. Balthasars Rhein. Altrhein. Altrheinarme. Fischgründe. Die haben uns das Fischwasser kaputtgemacht, sagt Balthasar. Die Fischwasser sind vorher der Natur unterworfen gewesen, jetzt haben sie Dämme gebaut, Staustufen. Der große Schaden des Rheinseitenkanals für die Fischer. Uns haben sie die Fischwasser zugemacht. Das Grundwasser ist abgesunken auf zehn, zwölf, fünfzehn Meter. Die Franzosen sind hergegangen und haben einen Betonkanal gebaut, da ist wieder kein Grundwasser unten naus. Die Bevölkerung hat nicht viel gemacht damals. Die Industrie hat absolut bestimmt in der Nachkriegsperiode. Die henn welle Schiff fahre und henn net gsagt, was se fö Schadn gmacht henn an der Region.

Der Rhein. Ich selbst bin noch im Rhein geschwommen. Als Lehrling bin ich im Sommer, nach dem Geschäft, mit einem Kumpel, er auf dem Fahrrad und ich auf dem Moped, an den Rhein gefahren. Unterhalb des Hafens, zwischen der

Schiffsmeldestelle und der Tullawiese sind wir ins Wasser gegangen und zum anderen Ufer geschwommen. Das fällt mir jetzt ein, während ich nachdenke, was Balthasar wohl mit dem Wort *Heimat* oder mit dem Wort *Landschaft* verbindet. Für den ist das Arbeits- und Lebensmittel. Der nähert sich der *Heimat* mit den Händen. Der Rhein im Nebel. Mit Gummistiefeln im Fischerkahn. Grad, daß man noch das Wasser erkennen kann. Aber schön ist es. Der Rhein bei Rappenwört. Im Herbst, wenn das Schwimmbad geschlossen ist und am anderen Ufer, Richtung Goldgrund, die Laubwälder in roten und gelben Farben brennen und die langen stumpfnasigen Kähne den Rhein hinauf tuckern ...

Dreimal sind wir evakuiert worden, sagt Balthasar. Als ich zwölf war, sind sie zum erstenmal gekommen. Auf Lastwagen haben sie uns aus dem Dorf geschafft. Was so ein Erlebnis für ein Kind bedeutet, kann ich gar nicht sagen. Du bist zwischen den Frauen gesessen, die haben alle gejammert und geheult. Die Leute wurden praktisch aus ihren Häusern gejagt. Zwei Tage haben sie gebraucht, um über den Rhein zu kommen. Dann war der Rhein rot. Über tausend Landser sind umgekommen. Die sind alle am Brückenkopf nüber, wo die Befestigungen sind. Was die gemacht haben, war unverantwortlich. Später, als Niederwasser war, haben wir hunderte von Helmen und Waffen im Rhein gefunden. Mindestens tausend sind bei Weisweil gefallen. Die sind alle den Rhein abwärts getrieben. Es war ja Hochwasser. Die haben alle für den Hitler sterben dürfen ...

Balthasar hat sein Leben lang seine Hände greifen sehen: Fische fangen, Eisen halten, Steine packen, Futter gabeln. Wenn er sie eingesetzt hat, ist was dabei rausgekommen. Er hat Straßen angelegt und Häuser gebaut. Er hat einen großen Teil der Welt mit den Händen erfahren. Wenn ich mir ein Bild von Balthasar mache, dann sehe ich ihn, wie er das weggesprengte Hinterhaus zum soundsovielten Male aufbaut…

Als Balthasar auf die Welt kommt, arbeitet sein Vater im Kalibergbau bei Buggingen. Einige Jahre später gibt er die Arbeit als Bergmann auf und übernimmt in Weisweil die Fischerei und den Hof des Vaters. Balthasar und sein drei Jahre älterer Bruder helfen im väterlichen Betrieb. In Deutschland regieren die Faschisten. Balthasars Vater ist Kommunist und seine Kinder bekommen das zu spüren. Der Lehrer, den wir hatten, war ein großer Nazi. Der hat mich andauernd schikaniert und gesagt, komm her, du Kommunistenschwein. Zu Kriegsbeginn wird Weisweil evakuiert. Der Vater wird als gelernter Bauarbeiter zu einer Baukompanie eingezogen, bald darauf jedoch wieder, inzwischen ist Frankreich besetzt, auf den Hof entlassen, da auf ihn ein »Führerbefehl« zutrifft, der besagt, dass alle Landwirte, die über 7 ha Land haben, u. k. gestellt werden. Balthasar fängt auf dem elterlichen Hof eine Lehre als Landwirt und Fischer an. Er wird 1945 seine Gesellprüfung nicht ablegen können – das macht er Jahre später – weil im Tausendjährigen Reich alles drunter und drüber geht. Ninzehonderdreidrißig, wod Nazi an de Regierong komme sinn, hennse bei uns Hausdorchsuchung gmacht. Die erscht.

Der Sohn kommt und bringt mir ein zweites Viertele. Das Kofferradio auf der Theke spielt Weihnachtslieder. Ich sehe mir die Fotos an der Wand an, die Balthasar zu Wasser und zu Lande mit großen Rheinfischen zeigen. Der Bart gibt Balthasar ein patriarchalisches Aussehen. Die Familie war im Dorf als Gegner der Nazis bekannt. Aber mein Vater, sagt Balthasar, hat auch mit den Nazis aus dem Dorf, die er von früher gut gekannt hat, verkehrt. Eine Zeitlang sind die nicht mehr zu uns gekommen, aber gegen Ende des Krieges wollten sie dann doch wieder Gutfreund sein. Sozis sind zu uns gekommen. Es hat auch gute Kontakte zu den Verwandten und Freunden im Elsaß gegeben. Ein französischer Cousin, der für die Resistance gearbeitet habe, ein Schriftsetzer übrigens, sei, sagt Balthasar, von den Deutschen in Schirmeck erschossen worden. Man hat Flugblätter bei ihm gefunden. Vor allem hätten die Elsässer immer die neusten Nachrichten gewusst. Die Franzosen hätten, das sei seine Meinung, überhaupt mehr Courage gehabt. Der Kontakt zu den Elsässern sei leicht herzustellen gewesen: übers Fischen. Man habe viel mit dem Zugnetz arbeiten müssen, das sei nicht kontrollierbar gewesen. Man habe als Fischer zu jeder Stunde ans Wasser gekonnt. Das sei ausgenutzt worden. Bis August, September 44 habe man mit dem Boot ungehindert hinüber können; danach sei es schwieriger geworden. Man habe sich in gewissen Abständen mit Leuten vom französischen Widerstand getroffen, die Resistance auch, soweit es ging, mit Lebensmitteln unterstützt. […]

Ernst Jünger

Feuergarben, Hecht und Moselwein

Auwaldhütte, 14. April 1940
Am frühen Morgen weckten mich die Maschinengewehre
vom Panzerwerk »Roter Rhein« – das neue in der oberen
Scharte des Panzerturmes und das überschwere, das unseren
rechten Flügel flankiert. Ich rief Erichson an und gab ihm
Feuerbefehl. Dann fuhr ich, nachdem ich mich hastig angezogen hatte, mit dem Rade durch den Auwald nach vorn.

Kurz vor dem Stand geriet ich in eine Garbe, die in die
Pappelstämme klatschte, und suchte eilig den Verbindungsgraben auf. Spinelli, der bereits an Ort und Stelle war und
mit der Besatzung hinter der Betonwand des Bunkers stand,
winkte mich richtig ein. Ich ließ zwei schwere Gewehre auf
die Scharten richten und teilte Scharfschützen ein. Dann
ging ich, um noch einen guten Richtschützen zuzuziehen,
zu Erichson, in dessen Kampfraum ich den Krankenträger
fand. Er war damit beschäftigt, Erichson zu verbinden, der
stark am Halse blutete, auch hatte er drei Schützen, die
durch Splitter verletzt waren, mit Jod betupft. Sie waren
alle benommen wie Fische, die plötzlich an die Luft gezogen
worden sind.

Ich hörte, dass ein Schartentreffer mit lautem Knall und
einem Feuerstrahl im Raum auseinandergeflogen war. Andere
Geschosse hatten das Maschinengewehr am Lauf getroffen
und das Zielfernrohr gekappt, das auf dem Tische lag. Zum
Glück war auch Erichson nur leicht verletzt, so dass ich mich

gleich wieder zu jenem Stande begeben konnte, der unser Brennpunkt ist.

Die Garben strichen noch durch den Wald, in dem mir der Verbindungsgraben zustatten kam. Freilich war er noch nicht durchlaufend ausgebaut, so dass es auch Stücke zu überspringen gab. Sehr gut die Kalkulation an Strecken, an denen es so über Deckung geht. Der Geist stellt immer eine scharfe Wahrscheinlichkeitsrechnung an, ehe der Körper springt.

Vor dem Stande hatte Spinelli schon alles aufgebaut. Ich ging noch einmal an das Scherenfernrohr und visierte die Scharte an, aus deren Schlitz ein neues und stärkeres Gewehr als jenes vor unserer letzten Räucherung hervorragte. Nachdem ich den Richtschützen eingeschärft hatte, dass es von ihnen abhänge, ob der Beschuss ernsthaft erwidert würde oder nicht, gab ich das Feuer frei. In diesem Augenblick strichen drüben, wie vor einer Zauberhandlung, zwei Elstern mit leuchtend weißem und erzgrünem Schimmer von den Bäumen über die Kuppel ab.

Dann hämmerten die Gewehre, und die glühenden Garben trafen sich im Schartengrund. Zuweilen griffen die Geschosse höher und schnitten den Pappeln, die im Innenhof des Werkes wachsen, die Zweige ab, oder sie rutschten, und die Einschläge stäubten auf den· Beton der Mauer und spritzten in den Rhein. Andere zupften an der Trikolore, die neben dem Turme weht.

Ich sah, wie drüben das Gewehr das Feuer sogleich erwiderte, doch hörte nach einer kurzen Spanne das Stoßen der von einem leichten Dampf umspielten Mündung auf. Ich hatte das vorausgesehen, denn das Dauerfeuer hält die Waffe gleich einer Zange fest, da die Bedienung nicht wagt, sie währenddessen zurückzuziehen. So schlägt man sie mühelos entzwei.

Nach diesem Zwischenspiel ging ich zum Frühstück und war dann, wie jeden Sonntag, in Iffezheim bei Dr. Eiermann, zu Hecht und Moselwein. Der Morgen war rein, klar, frisch in den Farben; auch kehrt im Feuer das Bewusstsein, das sich doch stets in Teilen außerhalb befindet, als aufmerksamer Wächter in den Körper zurück. Man fordert in der Krisis die Außenstände ein.

Am Abend erfuhr ich, dass der pfenniggroße Splitter, der Erichson getroffen hat, tief eingedrungen ist. Verletzungen am Hals sind immer peinlich, da sich durch diesen Teil die Lebensbahnen wie durch einen Isthmus ziehen.

Bei den Scharmützeln fühlt man sich hinter den Gewehren in der offenen Feuerstellung bedeutend wohler als in den Bunkern am Feuerstand. Die winzigen Schlitze und Scharten, durch die das Auge des Verteidigers aus den festen Werken auf das Gelände späht, gleichen Magneten, die die Feuermassen des weiten Raumes auf sich ziehen. Auf diese Weise gerät die Mannschaft, wie in den Taucherglocken der Tiefsee, unter Überdruck. Die Werke sind Mammute des Widerstandes, aber vielleicht gerade deshalb vom Aussterben bedroht, weil der Gedanke der Verteidigung so rein in ihnen zum Ausdruck kommt.

Bert Jäger

Der Angriff

Dann kamen die Bomben doch. Es war November und acht Uhr abends, als das Geplärr der Sirenen einsetzte und die Hast in die Keller begann. Der Junge stand unter der Haustür wie manche Leute, die abwarten wollten, bis die Flugzeuge kamen. Diesmal jedoch waren sie da, kaum waren die Sirenen verstummt. Urplötzlich schwoll das Brummen zu bohrendem Lärm, es dröhnte wie im Innern einer Glocke und es bebte die Finsternis, durch welche die Zungen der Scheinwerfer leckten. Schon fielen die Christbäume, schwebten die funkelnden Gebilde gemächlich nieder auf die Stadt und schälten ihren ohnmächtigen Leib aus dem Dunkel, dass er nackt dalag, hilflos, für die Obszönität bereit. Fasziniert starrte der Junge nach den herabsegelnden Lichtkörpern, während eine Frauenstimme rief: Warum schießt denn die Flak nicht? Die dann beinahe gleichzeitig schoss, ein hohles aufstöhnendes Gebell, um das sich das Schweben nicht kümmerte. Doch dann folgte die erste Detonation, und erst jetzt wachte der Junge auf und begriff, was das war. Es blieb ihm keine Zeit mehr, sich bewusst zu werden, ob er sich fürchtete oder nicht, ob es gar ein Moment des Glücks war, als er die Lichter über den Himmel herunterkommen sah, so als falle der Sternenhimmel herab. Plötzlich war das Geräusch der Flugzeuge wie fortgewischt, die Explosionen krachten mit brüllendem Zorn in den Körper der Stadt und jagten ein Beben über die Erde, vor welchem der Junge davonrannte, der später nicht mehr wusste, wie er in den Keller gekommen war. Die Einschläge verschmolzen zu einem einzigen massenhaften Gebrüll, die Menschen, erstarrt, zu Boden geduckt, zitterten mit der gequälten Erde und fühlten, wie die Gebäude bis in die Fundamente wankten. Das Kellerlicht flackerte, verlosch, kam wieder, ging endgültig aus. Der Junge hatte ein Gefühl, als kippe ihm der Kellerboden entgegen, an den Wänden tastete er sich weiter, irgendwo brannte ein Kerzenstummel, er erkannte seine Mutter unter all den Leuten, schlich an die Seite der Mutter, die seltsam aufgerichtet dasaß, als hätte sie der Schreck in einer Haltung erfasst, die sie nicht mehr zu ändern imstande war. Die Hände der Mutter und des Jungen schoben sich ineinander und zerdrückten sich beinah, nur durch die verzweifelte Umklammerung ihrer Hände teilten sie sich einander mit. Auch sonst sagte niemand ein Wort, nur tonloses Wimmern drang aus den schattenverdeckten Winkeln, wo sich die Menschen an die Mauern drängten, denen sie doch nicht mehr vertrauen konnten. Das Dickicht der Explosionen, das den Leib der Stadt ergriff, erfasste die Menschen wie ein Fieber, dass sie nicht wussten, ob sie vor Kälte zitterten oder Hitze sie verbrannte. Wie von Messern bloßgelegt waren ihre Sinne auf das wilde Gehämmer gerichtet, ein Krampf schloss sich metallen um sie und lähmte sie, dass sie waren wie Puppen, wie leblose Puppen.

Jetzt kam es näher, jetzt schlug es die Zähne noch gefräßiger in die Stadt. Ein wahnsinniger Stoß in der Nähe. Ein zweiter noch näher. Der Junge spürte den eisernen Griff der Mutter, der sich um seine Hände krallte, spürte ihn noch enger, während er gleichzeitig meinte, hochgeworfen und von ihrer Seite fortgezerrt zu werden. Vor Angst fast verrückt, schoss ihm durch den Kopf, dass er beten sollte, doch fiel ihm nichts ein, stumm bewegte er die Lippen, als hätte er niemals sprechen gelernt, er glaubte sich nur lebendig durch das Gefühl, das sich um seine Hände schloss, nur der Strom hielt ihn lebendig, der durch die Umklammerung der Hände seiner Mutter in ihn floss, als seien sie durch das gleiche Blut, den gleichen Pulsschlag miteinander verbunden. Irrsinnig, ohrenbetäubend, unermesslich tobten die Detonationen, die Luft schien zu schreien, das Gestein zu wimmern, und noch hinter seinen geschlossenen Lidern sah der Junge feuergezackte Blitze lodern. Unter Peitschenschläge duckte sich die Kerzenflamme, und eben jetzt schrie jemand auf, eine in Stücke zerhackte Stimme gellte unter dem Kellergewölbe, und hinter dieser Stimme wurde ein Gespenst sichtbar, das hinaus wollte, lieber in der aussätzigen Luft, unter einstürzenden Mauern, im Feuer verrecken als in dieser Totengruft. Es waren Männer da, die den Ausgang verteidigten und die Frau festhielten. Dann wurde es auf einmal still. Der Lärm wehte davon und verzog sich hinter wogendem Rauch, nur noch die Flakgeschütze röhrten wie verwundete Tiere. Die Leute reckten die Köpfe, die Anstrengung, mit der sie lauschten, stand in ihren Gesichtern, misstrauisch nahmen sie den Augenblick der einsetzenden Stille wahr, als bedeute sie neues Unheil, und nur langsam bröckelte der Zweifel von ihnen ab. Plötzlich merkte der Junge, dass seine Füße auf einer Erde standen, die hielt, die nicht mehr wankte.

Nur zwanzig Minuten hatte gedauert, was allen wie eine Unendlichkeit vorkam, eine Ewigkeit. Bis sie sich aus ihrer Umklammerung lösten, verstrich eine weitere Unendlichkeit. Ganz langsam erwachten sie in den Kellern zum Leben, wechselte ihre Aufregung in die andere, die, dass sie lebendig geblieben waren. Noch immer spürte der Junge den Händedruck seiner Mutter, der gleichfalls eine Unendlichkeit sich zu lösen brauchte. Was unmittelbar neben ihnen getobt hatte, war vorüber, doch als hätten sie Furcht, von ihren Stimmen verraten zu werden, blieben sie stumm. Die Exekution, die sie schon beinah gewollt hatten, blieb aus, und fast erschraken sie über den flachen verendenden Ton der Entwarnung.

Seltsam verschämt stiegen die Menschen aus der Tiefe und hörten die Martinshörner der Feuerwehren, die durch die Straßen rasten. Der Himmel glühte wie ein Geschwür, der ganze Stadtkern brannte, ein grenzenloses Gestrüpp von Feuersbrünsten wütete vor den entsetzten Augen. Der Junge lief auf die Straße hinaus. Er blieb stehen. Dunkel starrte er in den Himmel, aus dem die Wolken wie Kupfer zu schmelzen, zu verbrennen, herabzustürzen schienen. Dann erst bemerkte er das Rennen und die Rufe. Drüben in der Fabrikstraße! Nehmt Eimer mit! Er rannte mit den Leuten fort, über die Schwarzwaldstraße, wo verlassene Straßenbahnwagen standen, von denen einer brannte, die Pflastersteine glänzten unter dem Flammenschein, der über sie hinhuschte wie lebendige unheimliche Wesen. Er stolperte über etwas, das er nicht erkennen konnte, rannte weiter, stolperte wieder und hörte neben sich jemand sagen, hoffentlich kommen sie nicht noch einmal! Und merkte, als er in die Fabrikstraße einbog mitten unter den dahineilenden Männern und Frauen, dass sich dieser Satz in seinem Hirn festgesetzt hatte, dass etwas in seinem Innern fortwährend wiederholte: Hoffentlich kommen sie nicht noch einmal!

Alfred Döblin

Dass man auf der Straße deutsch spricht!

Am Bahnhofsplatz in Straßburg sehe ich Ruinen, wie im Inland: Ruinen, das Symbol der Zeit.

Und da fließt der Rhein. Was taucht in mir auf? Rhein war früher ein Wort voller Inhalte. Jetzt fällt mir »Krieg« und »strategische Grenze« ein, nur Bitteres. Da liegt wie ein gefällter Elefant die zerbrochene Eisenbahnbrücke im Wasser. Ich denke an die Niagarafälle, die ich drüben, dahinten in dem verschwundenen großen, weiten Amerika sah, die beispiellos sich hinwälzenden Flutmassen.

Still, allein im Coupé, fahre ich über den Strom.

Und dies ist Deutschland. Ich greife nach einer Zeitung neben mir. Wann betrete ich das Land wieder? Am 3.3.33 fuhr meine Familie über die Grenze. Welches Datum heute? Die Zufälle, die Zeichen, die Winke! (ich dachte, das hätte mich losgelassen), – betroffen lasse ich das Blatt sinken und betrachte die Zahl noch einmal: der neunte November! Revolutionsdatum von 1918, Datum eines Zusammenbruchs, einer verpfuschten Revolution.

Wird alles wieder so kläglich wie damals verlaufen? Soll und muss es nicht hier, auch hier eine Erneuerung geben?

Ich fahre in das Land, in dem ich mein Leben zubrachte, und aus dem ich hinausging, aus einer Stickluft, das ich floh, in dem Gefühl: es wir mir zum Heil.

Und dies ist das Land, das ich ließ, und mir kommt vor, als ob ich in meine Vergangenheit zurücksinke. Das Land hat erduldet, wovon ich mich losreißen konnte. Ein Moloch ist hier gewachsen, man hat ihn gespürt, er hat sich hochmütig gespreizt, gewütet, gewüstet. Sie haben ihn mit Keulen erschlagen.

Du siehst die Felder, wohlausgerichtet, ein ordentliches Land. Sie haben die Wiesen gesäubert, die Wege glatt gezogen. Der deutsche Wald, so viel besungen! Die Bäume stehen kahl, einige tragen noch ihr buntes Herbstlaub. (Seht euch das an, ihr Californier, ihr träumt unter den wunderbaren Palmen am Ozean von diesen Buchen und Kastanien. Da stehen sie.)

Nun wird es deutlicher: Trümmerhaufen, Löcher, Granat- oder Bombenkrater. Da hinten Reste von Häusern. Dann wieder Obstbäume kahl, mit Stützen. Ein Holzschneidewerk intakt, die Häuser daneben zerstört.

Auf dem Feld stehen Kinder und winken dem Zug zu. Der Himmel bezieht sich. Wir fahren an Gruppen zerbrochener und verbrannter Wagen, verbogenen und zerknickten Gehäusen vorbei. Drüben erscheint eine dunkle Linie, das sind Berge, der Schwarzwald, wir fahren weit entfernt von ihm an seinem Fuße hin.

Dort liegen in sauberen Haufen blauweiße Knollen beieinander, ausgezogene Rüben. Der Ort heißt Achern. Unberührte Fabriken mit vielen Schornsteinen, aber keiner raucht. Es macht alles einen trüben toten Eindruck. Hier ist etwas geschehen, aber jetzt ist es vorbei.

Schmucke Häuschen mit roten Schindeldächern. Der Dampf der Lokomotive bildet vor meinem Fenster weiße Ballen, die sich in Flocken auflösen. Wir fahren durch einen Ort Ottersweier, ich lese auf einem Blechschild ›Kaiser's Brustkaramellen‹, friedliche Zeiten, in denen man etwas gegen den Husten tat. Nun große Häuser, die ersten Menschengruppen, ein Trupp Soldaten, eine Trikolore weht. Ich lese

›Steinbach, Baden‹, ›Sinzheim‹, ›Baden-Oos‹. Der Bahnhof ist fürchterlich zugerichtet; viele steigen um.

Baden-Baden. Ich bin am Ziel. Am Ziel, an welchem Ziel?

Ich wandere mit meinem Koffer durch eine deutsche Straße.

(Angstträume während des Exils: ich bin durch einen Zauber auf diesen Boden versetzt, ich sehe Nazis, sie kommen auf mich zu, sie fragen mich aus.)

Ich fahre zusammen: man spricht neben mir deutsch! Dass man auf der Straße deutsch spricht! Ich sehe nicht die Straßen und Menschen, wie ich sie früher sah. Auf allen liegt, wie eine Wolke, was geschehen ist und was ich mit mir trage: die düstere Pein der zwölf Jahre. Flucht nach Flucht. Mich schaudert's, ich muss wegblicken und bin bitter.

Dann sehe ich ihr Elend und sehe, sie haben noch nicht erfahren, was sie erfahren haben.

Es ist schwer. Ich möchte helfen.

Maria Wimmer

So isch's halt gwä

Je mehr der Krieg sich dem Ende näherte, desto verlorener wurde die Situation und um so bedrohlicher für unser Dorf. Die Franzosen standen im Elsaß und schossen herüber über den Rhein. Durch den Luftdruck der Detonationen fielen bei uns die Scheiben im Küchenfenster ein, gerade als ich auf dem Küchentisch lag, erzählte meine Mutter, und sie mich wickeln wollte.

Im nahen Baden-Baden sollen Flugblätter vom Himmel gefallen sein von vorüberziehenden Geschwadern mit der Ankündigung: »Baden-Baden, dich wollen wir verschonen, denn in dir werden wir später wohnen.«

In Bedrängnis und großer Not versammelten sich die katholischen Gläubigen in der Kirche zu einem Gelübde. Man flehte Gott um Schutz an und gelobte, wenn man den Krieg heil überleben würde, jedes Jahr im Mai in einer Wallfahrt zu einem nahe in den Vorbergen des Schwarzwalds gelegenen Marienverehrungsort zu pilgern, 25 Jahre lang.

Das Dorf überlebte die Wirren. Nur die Synagoge war ausgebrannt, weil man sie lange vorher angezündet hatte, und die evangelische Kirche wurde durch eine Bombe dem Erdboden gleichgemacht, die einzige, die im Dorf niederging.

Eine andere war außerhalb gefallen, auf dem freien Feld, und im ›Bombenloch‹ sind wir Kinder später jahrelang im Winter den Abhang hinuntergerodelt.

Es schien wie ein Wunder, zumindest wie ein Fingerzeig

Gottes, dass fast alle im Dorf den Frieden erlebten, der einzog. Die Namen der Toten wurden nahe beim Hauptportal hinten in der Kirche zum ehrenden Angedenken angeschlagen. Auch mein Bruder, der aus Russland nicht zurückkehrte, war darunter.

Gott hatte das Dorf verschont, und man hielt sein Versprechen. In jedem Mai, an einem Sonntag sehr zeitig in der Früh, traf man sich zum Abmarsch vor der Kirche. Der Geistliche und die Ministranten zogen mit Fahnen und Gebetbüchern vorweg. Männer, Frauen und Kinder gingen aufgeteilt in geschlossenen Gruppen hinterher. Man hatte das Gebetbuch dabei, den Rosenkranz und in der Tasche, die man sonst zum Einkaufen benutzte, eine Vesper und eine Sprudelflasche voll Kaffee oder Tee. Die jüngeren Kinder trugen kleine Tornister und gingen mit ihren Müttern in den Reihen der Frauen.

Mit Gebet und Gesang zogen wir aus dem Dorf hinaus, auf Wegen zwischen blühenden Wiesen, an einem Waldsaum entlang, hinauf durch einen Hohlweg, durch eines der kleinen Nester, die damals weder Bus- noch Bahnverbindung hatten, und wieder hinaus aufs Feld und durch die Wälder, meist leicht bergauf. Man betete Gesetzchen vom Rosenkranz und sang Lieder, vor allem Marienlieder.

»Wunderschön prächtige, hohe und mächtige, liebreich holdselige, himmlische Frau …«

»Maria zu lieben ist allzeit mein Sinn; in Freuden und Leiden ihr Diener ich bin …«

»Maria breit den Mantel aus, mach Schirm und Schild für uns daraus, lass uns darunter sicher stehn, bis alle Stürm vorüber gehn …« […]

Die gesamte Verwandtschaft meines Vaters wohnte im Dorf, aber man traf sich nur zu besonderen Anlässen.

An Geburtstagen wurden keine Einladungen ausgesprochen. Es war selbstverständlich, dass sich am Abend alle einfinden würden. Jemanden extra aufzufordern zu kommen, war sogar unangemessen, es hätte so aussehen können, als spekuliere man auf ein Geschenk.

Tante Viktor, sie hieß eigentlich Viktoria, doch niemand nannte sie so, hatte im Winter Geburtstag. Man ging schon früh am Abend hin, kaum einer blieb einmal länger als Mitternacht. Die Geschenke blieben auf dem Küchentisch stehen, bis man Kaffee trank. Man schenkte nützliche Dinge und solche, die man sich selber werktags nicht gönnte: Wein, Bohnenkaffee, eine Kleiderschürze, ein Alpenveilchen im Topf, ein Glas Honig, Butter. Manchmal drückte ihr jemand verstohlen einen Geldschein in die Hand, jeder wusste, dass sie es nötig hatte, sie bekam eine kümmerliche Rente und war von der Unterstützung ihrer erwachsenen Kinder abhängig.

Die Küche war überheizt, und man saß dicht beieinander, denn sie war klein. Ich saß gern auf der Holzkiste, in der der tägliche Vorrat an Brennholz lag.

Es gab Hefekranz, in dem eine Nussfüllung war, und Zuckerkuchen. Die Hefestücke tunkte ich in den Milchkaffee, kam ich an ein Stück Füllung, tauchte ich es nicht ein und kaute langsamer.

Man erzählte von früher. Es waren immer dieselben Geschichten, die man erzählte, und jeder war zuständig für ganz bestimmte, die er mit Gewissheit vortragen würde. Bei einigen Geschichten wusste ich schon im voraus Wort für Wort, wie sie weitergehen würden, und ich kannte auch die Gesten und die Mimik, womit sie erzählt werden mussten. Trotzdem hörten alle hin, und man lachte immer wieder an denselben Stellen. »'sisch au schee gwä frieher«, fanden sie. »Aber wie's gwä isch, des kann sich die heitig Jugend gar net vorstelle, die hen's jo schee heitzutag, die kenne sich jo gar kei Bild davo mache, wie mer sich hat durchschlage misse frieher.« Man sprach auch von der Zeit der Arbeitslosigkeit, wo die Frauen noch auf den Äckern bei andern mitschaffen mussten, weil die Männer keine Arbeit fanden. »Un d'Kinner sin jo au noch do gwä, aber sin alle groß gworre. Aber heitzutag sin jo ganz annere Zeite, hoffentlich dierfe mer des noch e bissel g'nieße, wenn mer nur gsund bleibt und jeden Morge vom Bett ra kann.«

Frau Krämer, eine gute Freundin meiner Tante, erzählte stets, dass der Lehrer sie früher in der Schule gefragt habe: »Olga, willst du studieren?« »Un do bin ich hiegstande und hab g'sagt: ›Nein, Herr Lehrer, wir haben kein Geld‹ – und's Zeug hätt mer au dazu g'hat, aber do war jo gar net dro z'denke. Des isch jo heit alles ganz andersch.« Dann wollte sie die Zustimmung der anderen, dass sie sich damals tapfer und vernünftig verhalten habe. »Wenn mer's überlegt, des isch doch viel gwä von em Kind, so e Antwort, oder net?« »Ja ja«, meinten die andern, »so isch's halt gwä.«

Rainer Brambach

Ohne Hausglocke und Briefkasten

Man soll in keiner Stadt länger bleiben, als ein halbes Jahr / bis man weiss, wie sie wurde und war / wenn man die Männer hat weinen sehen / und die Frauen lachen / soll man von dannen gehen / andere Städte zu bewachen!

Dieser Vers stammt vom genialen Dichter Klabund, der anno 1928 in Davos an Lungentuberkulose starb.

Ich möchte die Zeilen Klabunds gerne auf meinen Vater Franz Brambach anwenden, der 1859, in Rheinbach bei Bonn geboren, kaum zwanzigjährig auf die Walz ging, kurzfristig in vielen fremden Städten verstimmte Klaviere wieder zum schönsten Klang brachte, bis er im Jahr 1908 wilhelminisch-deutscher Dinge überdrüssig nach Basel kam. Hier fasste ihn meine Mutter, die Mina Born aus Niederbipp, von Beruf Herrschaftsköchin, am Wickel (vielleicht war's auch umgekehrt), kurz, die beiden gründeten einen Hausstand und malträtierten sich ehelich liebevoll.

Das Resultat: Zwei Söhne, nämlich der Paul und ich, wobei gesagt werden muss, dass mich Franz im respektablen Alter von nahezu sechzig Jahren gezeugt hat. Ja, mutig war er immer, der Franz, aber heimisch ist er nirgends geworden, auch in Basel nicht. Ich verstehe ihn, den eingewanderten »Schwob«; er hatte dauernd darunter zu leiden, dass er den alemannischen Dialekt nicht über die Zunge brachte. Nun, am ersten April 1940 starb Franz – sein letzter Scherz – und liegt seither auf dem Hörnli, mit allen dort Liegenden stillschweigend assimiliert.

Ich bin im St. Johann-Quartier aufgewachsen, genau gegenüber dem Zuchthaus, dem »Schällenmätteli«, das mir nach meinen Bubenstreichen dauernd warnend vor Augen gehalten wurde; ich erinnere mich an den gnomenhaften Sandmann, an den durch die Strassen jodelnden Aenishänsli, an den stummen Laternenanzünder, an das Zytigsanni samt dem bärenstarken Muni-Guschti; sie alle waren der skurrile Teil dieser Stadt, und sie halfen mir über den knöchernen, puritanischen Geist, der damals penetrant in den Schulen und Amtsstuben vorhanden war, hinwegzukommen.

Wäre ich zum Beispiel in den Vogesen – die man bei klarem Wetter von Basel aus sieht – geboren, sagen wir in Pfahbruntz geboren, so würde ich loyalerweise Pfahbruntz und seine Kaskaden loben. Aber eben, ich bin hier grossgeworden; der Geist, das Klima und die Landschaft am Oberrhein haben auch mich geprägt, was nicht immer ohne Enttäuschung abging, ja, ich habe manchen Kummer persönlicher Art beim unvergessenen Lisettli am Spalenberg mit einem halben Liter Tavel ertränkt.

Übrigens: Die alteingesessenen Basler nennen ihren Namen nicht neben der Hausglocke. Da stehen nur Initialen, etwa A. M. oder B. S. Meine Freunde ärgern sich oft über mich, denn ich besitze weder eine Glocke noch einen Briefkasten. Nur ein Postfach.

Hans Peter Hoffmann

Les Poulières

Die Vogesen sind ein Mittelgebirge.

Wenn man auf die Vogesen zufuhr, wirkten sie, vor allem bei schönem Wetter und auf ihrer östlichen, dem Rheintal zugewandten Seite, jugendlich, mediterran.

Doch wenn sich etwas zusammenzog, zogen sie die Schultern hoch, die Augenbrauen zusammen.

Dann sah man, was sie wirklich waren: alt. Sehr alt.

Mit einem langen Gedächtnis, länger als das der Alpen, diesen jugendlichen Großtuern und Großglocknern.

Alt waren sie und eigenwillig.

Sie machten nicht viel Aufhebens von sich, aber sie wussten, dass alles wieder zur Erde zurückkehrt, selbst der Gipfelsturm eines Gebirges.

Auf der Westseite der Vogesen, so hieß es im Reiseführer, regnen sich alle Wolken ab, die es nicht über die Berge schaffen. Als ich mich Richtung Les Poulières auf den Weg machte, stellte ich fest, daß diese Auskunft stimmte.

Das einzige, was der Reiseführer nicht schrieb – dass es praktisch keine Wolke über die Berge schaffte. So ließen sie Ballast ab und versuchten Höhe zu gewinnen. Ich stand im Regen, der manchmal an seiner Identität zweifelte und sich fragte, ob er seine vorgeschriebene Reise nicht eher als Schnee beenden solle.

Er tat beides. Denn es begann spät im Jahr zu werden, die Zeit wanderte von den Gipfeln in die Täler.

Es gibt kleine Orte und ganz kleine Orte. Les Poulières ist überhaupt kein Ort.

Ich wohnte in einer alten Mühle. Unter einem Teil des Hauses lief der alte Mühlbach hindurch. Es rauschte. Ich stand öfters in der Nacht auf und rauschte mit.

Im Ort, der kein Ort war, gab es kein Geschäft, aber ein Kriegerdenkmal. Ein Krieger reckte mit ausgestrecktem Arm einen Siegerkranz hoch.

Hundert Meter weiter war ein Betonbushaltestellenunterstand, der Treffpunkt der Dorfjugend. Es gab sonst nichts. Der nächstgrößere Ort war zu weit. Wo allerdings auch nichts war. Es war einfach nichts.

So standen sie da, lehnten cool gegen ihre Mopeds und warteten. Jedesmal, wenn ich hier vorbeikam, standen sie da. Im Regen, im Schnee, bei jedem Wetter. Sie waren wirklich cool.

Dann fuhren sie die Straße hoch, am Kriegerdenkmal vorbei, wendeten, fuhren die Straße hinunter, am Kriegerdenkmal vorbei.

Es war ihr Revier. Es war nicht groß, es war nicht bedeutend, aber es war ihr Revier. Sie kannten hier jeden Kuh- und jeden Pferdeschwanz, sie kannten jede Häuserecke, sie wussten genau, unter welchem Fenster es sich lohnte, die Maschine hochzudrehen.

Hier spielten sich alle Heldentaten ab. Von diesen Tagen und Abenden mit den Freunden, mit den Mädchen würden sie später erzählen. Es war das reine Abenteuer.

Natürlich träumten sie von Paris, von der großen Welt. Sie wussten nicht, dass es nicht mehr Welt gab, nicht mehr Herzklopfen als das Herzklopfen unter dem Fenster, nicht mehr Kühnheit als die, mit der sie sich in die Kurven legten und über den eigenen Schatten sprangen.

Walle Sayer

Telefonzelle

Die einzige Telefonzelle im Ort befindet sich bei der Bushaltestelle. An den Abenden ist sie beleuchtet. Manchmal stehen Mädchen darin, gegen die Glasscheibe gelehnt, die zu jung sind, um von zu Hause aus anzurufen. In ihre Augenwinkel haben sie sich blaue Tränen geschminkt, das Verliebtsein glänzt rot von ihren Lippen. Der Hörer, den sie an ihr Ohr halten, ist viel zu groß und viel zu schwarz. Groschen um Groschen werfen sie nach. Bei ihrem Anblick bringt man es einfach nicht fertig, ungeduldig zu werden.

Matthias Spranger

Heimatrauschen

Caelum non animum mutant qui trans mare currunt
Publius Ovidius Naso (43 v. Chr. – 17 n. Chr.)

Wir müssen uns jetzt um Grien kümmern. Vermutlich ist Schmerz im Spiel. Ich sehe ihn an einem sehr kleinen Tisch sitzen, den linken Fuß in einem Putzeimer; bis über den Knöchel steckt er in einer grünen, nach langwierigen Heilungschancen duftenden Brühe. Er blickt zum Fenster hinaus: 16. Stock, viel Himmel, viel Fläche, unten viel Baumasse in lockerem Grün versteckt. Von außen tönt die Stadt mit einem warmen Rauschen herauf. Nichts Genaues ist darin auszumachen, der Wind wickelt alles Hörbare in seinen Mantel ein. Grien wird sich fragen, ob dies ein dauerhafter Zustand sein wird, das abendliche Fußbad, seit sich die Mühen des Gehens nicht mehr weg reden lassen wollen. Ich sage: Großstadt, Plattenbau, Aufzug. Berlin eben. Sei zufrieden! Die Apotheke ist um die Ecke.

Grien erzählt, dass er noch vor zwei Tagen auf der *Hornisgrinde* gewesen sei und den Ausblick auf die Oberrheinebene gehabt habe, der vor Jahren nur den französischen Soldaten gestattet gewesen sei. Er sei oft um den mit der Zeit immer brüchiger werdenden Zaun herumgeschlichen, mit dem die Besatzungsmacht den moorigen Gipfel des Hochplateaus abgesperrt hatte. Früher seien viersprachige Verbotsschilder (auch russisch!) daran festgemacht gewesen, und heute könne

193

man den schönsten Blick genießen, der überhaupt auf die Oberrheinebene möglich sei. Ich will gar nichts einwenden, aber Grien hat sofort das Bedürfnis, seinen Superlativ zu präzisieren: das geradezu kulissenhaft Gestufte der Vorbergzone mit ihren tief gestaffelten Bergrücken, die schließlich den Blick in die silbrig-dunstige Flussebene freigeben, und als Bildabschluss schließlich das fahl-dunkle Band der Vogesen. Der Prospekt suche seinesgleichen. Er gibt jetzt den Schickele, denke ich. Wer so was vor der Haustüre hat, will doch nie mehr weg, versuche ich Griens Ausführungen etwas plump zu überbieten. Aber Grien überhört das. Wenn man bedenke, wie schmal das ehemalige Großherzogtum Baden an dieser Stelle gewesen sei. Das Königreich Württemberg habe sich bis auf die *Hornisgrinde* erstreckt und fast, bis auf wenige hundert Meter, Anteil an diesem Paradiesesblick gehabt. Und dahinter dann gleich der Franzos. Nun gut. Und was macht der Fuß, will ich jetzt wissen. *N'en parlons plus*, sagt Grien im Hochgefühl seines grenzüberschreitenden Blicks.

Griens Auskünfte über seine Gegend haben etwas Bekennerhaftes. Ich sage nur, er sei ja eigentlich 170 km östlich vom Oberrhein aufgewachsen, habe dort hören, sehen und sprechen gelernt, also tief schwäbisch und vermutlich uninteressiert an allem Badischen. In der Stadt, in der er geboren sei, stimmt Grien zu, habe es eine Wirtschaft *Zur badischen Grenze* gegeben. Der Name sei ihm als Kind völlig fremd geblieben. Den Wilden Westen habe er gekannt. Und die Wüste Gobi. Und das Allgäu. Und Caesar und Napoleon. Aber niemand habe sich je über die Existenz von etwas Badischem ausgelassen. Und selbst später, als man die Entstehungsgeschichte des Südweststaats zwangsläufig zur Kenntnis nehmen musste, habe er sich gefragt, was mitten im Württembergischen jenseits aller Lebenswirklichkeit eine *Badische*

Grenze solle. Eine Reverenz ans Kulinarische könne es bei dieser Speisekarte nicht gewesen sein. Erwachsen geworden, wurde Grien dann geradezu grenzläufig. Ich erinnere mich noch, wie er, nachdem in den 90er Jahren sich fast überall in Europa die Grenzen verflüchtigt hatten und nur noch die Schweiz eine Grenze mit einschlägigem Ritual und Personal anbieten konnte, lange Wanderungen auf ehemaligen Grenzpfaden unternahm, am Kniebis die Schwarzwaldhochstraße entlang oder drüben in den Vogesen an der *route des crêtes*, und die alten Grenzsteine verehrte, als seien es Bildstöcke mit Reliquienpotential. Andererseits liebte es Grien, mit Grenzen zu spielen. Als einmal eine Zeitlang das Alemannische hoch im Kurs stand und damit das Einmalige dieses grenzüberschreitenden Dialekts gehegt wurde, bedurfte es eines Quantums Wein, und Grien begann mit großer Eloquenz, den Südwesten neu zu ordnen. Er beneidete jene Heimatforscher, die gleich nach dem 2. Weltkrieg, von den Franzosen ermuntert, alles Unheil aus Preußen kommen sahen und einen neuen Südstaat auf dem Papier entwerfen durften. Bei Grien war es dann die Alemannische Internationale, mit Schweiz (diesseits des Röstigrabens), Elsaß, Vorarlberg, dem südlichen Baden, dem südlichen Württemberg und – es sollte korrekt zugehen – dem bayrischen Schwaben. Dialektologen müssten die Feinabstimmung vornehmen. Martin Walser würde Schriftführer. Die Hauptstadtfrage blieb ungeklärt, aber ein bisschen sozialistisch hätte das Ganze schon sein sollen. Nicht ansprechen will ich Grien auf jene überaus opportunistische Geste, als er – der Schwabe – einmal eine gelb-rot-gelbe Fahne von einem öffentlichen Gebäude hisste.

Griens Auskünfte über Heimat sind Arbeitsergebnisse. Der Oberrhein ist nichts als ein Legitimitätsnachweis für verdientes Geld. Da Grien in die Jahre gekommen ist und nicht mehr arbeitet, wird sein Wissen durcheinander geschaufelt. Ich vermute, dass die Kenntnisse über seine Arbeitsheimat langsam absinken und jene über die Kindheitsheimat nach oben gelangen. Aber ich sage ihm das nicht, obwohl doch jeder weiß, dass es das Naturgemäße ist, jetzt, wo man sich erlauben kann, wieder Kind zu sein, ohne dafür bestraft zu werden.

Kürzlich hat sich Grien über das Wasser ereifert: das Leitungswasser, das in seiner Gemeinde so jämmerlich schlecht sei, dass er sich keinen Tee kochen könne. Ja, der Wein! Hier würden die Leute ihren Wein mit Attributen belegen, die aus dem Gebiet der Moral oder der Humanästhetik stammten: ›ehrlich‹ z. B. oder ›schlank‹ oder ›dezent-elegant‹, ›geheimnisvoll‹, ›tiefgründig‹ und sich damit über ihr Gekeltertes definieren. Sollten sie es doch mit dem Wasser ebenso machen! Was hier an Wasser noch trinkbar sei, stamme ja aus dem Schwarzwald. Da hätten die Vergleiche noch etwas Schmeichelhaftes, wenn z. B. der Philosoph Heidegger im Jahre 1933 für die reine Seele des von den Franzosen 1923 hingerichteten Attentäters Albert Leo Schlageter aus Schönau die Metapher vom klaren Wasser der Schwarzwaldbäche heranzog. Wenn es stimme, dass auch das Wasser *terroire* habe, dann schmecke es hier nach alten, gelifteten Rheintöchtern. Man müsse sich doch nur vor Augen führen, welches Bild dieser kanalisierte Vorfluter, den die Liederpoeten mit ›Vater‹ angeredet hätten, heute von sich gebe. Wer ihn auf seiner Strecke zwischen Basel und Karlsruhe rühmen wolle, müsse in die wenigen noch vorhandenen Auen ausweichen und sich vorstellen, wie das aussah vor bald 200 Jahren, als das Wasser unkorrigiert und nach jeder Überschwemmung seinen Lauf ändernd in herrlichen Mäandern eine Gegend umschlang. Er erinnere an den Revolutionär Carl Schurz, der 1849 aus dem von den

Preußen belagerten Rastatt über die Kanalisation entkommen konnte, um sich ins französische Fort Louis zu retten, und sich nach einigen Flussüberquerungen nicht sicher war, ob er die Rheingrenze wirklich schon überschritten hatte. Und als ob es einer Bekräftigung seiner starken Meinung noch bedurft hätte, fügte Grien an, dass er einmal eine Frau nachhaltig beschimpft habe, als sie schöne Worte fand für diesen blöd-effizient und langweilig vor sich hin flutenden Kanal.

Wenn Grien zur Apotheke geht oder zum Billig-Discounter, überquert er auf einer Brücke ein Rinnsal und blickt in einen grünen Himmel voller Lindenbäume. Aller Beton ist wie verschwunden, und der Blick in den 16. Stock versperrt. Grien sagt, er fühle sich wie in einer grün verschlossenen Höhle, mitten in Berlin. Er summe dann vor sich hin: *Komm her zu mir, Geselle, hier findst du deine Ruh.* Wir müssen uns um Grien kümmern.

Grien war immer neidisch auf Gegenden, über die große Schriftsteller geschrieben hatten. Das war dann Landschaft mit Mehrwert, den brauchte er, damit es nicht bei Geologie, Botanik oder Geschichte bliebe. Um so unglücklicher war er am Oberrhein. Wahrscheinlich hat er die falschen Bücher gelesen, meist grobes Zeug, tauglich für bunte Abende und geschwätzige Fernsehmoderatoren. Das Schreiben über Gegend habe sich hierzulande den Bedürfnissen von Landschaftsgärtnern und Fremdenverkehrsmanagern angepasst, sei heruntergekommen zu schmieriger Traktätchenpoesie. Aber geradezu hingerissen war er, als ihm ein Freund Wilhelm Hausensteins *Badische Reise* geschenkt hatte und er dieses von der Kunstgeschichte kommende Empfindlichkeitsgenie kennenlernen durfte. Dessen Städte- und Landschaftsbeschreibungen seien Besinnlichkeitsstudien auf Goldgrund.

Einmal hörte er im Radio, vermutlich aus Anlass eines Hausenstein-Jubiläums, einen Text im Originalton. Mit gekräuselter Lippe las Hausenstein feinsinnig vom Zerbrechen eines Baumes bei Windstille mitten im Sommer. Er beschrieb die Ruhe eines Sommertags, die sich im Blattwerk einer alten Linde vor seinem Arbeitszimmer niedergelassen hatte. Und dann der mit nichts zu erklärende Bruch, der Fall, der Sturz, ein Bersten, das Hausenstein mit höchster Reizbarkeit skizzierte. Grien war angetan. Er setzte sich aufs Fahrrad, es war Mitte Juni, und der Sommer stand im Zenit, Grien fuhr aus der Stadt hinaus und genoss im Geiste den Nachklang des eben Gehörten. Als es über ihm plötzlich dunkel wurde, erschrak er nicht, auch nicht als ein Rauschen anschwoll und es schließlich dicht hinter ihm krachte. Fast wäre er weiter gefahren: ein Baum war halt zerborsten. Wie er es im Radio zuvor gehört hatte. Aber hinter ihm quietschten Reifen und jemand schrie. Er stieg ab und drehte sich um: zwischen ihm und einem quer stehenden Auto lag eine Linde. In vollem Laub. Und sehr grün. Wie es sich gehört hatte.

Kürzlich, als wir mit Grien durch die Rebhänge seines Wohnortes zum Friedhof gingen – Grien wollte uns die Statue des gen Straßburg blickenden, von Goethe hymnisch gepriesenen Baumeisters Erwin zeigen – und wir Rücksicht nehmend auf seinen schmerzenden Fuß immer wieder auf ihn warten mussten, kam es lateinisch aus ihm heraus: *illum oportet crescere me autem minui*. Vielleicht hülfe ein groß angelegtes Abnehmprogramm seinem Fuß wieder auf die Sprünge. Ganz gewiss, meinten wir. Aber warum er dies mit einem Hinweis auf Grünewald ankündige, wollte ich wissen. Ach, sagte er, der Blick hinüber in Elsässische führe ihn immer wieder zu jenem Altar im Colmarer Unterlindenmuseum, auf dem ein Mann in rotem Gewand mit einem über alle Maßen langen Zeigefinger eben jenen Satz in seine Armbeuge hinein gemalt bekam, der *wachsen* und *abnehmen* so klar zuwies. Wenn es dem Erfolg einer Reduktionsdiät diene, bitteschön. Aber er habe doch hoffentlich zu dem großen und groß-artig-schrecklichen Altarbild des Meisters Mathis, in dem sich in visionärer Inbrunst die Welt des späten Mittelalters noch einmal aufbäumt, eine Meinung, die nichts mit seiner gegenwärtigen Befindlichkeit zu tun habe. Ja, ja, wehrte Grien ab, die Sätze mit Weltnacht und Gottferne und dem ganzen Schmerzgebinde dieses schwären übersäten Gottesknechts könne er schon noch herunterbeten. Ja, ja, dieser eitrige Ernst ... Ihm bleibe vor allem in Erinnerung, wie einmal eine rasend attraktive Dame in einem rot wallenden Mantel – ein Rot, das mit dem Gewand des Täufers korrespondieren wollte – eine Reisegruppe um die Altartafeln geführt habe. Überaus lebhaft und gestenreich habe sie gesprochen. Fran-zösisch eben. Und ihre Augen hätten geblitzt. Und ihre eben-falls sehr roten und geradezu akrobatisch agierenden Lippen seien unwiderstehlich gewesen. Eine erotische Fußnote ge-wissermaßen zur Monumentalpartitur dieser Komposition. Er sei hingerissen gewesen, um so mehr, als er ja so gut wie nichts verstanden habe. Dann soll er sich unangemessenen Betrachtungen hingegeben haben, wollte noch eine Weile vor dem Bild verharren, dann aufbrechen, als jene Dame erneut auftrat, nun mit einer deutschen Reisegruppe, und wiederum ein lebhaftes Fußnotentheater begann. Auf Deutsch. Griens Erregung faltete sich zusammen. Offensichtlich litt er. Es muss an den Sätzen gelegen haben: Kaffeetantengewäsch, ein verbales Billigangebot aus dem Discounter der Empfindsam-keit, elsässisch grundiert. Das Rot an ihr war nur noch auf-gedonnertes Zitat. Grien trottete von dannen und beschloss, Französisch zu lernen. Sagt er.

In der Stadt, in der er wohne, sagt Grien, seien die alten Leute nicht nur sehr zahlreich, sondern auch sehr auffällig. Männer im Rentenalter gefielen sich oft in gewagten Farbkompositionen, gäben sich ein drahtiges Äußeres, eine stilsichere Entschlossenheit, als könnten sie auf der Stelle ein Großunternehmen leiten, wenn man sie nur ließe, oder wünschten wenigstens, dass man sie an ihren früheren Erfolgen erkenne. Hier dagegen, im Lande des Plattenbaus, falle auf, wie zurückgezogen und nachdenklich die Alten hinter ihren Gehwägelchen trippelten, es herrsche die Rentnerfarbe vor, ein helles, sandiges Beige. Ich sage, viele ehemalige Mitarbeiter der Staatssicherheit hätten hier seinerzeit Vorzugswohnungen erhalten. Ach ja, sagt Grien. Wir kommen von einem zumutbaren Spaziergang zu einem nahegelegenen Friedhof zurück, auf dem Tote aus den letzten Tagen des 2. Weltkriegs ruhen. Grien rühmt den Friedhof ob seiner würdevollen Unaufgeräumtheit. Wenn er da an die Gartenzwerggefilde seiner badisch-schwäbischen Heimaten denke... Er schlägt ein Gespräch über Tod und Boden vor. Ich sage: Na na. Er: Ja ja. Wir werden abgelenkt. Wir hören einen Mann mürrisch murmeln und sehen einen Alten, der sich nicht ohne Mühe über die Motorhaube eines Autos beugt und vorsichtig, geradezu zärtlich, leicht anklebendes Laub entfernt. Er blickt missmutig nach oben, wittert Störenfriede. Lindenblüten sind auf sein Auto gefallen.

Harald Hurst

Provinz de Luxe

Danke, kann nicht klagen. Es lebt sich angenehm und be-
schaulich in diesem putzig sanierten, picobello aufgeräumten,
sandgestrahlten und fast besenreinen Spielzeugstädtchen der
nordbadischen Edelprovinz am Rande des Schwarzwalds, das
auf dem Ortsschild Luft holt und sich als Große Kreisstadt
hinausposaunt, nicht in die Welt, aber doch möglichst weittra-
gend in die nähere Umgebung. In diesem etwas spitzwegisch
anmutenden Geschachtel von schnuckeligen Häuschen, malerischen Gassen, Torbögen und Efeugemäuer, von lauschigen
Laternenwinkeln und leise murmelnden Brünnlein. In diesem
biedermeierlich gemütvollen Kleinweltensemble mit ISDN-
Anschlüssen, das zudem noch von einem brauwasserklaren,
entenbestückten Glitzerbächlein flüsschenbreit und höchst
augengefällig halbiert wird. Als sei alles nicht schon schön
genug.

Ettlingen, das in Grün gefasste Juwel mit der wahlweisen
Blickrichtung, heimatlich ins stille Tal, reiselustig über die
Rheinebene mit den Industriegebieten und Autobahnen, wo
das Pittoreske jäh endet und alles wieder ganz normal aussieht, wie im richtigen Leben, weshalb der hiesige Altstadtbe-
wohner nur gezwungenermaßen dorthin geht. Ettlingen, die
gemächlich, nächtens etwas reduziert, mir aber ausreichend
pulsierende Kleinmetropole an der Alb, das etwas andere
Städtchen mit Flair und Kultur, beides sehr erlesen, zumindest im Anspruch. Die mehr oder weniger geräumige Kluft

zwischen Sein und Seinwollen ist überall aufwendig möbliert. Besonders in der Provinz, wo, wie die geniale Lästerzunge Karl Kraus zu sagen beliebte, auch die Zwerge lange Schatten werfen. Durch regelmäßige Überprüfung meiner Silhouette hoffe ich, dieser optischen Selbsttäuschung zu entgehen. Ich habe das relativ ungetrübte Glück, am Alten Marktplatz wohnhaft zu sein, den ich schreibend überblicke. Drei Heilige und ein Narr umgeben mich. Kann einer in dieser Welt geborgener leben? Rechts um die Ecke die steinalte Kirche des mildtätigen Mantelzerschneiders Sankt Martin, der keltisch-römische Ursprungsort dieses überaus gelungenen Siedlungsunternehmens. Die Zufahrt über die Alb vor dem Rathausturm bewacht der böhmische Brückensteher Nepomuk. Dienstmüde geworden, lässt er mit gleichgültiger Segensgeste Gott und die Welt passieren. Auch die himmlischen Angestellten haben ihr Burning Out. Immerhin genügt er seiner heiligen Anwesenheitspflicht und sorgt für freundlichen Empfang. […]

Von meinem Logenplatz am Fenster bin ich beiläufiger Zuschauer einer ständig betriebsamen Ereignislosigkeit, eines Theaterstücks ohne tragende Handlung, das seltsamerweise nie langweilig wird. Gespielt wird auf unregelmäßig rechteckiger Bühne mit sechs Zu- und Abgängen zwischen eindrucksvoller Kulisse. Wäre der Marktplatz rund, er stünde an Schönheit dem Campo di Siena in nichts nach.

Der Anblick der städtischen Reinigungskräfte beim Arbeiten versetzt mich schon am Frühstückstisch in einen meditativen Zustand still sinnenden Betrachtens mit der Gefahr rückfälliger Schläfrigkeit. Arbeitsteilig, Karrenschieber, Feger, Schipper, schlendern sie über den Platz, die auftragsgemäße Sauberkeit hinter sich lassend. Beruflicher Stress lauert beim Portal des Rathauses mit dem Trauzimmer. Aufgrund des hohen Romantikanteils am Gesamtflair ist Ettlingen eine begehrte Hochzeitsstadt. Drei bis vier Eheschließungen pro Vormittag, denen ich im inoffiziellen Teil als festlich mitfühlender, sonst aber nicht betroffener Logengast beiwohne, lassen pfundweise symbolisch geworfene Reiskörner in den Pflasterritzen zurück. [...]

Neun Uhr vorbei. Zeit für den bürgermeisterlichen Auftritt zwischen Breuninger und Sparkasse, die bereits lebhaft frequentiert wird – ein untrügliches Zeichen für das späte Erwachen des Städtchens. Er kömmt. Die Garderobe der Saison leicht im Rücken flatternd, mit dem Schritt eines Mannes, der ein wichtiges Amt gelassen und frohgemut antritt, überquert er in gemessener, würdeverträglicher Eile den Platz. Tatengedrängt, doch jederzeit aufhaltbar, zum Verwechseln volksnah. Ich wette, keine Große Kreisstadt im weiten Umland erfreut sich eines so sympathischen, überwiegend gutgelaunten und optimistisch lächelnden Schultes wie die Ettlinger. Ein sonniger Primus inter Pares mit badischer Toleranzausstrahlung und gemäßigt wertkonservativer Gesinnungsaura. Mit seinem undramatischen Dienstabgang im spätbarocken Rathaus beginnt auch mein von mancherlei Ablenkungen bedrohter schriftstellerischer Arbeitstag. An zerstreuenden Kleinbegebenheiten und Großereignissen fehlt es nicht. Die Provinz schärft das Auge in die Tiefe. Gesehenes arbeitet lange hinter der Stirn.

An Markttagen genieße ich den Blick auf das Gewimmel zwischen den bunten Segeltuchdächern. Die meisten Gesichter kennt man vom Sehen. Manche Leute grüßen zu mir hoch, und ich winke zurück. Bei einigen ducke ich mich hinter meine Schreibmaschine und bleibe eine Weile unten. Punkt zehn am Samstagmorgen schmettern unvermittelt die Musikvereine aus den Ortsteilen zum Platzkonzert los. Wohl dem, der ein wenig zuhören und weiterspazieren kann. Der poetische Kopfarbeiter im Anwohnerbereich kapituliert vor diesem Inferno mehr oder minder erfolgreich einstudierter volkstümlicher Weisen und beliebter Evergreens. Er drückt den Kippschalter seiner Schreibmaschine, lässt die angefangenen Sätze im Rohbau stehen und begibt sich mit dem Einkaufskorb und zu den Klängen des Zillertaler Hochzeitsmarsches in seine Stadt der kurzen Einkaufswege und schnell geleerten Geldbeutel. Beim Marktfest, das alljährlich die Kernstadt mit geselligem Frohsinn überzieht, wo sich alles auf engstem Raum gemütlich verklumpt, mischt sich der scharfe Rauch verschiedenen Grillguts mit den unterlegenen Düften der Selbstversorgung zu einer olfaktorischen Nasenkatastrophe im Wohnzimmer. Man schaltet den Herd aus, motiviert sich volkstümlich und begibt sich hinunter ins volle Menschenleben.

Lackglänzende Autosalons, Protestversammlungen gegen Betriebsschließungen, närrische Rathausbesetzungen und Kinderumzüge gehören ebenso zu meinem Fensterblickalltag wie Heimattage mit dem gemeinsamen Singen des Badnerliedes, bei dem unser Herr Ministerpräsident auf der Ehrentribüne mit situationsangeratener Ergriffenheit die Hand aufs fusionsbrüderlich schwäbische Stammesherz legt.

Eines morgens half alles Augenreiben nichts. Vor der Alb ragte ein rot-weiß gestreifter Leuchtturm in unseren blauen Binnenhimmel. Ungewohntes Geschrei in norddeutscher Zunge rundete den maritimen Eindruck ab. Es klang zu mir herauf, als hätten sich Angehörige der küstenbewohnenden Unterschicht bei der Gurgel, darunter ein Nudel-Giacobelli, ein Aal-Hinnerk und ein Wurst-Herbie. Das derbheisere Marktschreiergastspiel des Hamburger Fischmarktes wurde von einem Großteil meiner Mitbürger schlichtweg ignoriert.

Mein Ettlinger versteht sich als ein feiner Mensch, der auch auf seinem Wochenmarkt das angelegentlich plaudernde Verkaufsgespräch in moderater Lautstärke vorzieht, wobei die Ware nicht maulvoll angepriesen, sondern nach der einleitenden Erkundigung nach dem Wohlbefinden des Kunden bescheiden beschrieben wird, bevor sie fürsorglich verpackt und von Rezeptvorschlägen und Aufbewahrungshinweisen begleitet, ins Einkaufskörbchen wandert. Nach einvernehmlichen Bemerkungen über die Wetterlage wünscht man sich ein schönes Wochenende. Mit einem »So, wer kommt jetzt, bitte?« ist die mit schöner Höflichkeit verzierte Alltagshandlung beendet. Von einem zotenreißenden Schreihals von der Waterkant lässt sich die hiesige Dame keinen Räucheraal in die Hamburger Morgenpost hauen. Sie räuspert sich pikiert und nötigt ihr Hündchen zum eiligen Verlassen des Ortes. Selten sah ich zwei unterschiedliche Mentalitäten in einem nicht stattgefundenen Zusammenprall so wirkungslos verpuffen. Das Leben in diesem Städtchen macht empfindlich gegen alles Lärmende und Schrille. Man wird ein wenig schreckhaft. Mit dem märchenhaft anheimelnden Blick über die tannenzweiggeschmückten Holzbuden des Weihnachtsmarktes, der hier stadtmarketinglyrisch Sternlesmarkt heißt, geht mein Fensterguckerjahr aus dem Erster-Klasse-Abteil der Provinz harmonisch zu Ende. Die bedingt inspirationsförderliche Klippe des Glühweinstandes dräut gefährlich nah unterhalb meines Ausgucks.

Gesellschaftlicher und kultureller Höhepunkt, modisch ausgedrückt, der Top Event des Jahres, sind die hochsommerlichen Schlossfestspiele, wenn die Theaterfanfare allabendlich die Kellner der umliegenden Straßenrestaurants zum überstürzten Abkassieren ruft. Wenn leichte Sommersalätchen mit Krevetten, als adäquates Hors d'oeuvre zum folgenden

Kulturgenuss gedacht und zu spät serviert, kaum angerührt stehen bleiben und erst nach temperamentvollen Auseinandersetzungen mit dem Personal betraggenau bezahlt werden. In den blauen Festspielnächten, vom kühlen Talwind des Albtälers durchfächelt, entfaltet das Städtchen einen südländischen Charme. Ein eleganter Flanierbetrieb festlich gekleideter Herrschaften bewegt sich dem Schlosse der Markgräfin Sibylla zu und verzaubert meinen Platz in eine Piazza di San Giorgio. Und die Alb scheint hinter der B 3 deltabreit ins mediterrane Meer zu münden. Mangels eines Balkons auf einer bewirtschafteten Fläche im Freien sitzend, lasse ich den dezent parfümierten Zug der Theaterbesucher aus nah und nicht allzu fern an mir vorüberschreiten. Knarrendes Schuhwerk, raschelnde Röcke, unverbindliche Begrüßungen bei schräg nickendem Kopf, lächelnd. Aha, die sind also auch da. Am Eingang zur Theaterwelt nehmen die Damen noch ein Gläschen Sekt, ihre Gatten teilen sich ein Pils. Das Mitführen von Liegestuhleinlagen und brokatbestickten Sofakissen mildert den Gesamteindruck der Eleganz. Da wird ein wenig übertrieben. Ich sitze auch lange ungepolstert. Dazu noch ohne ablenkendes Programm. Karierte Rheumadecken passen weder zum gedeckten Nadelstreifenanzug, noch zum bodenlangen lila Chiffonkleid, sind mir als notwendige Ausrüstung aber plausibel. Wer friert, genießt nichts. Nur der Anblick ständig hervorschnellender Zungen, der durch die erfolgreiche Tätigkeit eines italienischen Eishändlers am Platze bedrängend werden kann, gibt der Vornehmheit den Todesstoß.

Drei Briefe

An Jakob Wimpfeling

21 September 1514. Basel

[…] Ein kurzes Wort über den weiteren Verlauf meiner Reise. Ich kam glücklich nach Schlettstadt, Deiner Heimat. Dort waren sofort, ich weiß nicht durch wen, die Vornehmsten der Stadt von meiner Ankunft benachrichtigt worden und schickten mir als Gastgeschenk durch einen Ratsboten drei Kannen ausgesuchtesten Wein, Kanne, die für zehn Maß reichten. Sie luden mich für den folgenden Tag zum Frühmahl ein, aber ich entschuldigte mich, da ich eilends zu meiner jetzigen Tätigkeit wollte. Johannes Witz, Dein Schüler in der Wissenschaft, der Dir auch an Charakter seltsam ähnelt und Dich wie einen Vater liebt und schätzt, begleitete mich bis Basel. Dort ermahnte ich ihn, er solle mich nicht verraten, denn ich wünsche nur wenige, aber auserlesene und ausgesuchte Freunde. Also traf ich zuerst nur die, die ich besonders wünschte, Beatus Rhenanus… Gerhard Lister, einen ausgezeichneten Mediziner, dazu der lateinischen, griechischen und hebräischen Literatur wohl kundig, … auch Bruno Amerbach, einen ausgezeichneten Gelehrten, ebenfalls in drei Sprachen beschlagen. Dem Johann Froben gab ich Briefe von Erasmus und fügte bei, ich sei sehr eng mit diesem befreundet, mir sei von ihm der Abschluß der Verhandlungen über die Herausgabe seiner Schriften übertragen worden, was ich täte, gelte, als wenn es Erasmus selbst getan hätte, schließlich sei ich ihm so ähnlich, dass, wer mich sähe, den Erasmus sähe. Er hat hinterher gelacht, als er den Betrug merkte. Der Schwiegervater Frobens erledigte alle meine Verbindlichkeiten in der Herberge und nahm mich mitsamt Pferden und Gepäck in sein Haus auf. Nach zwei Tagen luden mich die Doktoren der Universität durch den Dekan der theologischen Fakultät und einen anderen für den folgenden Tag zum Essen ein. Alle Doktoren aller Fakultäten waren da, auch Ludwig Ber, oder, wenn Du lieber willst, Bär, der Universitätsrektor, der in Paris sich den theologischen Lorbeer holte... Um mich zu sehen, kam Johannes Henlin hierher... Auch ein mit dem Dichterlorbeer geschmückter ist hier, Heinrich Glarean... Von Ulrich Zasius, der in Freiburg unter hoher Anerkennung römisches Recht doziert, habe ich verschiedene Briefe bekommen... Ich höre, allenthalben seien bei den Deutschen ausgezeichnet gebildete Männer, daher habe ich mehr und mehr Freude an meinem Deutschland, es gefällt mir, und ich bedaure und schäme mich, es so spät kennengelernt zu haben. Es kann schon sein, dass ich den Winter über hier bleibe bis Mitte März; dann will ich erledigen, was ich in Italien zu tun habe und Mitte Mai Euch wiedersehen...

An Beatus Rheanus

(Etwa 15 Oktober 1518) Löwen
Vernimm, lieber Beatus, die ganze Tragikomödie meiner Reise. Noch etwas empfindlich und schlapp, wie Du weißt, verließ ich Basel, ich war beim Himmel noch nicht wieder in Gunst, weil ich mich so lange daheim versteckt gehalten hatte, wegen unablässiger Arbeit. Die Fahrt zu Schiff war nicht reizlos, nur mittags war die Sonnenhitze lästig. In Breisach frühstückten wir, unangenehmer denn je. Der Nebel brachte

einen fast um, schlimmer noch waren die Fliegen. Wir saßen länger als eine halbe Stunde müßig bei Tisch, während man das Mahl rüstete. Endlich brachte man etwas völlig Ungenießbares: schmutzigen Brei, Klöße, völlig ausgekochte Fische – zum Speien! Johannes Henlin habe ich nicht besucht. Der Überbringer der Nachricht, er liege am Fieber darnieder, fügte etwas Köstliches bei: jener Franziskanertheologe, der mit mir über philosophische Begriffe gestritten hatte, habe eigenmächtig heilige Kelche verpfändet. O dieser skotistische Scharfsinn! Gegen Abend wurden wir in ein kaltes Dorf verschlagen; den Namen wollte ich nicht wissen, und wenn ich ihn wüsste, möchte ich ihn nicht verraten. Dort bin ich fast umgekommen. Im Souterrain, nicht groß, aßen wir, ich glaube mehr als sechzig Mann, eine buntgewürfelte Menschenmenge, und zwar bis gegen 10 Uhr – oh, dieser Gestank, dieses Gebrüll, zumal als der Wein sie erhitzte! Und doch musste ich stundenlang bei ihnen aushalten!

Frühmorgens, noch in tiefer Nacht, werden wir durch das Geschrei der Schiffer aus den Betten gescheucht. Nüchtern und unausgeschlafen betrete ich das Schiff. Wir landeten in Straßburg vor dem Frühstück etwa um neun Uhr; dort war es mit der Aufnahme angenehmer, zumal Schürer Wein spendete. Ein Teil des Gelehrtenkreises war da, bald kamen sie alle zur Begrüßung.

An Marcus Laurinus

1 Februar 1523. Basel
… Ganze sechs Monate hatte ich die Reise nach Basel vorbereitet, und zwar offen vor jedermann; denn so zahlte mir auch der Schatzmeister die kaiserliche Pension früher, weil ich sagte, ich müsse nach Basel reisen. Auch der Grund war

kein Geheimnis; es war derselbe, um dessentwillen ich so oft schon vorher Basel aufgesucht habe, ehe ich jene Kerle (in Löwen) fürchtete. Der erste Band des Neuen Testamentes war gedruckt, es fehlten noch die Erläuterungen. Bei denen wollte ich dabei sein, nicht nur, damit sie verbessert erschienen, sondern auch, um nach und nach je nachdem etwas zu ändern oder hinzuzusetzen ... Ich wollte aber durch diese, dritte Ausgabe die letzte ersetzen. Ist das etwa ein leichtfertiger Grund?! ... Mir lag dieser Grund nicht weniger am Herzen als dem König von Frankreich das Gebiet von Mailand ...

In Basel ging es mir gesundheitlich soweit gut, bis es in den oberen Räumen kalt wurde. Doch als ich sah, dass anderen die Kälte nachgerade unerträglich war, ließ ich zu, dass ein paar Mal etwas geheizt wurde. Aber dieses Entgegenkommen kam mir teuer zu stehen: ich bekam bald einen bösen Schnupfen. Dem Schnupfen folgte ein Stein, und das Übel wiederholte sich derart, dass kein Tag verging, ohne dass ich entweder konzipierte, oder Wehen hatte, oder einen Stein ans Licht brachte oder nach der Geburt darniederlag, genau wie die Wöchnerinnen. Mein Magen war dadurch so ruiniert, dass er durch kein Heilmittel wieder in Ordnung gebracht werden konnte. Für mich ist von Natur das Fasten tödlich, und die mit dem Abgang der Steine verbundenen Wehen, die oft zwei Tage dauerten, vertragen alles eher als Speise. Infolgedessen hatte ich ebensoviel unter dem ruinierten Magen zu leiden, trotzdem der von den Steinen herrührende Schmerz schlimmer war als der Tod [...].

Sophie von La Roche

Merkwürdigkeiten der Stadt Basel

Baßel […] ward von den Römern in einer vortreflichen Gegend erbaut, von teutschen Kaysern aber mit Freyheiten begabt, bis sie der allgemeine Schweizeraufstand mit sich in den ewigen Bund nahm, in welchem diese Stadt, wie die andern Eidgenossen, die Edelleute ihrer Gegend verjagte, oder unterjochte, und ihre Güter in Besitz nahm. Kayser Heinrich der II. erbaute 1010 die Münsterkirche. Es wurde eine Universität gestiftet, Kirchenversammlung hier gehalten, und die Mathematik sah hier die Familie Bernoulli aufblühen, welche vom Grosvater bis auf den Enkel grose Männer aufstellte. Ich bin in einer freundlichen Stube des Gasthofs zu den drey Königen, sehe den Rhein, die grose Brücke und Vorstadt vor mir. Mein theurer Freund, Herr Pfeffel in Colmar, hatte uns Jacob Sarazin empfolen, und wir wurden von diesem höchst schätzbaren Manne aufgenommen, wie man die beste Verwandte aufnehmen kan. Sein prächtig und geschmackvolles Haus ist unser Kosthaus, seine Freunde und Gesellschaft die unsere. Alle Vormittage besuchten wir Merkwürdigkeiten der Stadt, und des Nachmittags führten die freundlichen edeln Sarazins uns in der schönen Nachbarschaft umher, nach Wendek zu Merians und zu Herrn Battier nach dem Schlosse Mönchenstern. Erstes würde mir, wäre es auch nicht so schön gewesen, wie ich es fand, und wäre ich auch nicht so gut aufgenommen worden, wie geschah, dennoch wegen den Nahmen Merian schäzbar seyn; weil Künste und Wissenschaften

so verdienstvolle Personen in dieser Familie haben, besonders
eine Tochter Merian, welche nicht nur Vögel und Papillons
nach der Natur in Europa und in Surinam in Miniatur malte,
sondern auch ihre Naturgeschichte schrieb. [...]

Den 16ten <13.?> August.

Heute besahen wir die Kirche des Münsters. Das Grabmal
des Erasmus von Rotterdam und einer Gemahlin von Kayser
Rudolph von Habsburg, welche über dem Gewölbe, wo
ihre Asche ruht, in Stein ausgehauen ist, und den mit ihr ge-
storbenen Sohn neben sich auf einem Küssen liegen hat, sind
beyde hier; man zeigte uns auch die alte Stube, in welcher die
Kirchenversamlung gehalten wurde, die unsern teutschen
Heinrich den IV. krönte, und einen neuen ihm gewogenen
Pabst erwählte. [...]

Ich sahe heute auch das Haus, in welchem der verdienstvolle Rathschreiber Iselin wohnte, und wurde auf das Neue
überzeugt, dass Reliquienverehrung auf einem guten Grunde
liegt; denn Männer, ganz frey von jeder Art von Vorurtheil,
blieben doch auch auf dem schönen Spaziergang bey dem Dom
stehen, und betrachteten mit einem Ausdruck der Verehrung
das Haus, in welchem der vortrefliche Mann lebte. Ich sahe
auch die Seidenmagazine bey Herrn Sarazin. Die Arbeit von
Würmern als Grundlage von 300.000 fl. Arbeitslohn, welcher
alle Jahre von den Seidenfabriken in Basel unter die Weeber
und Färber ausgezahlt wird, wozu die Gelder selbst aus der
Türkey kommen, ist ein staunender Anblick; Puz der einen
Welt kleidet die andre, und der fleißige Handwerker erhält das
Bedürftige für seine Familie von dem Überfluß des Vergnügens
der Reichen, die nichts zu thun haben, als auf Vergnügen zu
sinnen. Sarazin und seine liebenswerthe Frau vereinen Kent-
nisse, Gastfreyheit und Wohlthätigkeit mit einander. [...]

Den 17ten <14.?> August.

Heute sahen wir den von Holbein gemahlten Todtentanz; ein sonderbarer Gedanke, welchen der Künstler auf einer Mauer des Kirchhofes der Predigerkirche mahlte; er ist aber sehr beschädigt, und obschon ein hölzernes Gitter davor gemacht ward, so sieht man doch, daß die den Seilern gegebene Erlaubnis, ihre Seile hier zu spinnen, und die Feuchtigkeit des erhöhten Pflasters ihm schadet. Ein geschickter Maler hatte vor vielen Jahren den guten Gedanken, die Bilder im Kleinen genau abzuzeichnen, und ihnen auch ihre ursprüngliche Farben zu geben, wodurch dieses Denkmal eines moralischen Gedichts von beynahe drey Jahrhunderten im Gedächtnisse erhalten wird; denn der Kalk, auf welchen es gemahlt ist, fält Stückweise ab, daher auch nur noch die Figur einer schönen Äbtissin und des Kochs gut erhalten sind. In dem Gesichte der artigen Nonne ist mit der größten Feinheit alles ausgedrückt, was eine hübsche gerne lebende Nonne, bey dem Rufe zum Tanze mit dem Todt, denken kan. […]

Johann Wolfgang von Goethe

Feierlicher Abschied von dem teuren Elsass

Begeben wir uns in die freie Luft, auf den hohen und breiten Altan des Münsters, als wäre die Zeit noch da, wo wir junge Gesellen uns öfters dorthin auf den Abend beschieden, um mit gefüllten Römern die scheidende Sonne zu begrüßen. Hier verlor sich alles Gespräch in die Betrachtung der Gegend, alsdann wurde die Schärfe der Augen geprüft, und jeder bestrebte sich, die entferntesten Gegenstände gewahr zu werden, ja deutlich zu unterscheiden. Gute Fernröhre wurden zu Hülfe genommen, und ein Freund nach dem andern bezeichnete genau die Stelle, die ihm die liebste und werteste geworden; und schon fehlte es auch mir nicht an einem solchen Plätzchen, das, ob es gleich nicht bedeutend in der Landschaft hervortrat, mich doch mehr als alles andere mit einem lieblichen Zauber an sich zog. Bei solchen Gelegenheiten ward nun durch Erzählung die Einbildungskraft angeregt und manche kleine Reise verabredet, ja oft aus dem Stegreife unternommen, von denen ich nur eine statt vieler umständlich erzählen will, da sie in manchem Sinne für mich folgereich gewesen.

Mit zwei werten Freunden und Tischgenossen, Engelbach und Weyland, beide aus dem untern Elsaß gebürtig, begab ich mich zu Pferde nach Zabern, wo uns, bei schönem Wetter, der kleine freundliche Ort gar anmutig anlachte. Der Anblick des bischöflichen Schlosses erregte unsere Bewunderung; eines neuen Stalles Weitläufigkeit, Größe und Pracht zeugten von dem übrigen Wohlbehagen des Besitzers. Die Herrlichkeit der Treppe überraschte uns, die Zimmer und Säle betraten wir mit Ehrfurcht; nur kontrastierte die Person des Kardinals, eines kleinen zusammengefallenen Mannes, den wir speisen sahen. Der Blick in den Garten ist herrlich, und ein Kanal, drei Viertelstunden lang, schnurgerade auf die Mitte des Schlosses gerichtet, gibt einen hohen Begriff von dem Sinn und den Kräften der vorigen Besitzer. Wir spazierten daran hin und wider und genossen mancher Partien dieses schön gelegenen Ganzen, zu Ende der herrlichen Elsasser Ebene, am Fuße der Vogesen.

Nachdem wir uns nun an diesem geistlichen Vorposten einer königlichen Macht erfreut und es uns in seiner Region wohlsein lassen, gelangten wir früh den andern Morgen zu einem öffentlichen Werk, das höchst würdig den Eingang in ein mächtiges Königreich eröffnet. Von der aufgehenden Sonne beschienen, erhob sich vor uns die berühmte Zaberner Steige, ein Werk von unüberdenklicher Arbeit. Schlangenweis, über die fürchterlichsten Felsen aufgemauert, führt eine Chaussee, für drei Wagen nebeneinander breit genug, so leise bergauf, dass man es kaum empfindet. Die Härte und Glätte des Wegs, die geplatteten Erhöhungen an beiden Seiten für die Fußgänger, die steinernen Rinnen zum Ableiten der Bergwasser, alles ist so reinlich als künstlich und dauerhaft hergerichtet, dass es einen genügenden Anblick gewährt. So gelangt man allmählich nach Pfalzburg, einer neueren Festung. Sie liegt auf einem mäßigen Hügel; die Werke sind elegant auf schwärzlichen Felsen von gleichem Gestein erbaut; die mit Kalk weiß ausgestrichenen Fugen bezeichnen genau die Größe der Quadern und geben von der reinlichen Arbeit ein auffallendes Zeugnis. Den Ort selbst fanden wir, wie sich's für eine Festung geziemt, regelmäßig, von Steinen gebaut, die Kirche geschmackvoll. Als wir durch die Straßen wandelten – es war Sonntags früh um neun – hörten wir Musik; man walzte schon im Wirtshause nach Herzenslust, und da sich die Einwohner durch die große Teurung, ja durch die drohende Hungersnot in ihrem Vergnügen nicht irremachen ließen, so ward auch unser jugendlicher Frohsinn keineswegs getrübt, als uns der Bäcker einiges Brot auf die Reise versagte und uns in den Gasthof verwies, wo wir es allenfalls an Ort und Stelle verzehren dürften.

Sehr gern ritten wir nun wieder die Steige hinab, um dieses architektonische Wunder zum zweiten Male anzustaunen und uns der erquickenden Aussicht über das Elsaß nochmals zu erfreuen. Wir gelangten bald nach Buchsweiler, wo uns Freund Weyland eine gute Aufnahme vorbereitet hatte. Dem frischen, jugendlichen Sinne ist der Zustand einer kleinen Stadt sehr gemäß; die Familienverhältnisse sind näher und fühlbarer, das Hauswesen, das zwischen lässlicher Amtsbeschäftigung, städtischem Gewerb, Feld- und Gartenbau mit mäßiger Tätigkeit sich hin- und widerbewegt, lädt uns ein zu freundlicher Teilnahme, die Geselligkeit ist notwendig, und der Fremde befindet sich in den beschränkten Kreisen sehr angenehm, wenn ihn nicht etwa die Misshelligkeiten der Einwohner, die an solchen Orten fühlbarer sind, irgendwo berühren. Dieses Städtchen war der Hauptplatz der Grafschaft Hanau-Lichtenberg, dem Landgrafen von Darmstadt unter französischer Hoheit gehörig. Eine daselbst angestellte Regierung und Kammer machten den Ort zum bedeutenden Mittelpunkt eines sehr schönen und wünschenswerten fürstlichen Besitzes. Wir vergaßen leicht die ungleichen Straßen, die unregelmäßige Bauart des Orts, wenn wir heraustraten, um das alte Schloss und die an einem Hügel vortrefflich angelegten Gärten zu beschauen. Mancherlei Lustwäldchen, eine zahme und wilde Fasanerie und die Reste mancher ähnlichen Anstalten zeigten, wie angenehm diese kleine Residenz ehemals müsse gewesen sein.

Doch alle diese Betrachtungen übertraf der Anblick, wenn man von dem nahgelegenen Bastberg die völlig paradiesische Gegend überschaute. Diese Höhe, ganz aus verschiedenen Muscheln zusammengehäuft, machte mich zum ersten Male auf solche Dokumente der Vorwelt aufmerksam; ich hatte sie noch niemals in so großer Masse beisammen gesehn. Doch wendete sich der schaulustige Blick bald ausschließlich in die Gegend. Man steht auf dem letzten Vorgebirge nach dem Lande zu; gegen Norden liegt eine fruchtbare, mit kleinen Wäldchen durchzogene Fläche, von einem ernsten Gebirge begrenzt, das sich gegen Abend nach Zabern hin erstreckt, wo man den bischöflichen Palast und die eine Stunde davon liegende Abtei St. Johann deutlich erkennen mag. Von da verfolgt das Auge die immer mehr schwindende Bergkette der Vogesen bis nach Süden hin. Wendet man sich gegen Nordost, so sieht man das Schloss Lichtenberg auf einem Felsen, und gegen Südost hat das Auge die unendliche Fläche des Elsasses zu durchforschen, die sich in immer mehr abduftenden Landschaftsgründen dem Gesicht entzieht, bis zuletzt die schwäbischen Gebirge schattenweis in den Horizont verfließen.

Nikolaj Karamsin

Mit der Diligence von Straßburg
nach Basel

»Nehmen Sie sich in acht, meine Herren«, sagte ein Offizier in Straßburg zu uns, als wir im Begriff waren, die Diligence zu besteigen, »der Weg ist nicht ganz sicher. Es gibt viele Räuber im Elsaß.« – Wir sahen einander an. »Wer keine Schätze mit sich führt, fürchtet sich nicht vor Räubern«, sagte ein junger Genfer, der mit mir aus Frankfurt gereist war. »Und ich habe einen Hirschfänger und einen Hund«, sagte ein neben mir sitzender junger Mensch in einer roten Weste. »Was sollten wir uns fürchten?« stimmten wir alle ein, und siehe! – wir kamen glücklich nach Basel.

Das Elsaß ist eine herrliche Provinz. Alle Städte und Dörfer, durch die wir kamen, fand ich gut gebaut, und auf beiden Seiten des Weges breiten sich die fruchtbarsten Saatfelder aus. Die Lothringischen Berge mit ihren Ruinen von alten Burgen und Raubschlössern geben eine romantische Ansicht und erheitern das ermüdende Einerlei der weiten Ebenen. Diese Berge entfernen sich immer weiter und weiter und verlieren sich endlich ganz in der blauen Ferne. Jenseits des Rheins erhebt sich der dunkle Rücken des Schwarzwaldes und begrenzt in unermesslicher Weite den Horizont, und nahe am Weg erblickt man hie und da Dörfer und kleine Gehölze.

Die französische Post fährt ungleich geschwinder als die deutsche. Der Postillion – in seiner blauen Weste mit rotem Kragen und in Stiefeln, die für einen wassersüchtigen Giganten gemacht zu sein scheinen – klatscht unaufhörlich mit der Peitsche und treibt die Pferde zum Trab an. Alle sechs, neun oder zwölf Werst werden die Pferde gewechselt, und auf jeder Station bezahlt man das Postgeld im voraus – ungefähr zwanzig Kopeken für die französische Meile. Wir fuhren um sechs Uhr des Morgens aus Straßburg, und um acht Uhr des Abends waren wir nur noch drei Werst von Basel entfernt, wir hatten also in einem Tag 29 französische Meilen oder 87 Werst gemacht. Hier mussten wir übernachten, weil um acht Uhr die Stadttore in Basel geschlossen werden, die niemandem und aus keinem Grund vor Anbruch des Tages wieder geöffnet werden.

Mit dem jungen Mann in der roten Weste bin ich schon ziemlich vertraut. Er ist der Sohn des Hofapothekers Becker aus Kopenhagen, hat in Deutschland Medizin studiert und sich vorzüglich, unter Klaproth in Berlin, mit der Chemie beschäftigt. Darauf hat er fast ganz Deutschland, in Begleitung seines Hundes und einen Hirschfänger an der Seite, zu Fuß durchwandert, indem er seinen Koffer immer mit der Post vorausschickte. Jetzt will er die Merkwürdigkeiten der Schweiz besehen und sich dann nach Frankreich und England begeben. Seinen Hund liebt er mit der zärtlichsten Freundschaft. Unterwegs sah er unaufhörlich nach, ob er dem Wagen folge, und da er einige Meilen vor Basel bemerkte, dass er müde sei und anfing zurückzubleiben, wünschte er uns eine glückliche Reise und stieg aus, um ganz langsam mit seinem Freund nachzukommen. Hier in Basel logieren wir zusammen in einem Gasthof.

Und so bin ich denn schon in der Schweiz? – Im Schoß der malerischen Natur – im Lande der Unschuld und der Zufriedenheit? – Es scheint, als hätte die hiesige Luft etwas Belebendes. Ich hole leichter und freier Atem, ich trete fester auf, mein Kopf erhebt sich mehr, und mit Stolz denke ich daran, dass ich ein Mensch bin.

Basel ist die größte Stadt in der Schweiz; aber außer zwei ansehnlichen Häusern, die dem Bankier Sarasin gehören, habe ich hier weiter keine guten Gebäude gesehen, und die Straßen sind außerordentlich schlecht gepflastert. Einwohner hat Basel verhältnismäßig sehr wenig, und einige Nebengassen sind ganz mit Gras bewachsen. Der Rhein teilt die Stadt in zwei Hälften, und obschon dieser Fluss hier nicht so breit ist wie bei Mainz, so gefällt er mir doch wegen seines rascheren Laufes und seiner grünen Farbe ungleich mehr als dort. Nur ist er ganz leer, kein Fahrzeug, nicht einmal ein Kahn, schwimmt auf seinem Rücken. Ich begreife nicht, warum die Baseler den Vorteil der Schifffahrt nicht ausnutzen, da sie doch einen ziemlich wichtigen Handel mit Deutschland treiben, wohin sie Leinwand, Bänder, seidene Zeuge und andere ihrer Fabrikate schicken. In dem hiesigen Münster habe ich viele alte Denkmäler mit verschiedenen Inschriften gesehen, die fast allzumal die Geistesarmut der mittleren Jahrhunderte beurkunden. Am merkwürdigsten waren mir die Monumente des Erasmus und der Gemahlin Kaiser Rudolfs des Ersten. Der erstere wurde zu seiner Zeit für den gelehrtesten und scharfsinnigsten Mann in Europa gehalten. Der berühmte Kanzler Thomas Morus, selbst einer der scharfsinnigsten Männer seines Jahrhunderts, sagte, als ihn Erasmus, ohne sich zu nennen, besuchte und über Religion und Politik mit bewundernswürdigem Verstand und seltener Beredsamkeit sprach: »Du bist Erasmus oder der Teufel!« […]

Wenn Ihr hier in Basel um Mittag fragt, welche Zeit es ist, so antwortet man Euch: Anderwärts ist es zwölf Uhr, nach der Baseler Uhr aber ist es eins. Die hiesigen Uhren gehen nämlich immer eine Stunde allen anderen Uhren voraus.

Umsonst werdet Ihr die wahre Ursache dieser Sonderbarkeit zu erforschen suchen. Niemand weiß sie; doch erzählt eine alte Sage, dass eine vereitelte Verschwörung die Veranlassung dazu gegeben habe. Einige übeldenkende Männer aus Basel hatten sich nämlich untereinander verschworen, um zwölf Uhr in der Nacht alle Magistratspersonen zu ermorden. Ein Bürgermeister erfuhr dies und gab den Befehl, dass auf dem Turm der Hauptkirche, anstatt zwölf, eins geschlagen werden solle. Dadurch wurden die Verschworenen getäuscht, sie glaubten, dass die bestimmte Stunde schon vorüber sei, und kehrten ruhig nach Hause zurück. Zum Andenken an diesen glücklichen Bürgermeistereinfall stellten nun die Baseler ihre Uhren eine Stunde voraus. Nach einer anderen Sage hat diese Gewohnheit ihren Anfang bei Gelegenheit des Baseler Konzils genommen, und zwar deswegen, um die faulen Kardinäle und Bischöfe früher aus dem Bett zu bringen und zur rechten Zeit in den Versammlungssaal zu fördern. Wie dem auch sei, die Baseler sind nun einmal gewöhnt, sich über die Tageszeit zu täuschen, und der Pöbel schätzt diesen Selbstbetrug als ein kostbares Recht seiner Freiheit.

An allen Einwohnern Basels bemerkt man ein gewisses wichtiges Gehaben, das an finsteren Ernst grenzt und mir gar nicht gefällt. Überhaupt haben sie in der Miene, im Gang und in den Gebärden viel Charakteristisches. In Privathäusern sowie in den Gasthöfen herrscht eine besondere Reinlichkeit, die alle Reisenden als eine eigentümliche Tugend der Schweizer preisen. – Nur die Frauenzimmer sind hier sehr hässlich; wenigstens habe ich nicht eine einzige gesehen, die mit Recht schön oder nur hübsch hätte genannt werden können.

Alexandre Dumas

Rastatter Schloss

Drei Stunden später waren wir in Rastatt, der ehemaligen Residenz der Markgrafen von Baden-Baden. Seitdem die arme Stadt von Karlsruhe entthront wurde, siecht sie in ihrer Demütigung dahin, mitsamt den beiden Plätzen, auf denen das Gras wächst, und mitsamt dem Schloss, das langsam abbröckelt. So abgebröckelt es aber auch war und so sehr es auch sein Ziegelsteinskelett unter der zersprungenen Stuckhaut zeigte, so habe ich ihm dank seiner historischen Erinnerungen dennoch einen Besuch abgestattet. Auch wenn es überhaupt keine Erinnerungen bewahrt hätte, die eines Aufenthaltes wert gewesen wären, so bleibt es doch ein Wunder an Ausstattung vom Ende des Jahrhunderts Ludwigs XIV. Das Rastatter Schloss wurde von der Markgräfin Sibylle Augusta erbaut, die eine Frau von großem Geschmack und wunderbarem Geist gewesen sein muss. Wie gerne hätte ich zwei, drei Tage in einem dieser schönen mit Gobelins geschmückten Gemächer zugebracht, um da ganz gemütlich die Briefe der Madame de Sévigné und die Memoiren von Bussy-Rabutin zu lesen! Sie wären einander würdig gewesen, und mir scheint, Bücher und Gemächer hätten dabei nur gewinnen können.

Im übrigen sind außer den Gobelins, dem Porzellan und den Chinoiserien der Markgräfin, die sich auch bei uns in einem Rokoko-Boudoir entzückend ausgemacht hätten, die nicht minder kostbaren Merkwürdigkeiten zu sehen, die ihr Gemahl, Markgraf Ludwig-Wilhelm, gesammelt hat. Es sind seine Beutestücke aus den Türkenkriegen, zwei Zimmer voller Waffen und Fahnen. Ein dritter Raum enthält eine nicht minder merkwürdige Trophäe: es sind vier Bildnisse in natürlicher Größe von den vier Frauen des Paschas, die der Sieger gefangen nach Rastatt verbracht hat. Man versichert, die Markgräfin habe diesen Teil der Beute am allerwenigsten zu schätzen gewusst.

Victor Hugo

Feudal und aristokratisch, deutsch und französisch

Es war zu Kehl vor einem Jahr, wo ich den Rhein zum ersten Male sah, als ich über die Schiffsbrücke fuhr. Die Nacht brach herein, der Wagen ging im Schritt. Ich erinnere mich, dass ich eine gewisse Ehrfurcht empfand, während ich über den Strom setzte. Ich wollte ihn schon lange sehen. Es bewegt mich immer, wenn ich mit solch großen Naturdingen, die zugleich auch große geschichtliche Erscheinungen sind, in Berührung oder gar in Verbindung trete. Dazu kommt, dass fast immer nur, ich weiß selbst nicht warum, die entlegensten Erscheinungen wechselseitige Beziehungen und Anklänge aufweisen. Erinnern Sie sich noch, lieber Freund, an die Rhône im Wallis? – Entsinnen Sie sich noch, mit welchem Wutgebrüll, mit welchem Grollen die Rhône sich in den Abgrund stürzte, während die schwache Brücke unter unseren Füßen zitterte? Seitdem muss ich bei der Rhône immer an einen Tiger denken, der Rhein dagegen erinnert mich an einen Löwen.

Und so blieb es auch, als ich an jenem Abend den Rhein nun wirklich zum ersten Male sah. Lange habe ich diesen stolzen edlen Strom betrachtet, der da so heftig, aber nicht maßlos, so wild und doch majestätisch dahinfloß. Er war hoch geschwollen und sah, als ich über ihn wegfuhr, großartig aus. An den Schiffen der Brücke wischte er sich das gelbe Haar ab, seinen »schlammigen Bart«, wie Boileau sagt. Beide Ufer versanken im Abenddunkel. Sein Gebrause war ein mächtiges und friedliches Gebrüll. Er hatte etwas Meereshaftes an sich.

Ja, mein Freund, das gibt dem Fluss seinen Adel, dass er gleichzeitig feudal und republikanisch, kaiserlich und würdig, deutsch und französisch sein kann. Die ganze europäische Geschichte, von diesen beiden großen Gesichtspunkten aus betrachtet, spiegelt sich in diesem Strome der Krieger und Denker, in dieser herrlichen Welle, die Frankreich begeistert, in diesem geheimnisvollen Gemurmel, das Deutschland besinnlich macht.

Mark Twain

Aber die Bäder sind gut

Es ist ein fades Städtchen, überall trifft man auf leeren Schein, kleinlichen Betrug und Aufgeblasenheit, aber die Bäder sind gut. Ich habe mit vielen Leuten gesprochen, und sie waren sich alle darin einig. Drei Jahre lang hatte ich dauernd rheumatische Schmerzanfälle, aber der letzte verschwand, nachdem ich vierzehn Tage dort gebadet hatte, und ich habe seither nie wieder welche durchgemacht. Ich glaube fest daran, dass ich meinen Rheumatismus in Baden-Baden gelassen habe. Er steht Baden-Baden gern zur Verfügung. Es war wenig, aber mehr hatte ich nicht zu geben. Ich hätte gern etwas Ansteckendes zurückgelassen, aber das lag nicht in meiner Macht.

Es gibt dort mehrere heiße Quellen, und seit zweitausend Jahren sprudeln sie das heilende Wasser in nie versiegendem Überfluss hervor. Dieses Wasser wird durch Röhren in die zahlreichen Badehäuser geleitet und durch Zugießen von kaltem Wasser auf eine erträgliche Temperatur gebracht. Das neue Friedrichsbad ist ein sehr großes und schönes Gebäude, und man kann darin alle möglichen Bäder bekommen, die man sich jemals ausgedacht hat, mit allen Zusätzen von Kräutern und Drogen, die das Leiden des einzelnen erfordert oder die ins Wasser zu geben der Arzt des Etablissements für nützlich erachten mag. Man geht hin, tritt durch die große Tür, bekommt von dem prächtigen Portier eine Verneigung, die einem genau nach Auftreten und Kleidung zugemessen wird, und von dem schlampigen Weib für einen Vierteldollar eine Badekarte und eine Beleidigung, sie läutet eine Glocke, ein Bedienter führt den Gast einen langen Gang entlang und sperrt ihn in ein geräumiges Zimmer, das einen Waschtisch, Spiegel, Stiefelknecht und ein Sofa enthält, und dort zieht man sich in aller Ruhe aus.

Ein großer Vorhang teilt das Zimmer. Man zieht diesen Vorhang zurück und findet eine geräumige, weiße Marmorwanne vor, deren Rand auf gleicher Höhe mit dem Fußboden liegt und in die drei weiße Marmorstufen hinabführen. Diese Wanne ist voll Wasser, das klar wie Kristall ist und eine Temperatur von 28 Grad Reaumur (etwa 34 Grad Celsius) aufweist. Neben der Wanne ist ein bedeckter kupferner Behälter eingelassen, der einige warme Handtücher und ein Laken enthält. Man sieht ganz so weiß wie ein Engel aus, wenn man in diesem klaren Wasser ausgestreckt liegt. Beim ersten Mal bleibt man zehn Minuten lang darin und verlängert dann die Dauer von Tag zu Tag, bis man fünfundzwanzig oder dreißig Minuten erreicht hat. Dabei bleibt man. Die Ausstattung dieses Bades ist so verschwenderisch, der Nutzen so merklich, der Preis so mäßig, und die Beleidigungen sind so gewiss, dass man sehr bald leidenschaftlich am Friedrichsbad hängt und es dauernd unsicher macht.

Wir hatten in Baden-Baden ein schlichtes, einfaches, bescheidenes, gutes Hotel, das Hôtel de France, und neben meinem Zimmer wohnte eine kichernde, gackernde, schnatternde Familie, die immer genau zwei Stunden nach mir zu Bett ging und immer genau zwei Stunden vor mir aufstand. Aber das ist in deutschen Hotels üblich; die Leute gehen allgemein lange nach elf zu Bett und stehen lange vor acht auf. Die Trennwände leiten den Schall wie ein Trommelfell weiter, und jedermann weiß das; aber dennoch macht eine deutsche Familie, die bei Tage ganz Freundlichkeit und Rücksichtnahme ist, nachts offenbar keinen Versuch, dir zuliebe ihre Geräusche zu dämpfen. Sie singen, lachen und sprechen laut und bumsen in ganz herzloser Weise die Möbel herum. Wenn man flehend an die Wand klopft, werden sie einen Augenblick ruhiger und besprechen den Fall leise untereinander – dann fangen sie wie die Mäuse wieder an, einen zu drangsalieren, und zwar so energisch wie vorher. Dafür, dass es so geräuschvolle Leute sind, sind sie grausam spät und früh auf den Beinen.

Wenn man anfängt, die Gewohnheiten von Ausländern zu bemäkeln, wird man natürlich, bevor man noch weit damit gekommen ist, gemahnt werden, vor der eigenen Tür zu kehren. Ich schlage mein Notizbuch auf, um nachzusehen, ob ich noch weitere verwendbare Informationen über Baden-Baden finden kann, und als erstes fällt mein Blick auf folgendes:

»Baden-Baden (ohne Datum). Heute morgen beim Frühstück eine Menge lärmender Amerikaner. Redeten zu jedermann, während sie vorgaben, miteinander zu reden. Offensichtlich auf ihrer ersten Reise. Gaben an. Die üblichen Merkmale – leichte, lässige Hinweise auf weite Entfernungen und ausländische Orte. ›Na, mach's gut, alter Knabe, und wenn ich dich in Italien nicht treffe, stöberst du mich in London auf, bevor du abfährst.‹«

Anton Tschechow

Ein großer Garten, dahinter
waldbedeckte Berge

An M. P. Tschechowa

Badenweiler, 12. Juni 1904

Liebe Mascha, schon den dritten Tag lebe ich an dem mir
bestimmten Platz; hier ist, da Du es wünschst, die genaue Adresse: Deutschland, Badenweiler. Herrn Anton Tschechow,
Villa Friederike.

Diese Villa Friederike steht allein wie alle hiesigen Häuser
und Villen, in einem prächtigen Gärtchen in der Sonne, die
bis sieben Uhr abends leuchtet und wärmt (später gehe ich ins
Zimmer). Wir wohnen hier und bezahlen Pension. Für vierzehn oder sechzehn Mark pro Tag bekommen wir zu zweit
ein Zimmer, das von Sonne übergossen ist, mit Waschtischen,
Betten und so weiter und so fort, mit einem Schreibtisch und
– die Hauptsache – mit dem wunderbarsten Wasser, das wie
Selters ist. Der Eindruck ringsum: ein großer Garten, hinter
dem Garten waldbedeckte Berge, wenig Menschen, auf der
Straße wenig Bewegung; der Weg hinter dem Garten und
hinter den Blumen ist wundervoll, aber heute begann es so
mir nichts, dir nichts zu regnen, ich sitze im Zimmer, ohne
auszugehen, und ich spüre schon, dass ich in etwa drei Tagen
darüber nachdenken werde, wie ich mich aus dem Staube
machen könnte.

Butter esse ich weiterhin in gewaltigen Mengen und ohne
irgendwelche Folgen. Milch vertrage ich nicht. Der hiesige
Doktor Schwoerer (er ist mit der Moskauerin Shiwago ver-

heiratet) hat sich als kundig und ordentlich erwiesen.

Von hier nach Jalta werden wir vielleicht auf dem Seewege über Triest oder über irgendeinen anderen Hafen fahren. Meine Gesundheit bessert sich nicht gramm-, sondern zentnerweise. Zumindest habe ich hier gelernt, wie man sich verpflegen muss. Den Kaffee hat man mir ganz verboten, man sagt, er sei ein Abführmittel. Ich fange schon langsam an, Eier zu essen. Ach, wie die deutschen Frauen sich garstig kleiden!

Ich wohne in der unteren Etage. Wenn Du wüsstest, was hier für Sonne ist! Sie brennt nicht, sie liebkost einen. Ich habe einen bequemen Sessel, im dem ich liege oder sitze.

Eine Uhr werde ich bestimmt kaufen, ich habe das nicht vergessen. Wie ist Mamachens Gesundheit? Schreib mir. Ich grüße sie. Olga geht hier zu einem Zahnarzt, zu einem sehr guten.

Nun, bleibe gesund und froh. Ich schreibe Dir bald noch einen Brief.

Von diesem Papier habe ich sehr viel in Berlin gekauft, Umschläge ebenfalls. Ich küsse Dich und drücke Dir die Hand.

Dein A.

An M. P. Tschechowa

Badenweiler, 16. Juni 1904

Liebe Mascha, heute habe ich von Dir die erste Postkarte erhalten, vielen Dank. Ich lebe unter den Deutschen und bin schon an ihr Zimmer und ihr Regime gewöhnt, aber in keiner Weise kann ich mich an die deutsche Ruhe und Stille gewöhnen. Im Hause und außer dem Hause hört man keinen Ton, nur um sieben Uhr morgens und des Mittags spielt im Garten Musik, teure, aber sehr stümperhafte. Man spürt in nichts auch nur einen einzigen Tropfen Talent, keinen Tropfen Geschmack, aber dafür Ordnung und Redlichkeit im Überfluss. Unser Leben ist weit talentierter, vom italienischen oder französischen ganz zu schweigen.

Meine Gesundheit hat sich gebessert, ich merke beim Laufen nicht mehr, dass ich krank bin, ich gehe ab und zu aus, die Atemnot ist geringer geworden, nichts tut mehr weh, nach der Krankheit ist nur eine sehr starke Magerkeit geblieben; meine Beine sind so dünn, wie sie niemals waren. Die deutschen Doktoren haben mein ganzes Leben umgekrempelt. Um sieben Uhr morgens trinke ich im Bett Tee, aus irgendeinem Grunde unbedingt im Bett, um sieben Uhr dreißig kommt der deutsche Masseur und reibt mich ganz mit Wasser ab, und das ist, wie sich herausstellt, nicht übel; danach muss ich ein wenig liegen, dann muss ich aufstehen und um acht Uhr Eichelkakao trinken und dabei eine große Menge Butter essen. Um zehn Uhr gibt es Haferschleim, durchgeschlagen, ungewöhnlich schmackhaft und aromatisch, mit unserem russischen nicht zu vergleichen. Frische Luft, Sonne, Zeitungslektüre. Um ein Uhr Mittagessen, wobei ich nicht alle Gerichte esse, sondern nur die, welche Olga nach der Vorschrift des deutschen Arztes für mich auswählt. Um vier Uhr wieder Kakao. Um sieben Abendbrot. Vor dem Schlafengehen eine Tasse Erdbeertee – das ist für den Schlaf. In allem ist viel Quacksalberei, aber vieles ist tatsächlich gut und nützlich, wie zum Beispiel die Hafersuppe. Von den hiesigen Haferflocken werde ich welche mitnehmen. […]

Schreib öfter. Sag auch Wanja, dass er schreiben soll. Bleibe gesund und glücklich, ich küsse Dich.

Dein A.

Meine Adresse: Deutschland, Badenweiler, Herrn Anton Tschechow. Das genügt.

Ernest Hemingway

Einreise nach Deutschland

2. Mai 1923

Der Mitternachtszug von Paris lief im kalten Milchmanns-
und Straßenkehrer-Morgengrauen in Straßburg ein. Die Rou-
leaus der Geschäfte wurden gerade hochgezogen. Einen An-
schluss nach Deutschland gab es nicht. Der Schnellzug nach
München? Der Orient-Express? Der durchgehende Zug nach
Prag? Sie waren alle schon durch. Der Gepäckträger sagte mir,
dass ich mit der Straßenbahn bis zum Rhein hinunterfahren
und dann zu Fuß über die Brücke nach Deutschland gehen
könnte. In Kehl könnte ich einen Militärzug nach Offenburg
nehmen. Früher oder später werde vielleicht auch ein Zug
nach Kehl gehen, keiner könne es sagen, aber die Straßenbahn sei das beste.

Die Straßenbahn ratterte durch die krummen Straßen von
Straßburg und den frühen Morgen. Auf dem vorderen Perron
tat sich ein kleines Klappfenster auf, durch das der Schaffner
einen Franc für mich und meine beiden Koffer kassierte. Es
gab hochgiebelige Fachwerkhäuser. Der Fluss wand sich
hin und her durch die Stadt, und jedes Mal, wenn wir ihn
kreuzten, sahen wir die Angler am Ufer. Es gab breite, neue
Straßen mit deutschen Geschäften, großen Schaufenstern und
neuen französischen Namen über der Tür. Die Schlachter
machten ihre Läden auf, und ihre Gesellen hängten ausge-
schlachtete Rinder und Pferde neben die Ladentüren. Ströme
von Marktwagen kamen vom Land herein, und die Straßen

232

wurden gespült und gewaschen. In einer Seitenstraße kam die große Kathedrale aus rotem Stein in Sicht. Ein Schild verbot auf französisch, ein zweites auf deutsch, mit dem Fahrer der Straßenbahn zu reden, und der Straßenbahnführer redete Französisch und Deutsch mit seinen Freunden, die aufsprangen, während er seine Schalthebel bediente und unsere Fahrt in den engen Straßen und zur Stadt hinaus bremste oder beschleunigte.

Auf dem flachen Gelände, das sich zwischen Straßburg und dem Rhein hinzieht, fuhr die Straßenbahn an einem Kanal entlang, den ein großer, stumpfnasiger Flusskahn mit dem Namen *Lusitania* am Heck heraufgetreidelt wurde. Zwei Pferde zogen den Kahn. Die beiden Kinder des Schiffers saßen auf den Pferden. Der Frühstücksrauch stieg aus dem Küchenschornstein, und der Schiffer stützte sich auf den Besen. Es war ein hübscher Morgen.

Die Straßenbahn hielt vor der hässlichen Eisenbrücke, die über den Rhein nach Deutschland führt. Wir stiegen alle aus. Während sich voriges Jahr im Juli bei jeder Straßenbahn eine Menschenmenge gebildet hatte, als gäbe es ein Hockeymatch, waren wir diesmal nur zu viert. Ein Gendarm kontrollierte die Pässe. Meinen machte er nicht einmal auf. Ungefähr ein Dutzend französische Gendarmen standen herum. Einer von ihnen kam auf mich zu, als ich gerade meinen Koffer über die Brücke und den gelben, hochgehenden, schmutzigwirbelnden Rhein tragen wollte. Er fragte: »Wieviel Geld haben Sie bei sich?«

Ich sagte ihm, ich hätte 125 Dollar *americain* und gegen hundert Francs bei mir.

»Zeigen Sie mir bitte Ihre Brieftasche.«

Er sah hinein, grunzte und gab sie zurück. Die Fünfundzwanzig-Dollar-Noten, die ich mir in Paris besorgt hatte, um sie gegen Mark einzutauschen, machten ihren Eindruck.

»Keine Goldmünzen?«

»Mais non, monsieur.«

Er grunzte wieder, und ich ging mit meinen zwei Koffern durch den Drahtverhau, vorbei an den beiden französischen Wachsoldaten in ihren blauen Stahlhelmen und mit ihren langen, dünnen Bajonetten und über die lange eiserne Brücke nach Deutschland.

Deutschland wirkte nicht sehr vergnügt. Auf der Auffahrt zur Brücke wurde eine Herde Rinder in einen Viehwagen verladen. Die Rinder gingen zögernd voran, peitschende Schwänze, Hiebe gegen die Beine. Neben der Auffahrt stand eine lange Holzbaracke. Sie hatte zwei Eingänge. Über dem einen stand »Nach Frankreich«, über dem anderen »Nach Deutschland«. Ein deutscher Soldat saß auf einem leeren Benzinfass und rauchte eine Zigarette. Eine Frau in einem enormen schwarzen Federhut und mit einer erstaunlichen Sammlung von Hutschachteln, Paketen und Koffern wartete gegenüber der Rinder-Verladestelle. Ich nahm ihr drei Gepäckstücke ab und trug sie zum Eingang »Nach Deutschland«.

»Fahren sie auch nach München?« fragte sie und puderte sich die Nase.

»Nein, nur bis Offenburg.«

»Schade. Es geht nichts über München. Sie waren nie dort?«

»Nein, noch nicht.«

»Fahren Sie gar nicht erst woanders hin, ich sage es Ihnen. Es geht nichts über München. Alles andere in Deutschland ist Zeitverschwendung.«

Ein grauhaariger deutscher Zollbeamter fragte mich, wohin ich wollte und ob ich etwas zu verzollen hätte. Er winkte ab, als ich ihm meinen Pass geben wollte.

»Zum Bahnhof gehen Sie die Straße hinunter.«

Der Bahnhof von Kehl war die wichtige Grenzstation auf der direkten Linie Paris-München gewesen. Jetzt stand er leer, die Schalterfenster waren geschlossen. Alles verstaubt. Ich ging hindurch. Auf dem Bahnsteig fand ich vier französische Soldaten vom 170. Regiment, feldmarschmäßig, mit aufgepflanztem Bajonett.

Einer von ihnen sagte mir, um 11 Uhr 15 ginge ein Zug nach Offenburg, ein Militärzug. Es war eine halbe Stunde bis Offenburg, aber dieses komische Ding brauchte zwei Stunden. Er lachte. Monsieur kam aus Paris? Was hielt Monsieur vom Boxkampf Criqui gegen Zjawnny Kilbane? Richtig. Das war auch seine Meinung. Er hatte immer geahnt, dass dieser Kilbane kein Dummkopf sei. Der Dienst? Ach, überall dasselbe beim Militär. Es war ganz egal, was man machte. Noch zwei Monate, dann hatte er es hinter sich. Monsieur hatte diesen Kilbane boxen sehen? Schade, dass er nicht dienstfrei hatte, sonst hätte man sich ein bisschen unterhalten können. Der Wein im Wartesaal war nicht schlecht, aber er war ja im Dienst. Zum Wartesaal ging es den Korridor hinunter. Monsieur kann sein Gepäck hier lassen, das geht schon in Ordnung.

Im Wartesaal war ein traurig aussehender Kellner in schmutzigem Hemd, den Smoking voller Suppen- und Bierflecke. Es gab eine lange Theke, und an einem Tisch in der Ecke saßen zwei vierzigjährige französische Secondelieutenants.

Ich grüßte beim Eintreten, und sie grüßten zurück.

Der Kellner sagte: »Nein, Milch haben wir nicht. Sie können schwarzen Kaffee haben, aber es ist Ersatzkaffee. Das Bier ist gut.«

Der Kellner setzte sich zu mir. »Nein, kein Mensch kommt mehr her. Die Leute, die Sie im Juli gesehen haben, dürfen nicht mehr kommen. Die Franzosen geben ihnen keine Grenzausweise mehr nach Deutschland.«

Ich fragte: »Alle die Leute, die zum Essen herüberkamen, kommen nicht mehr?«

»Kein Mensch. Die Kaufleute und Gastwirte in Straßburg haben sich beschwert. Die Leute kamen herüber, um billig zu essen. Jetzt können sie in Straßburg keine Grenzausweise mehr bekommen.«

»Und was ist mit den Deutschen, die in Straßburg gearbeitet haben?«

Kehl war eine Vorstadt von Straßburg vor dem Friedensschluss, und alle ihre industriellen und Geschäftsinteressen waren die gleichen. »Das ist vorbei. Kein Deutscher bekommt einen Ausweis über den Fluss. Sie könnten womöglich billiger arbeiten als die Franzosen. So verhält sich das jetzt. Bei uns sind die Fabriken alle geschlossen. Keine Kohlen. Keine Eisenbahnzüge. Dabei war dies früher eine der größten Bahnstationen, mit dem meisten Verkehr. Jetzt – nichts. Keine Züge, nur Militärzüge, und die fahren, wann es ihnen passt.«

Vier Poilus kamen herein und stellten sich an die Theke. Der Kellner begrüßte sie erfreut auf französisch. Er schenkte ihnen Most ein, golden, wolkig in den Gläsern. Dann kam er zurück und setzte sich wieder.

»Wie kommen Sie jetzt in der Stadt mit den Franzosen aus?«

»Keine Schwierigkeiten. Es sind gute Kerle, auch nicht anders als wir. Manchmal wird einer frech, aber sie sind gute Kerle. Es gibt keinen Hass, nur bei den Schiebern. Die haben was zu verlieren. Wir haben nicht viel Spaß gehabt seit 1914. Wenn Sie ein bisschen Geld haben, hilft es Ihnen auch nichts. Sie können es nur ausgeben, und das machen wir jetzt. Eines

Tages ist es vorbei, aber keiner weiß wie. Voriges Jahr hatte ich das Geld zusammen für eine Gastwirtschaft in Hornberg. Jetzt bekäme ich für das Geld nicht einmal mehr vier Flaschen Sekt.«

Ich sah zur Wand hin, wo die Preise standen:

Ein Glas Bier	350 Mark
Ein Glas Rotwein	500 Mark
Ein Wurstbrot	900 Mark
Mittagessen	3 500 Mark
Eine Flasche Sekt	38 000 Mark

Mir fiel wieder ein, dass meine Frau und ich im vergangenen Juli für einen ganzen Tag in einem Luxushotel 600 Mark bezahlt hatten.

»Klar«, fuhr der Kellner fort, »ich lese die französischen Zeitungen. Deutschland entwertet die Mark, um die Alliierten übers Ohr zu hauen. Aber was habe ich davon?«

Draußen gab es jetzt einen schrillen Pfiff. Ich zahlte, gab dem Kellner die Hand und grüßte die beiden vierzigjährigen Offiziere, die jetzt »Dame« spielten an ihrem Tisch, und ich ging hinaus, um den Militärzug nach Offenburg zu nehmen.

Wolfgang Koeppen

Noch immer blinkt der Rhein

Das letzte Quartier auf deutscher Seite war Offenburg. Noch immer ist die Stadt großherzoglich badisch und kaiserlich napoleonisch geprägt, sie ist deutsch-französisch und französisch-deutsch, eine deutsche Garnison französischer Truppen, ein Klein-Europa und doch eine verträumte Provinzstadt voll Schwarzwaldduft und Wind aus den Vogesen. Im alten renommierten Hotel hingen von der Zeit freundlich gedunkelte Bilder der Landesfürsten und vergilbte graue Stiche vom Einzug Ludwigs XV. in Straßburg. Ein Marsfeld, Zelte, Wimpel, Reiter, Triumphbögen und viel Volk feierten den Vielgeliebten, den gottgleichen Verspieler und Zerstörer des Ancien régime, der weißen Königslilie, des großen französischen Zeitalters, der nie untergehen sollenden Sonne der Bourbonen über einer höflichen, adligen Welt französischer Kultur. Auch das Straßburger Münster war in den traditionsbehangenen Gängen des Hotels in Offenburg in alten Darstellungen zu sehen und sprach von Goethe und deutscher Baukunst und von Fausts beunruhigenden Zaubereien.

Schon der Grenze zu verwandelte sich die Landschaft in den erträumten Garten. Die Luft schien weicher, die Lebensauffassung leichter zu werden. Die Dörfer gaben sich bourgeois. Ihre Häuser waren behäbig und doch schön gegliedert, Fachwerkbauten alemannischer, elsässischer Urbanität. Sanftmütige Ochsen zogen die Einheimischen und ihre Ackerwagen gemächlich aufs zu bestellende Feld. Der Weg schlängelte in freundlichen Windungen. Deutsche Wirtschaftswunder-automobile brummten, in ihrer Schnelligkeit gedrosselt, vor Kraft und vor Ungeduld. Wollten sie die ihr geschäftiges Tempo hindernde Idylle fressen, oder drängte es sie so sehr zu Frankreichs Freuden?

Passkontrolleure und Zöllner näherten sich freundlich der motorisierten Invasion, atmeten leichthin, lächelten entschuldigend für ihr zurückgebliebenes Tun, sie hatten die Mär vom vereinten Europa vernommen, sie hatten Verordnungen über den Gemeinsamen Markt empfangen, sie dachten vielleicht an die bedrohte oder strahlende Zukunft, vergessen waren alle Toten diesseits und jenseits des Rheins, und die Schranken bäumten sich auf wie steife alte Zöpfe. Die Kehler Brücke knüpfte sicher das Band der Montanunion. Auf dem Wasser glitten kohlebeladene Kähne von Zeche zu Zeche, von unab-getragener zu getürmter Halde, stromauf- und stromabwärts, wie ein zwischen den Nachbarn hin- und hergeschobener Schwarzer Peter, während am französischen Ufer Rohre genietet wurden, das Erdgas von Lacq, den gefundenen, das Öl der Sahara, den gefährdeten Schatz heranzubringen, und die blanken Röhren zielten wie unheimliche Geschütze des unaufhaltsamen menschenbeglückenden Fortschrittes graden Wegs auf das sich allzu sicher wähnende Ruhrrevier.

Johann Wolfgangs Wirtshaus »Zum Geist« gab es nicht mehr, aber noch immer lag Straßburg im Schatten seines Münsters, alle Wege und selbst Einbahnstraßen und Ampel führten dorthin. Der Blick des Automobilisten wurde, wie eh und je das Auge des Wanderers, zum Himmel gelenkt, der Mann am Steuer der Maschine war in Gefahr, auf der Erde zu verunglücken, aber für einen Augenblick überwältigte ihn mit dem Anblick der steilen Fassade der schmerzlich-schöne, der hoffnungsvoll hoffnungslose Traum der Gotik, der Schrei nach dem Unbedingten, das Verlangen nach dem Gesetz, der Ruf nach Gott. Französische Kaffeehausterrassen, deutsche Autobusse, Allerweltsandenkenläden, Postkartenstände, Touristenschwärme zogen das Absolute ins Unverbindliche herunter. Im Innern des Domes glühte ein großes Radfenster wie die Sonne des Jüngsten Tages. Entsetzen und Glück des Endes brannten in mittelalterlichen Flammen, und der unterrichtete Kinobesucher dachte vielleicht an die Sonne der Wissenschaftler über der Wüste von Nevada, über dem Atoll von Bikini und jedem Haupt. Wenn Wolken das Licht mildern, ist das Münster ein düsteres Haus, dessen Strebepfeiler sich in der Höhe in einem Labyrinth zu verlieren scheinen. Die rundwandelnden Besucher verwandeln sich dann in Bewohner dantischer Höllen. Eine Schulklasse junger Mädchen saß auf den Betstühlen, schrieb Kartengrüße und klammerte sich so mit gebildeter Hand an das Leben, während die jungen Haare, die getürmten Modefrisuren, die gestriegelten Pferdeschwänze, die kunstvollen Locken in apokalyptischer Dämmerung zu vergehen schienen. Die berühmte astronomische Uhr schlug unheilvoll die Stunde, der Tod triumphierte über die Zwölf Apostel, und der Hahn des Petrus behielt mit seinem Krähen das letzte Wort. Von der Plattform des Turmes hat man noch immer Goethes Blick auf die ansehnliche Stadt, auf die wettergebleichten roten Schindeldächer, die bürgerliche Welt der Schornsteine, der spitzen Giebel und der Wetterfahnen, noch immer grünen ringsum bäuerliche Auen, von Wipfelalleen durchzogen, noch immer blinkt der Rhein, glitzert die Ill, noch immer spürt man die alte Lust, das die Brust weitende Entzücken, hier zu sein.

Gegen Mittag läuft der Verkehr wie eine Sturmflut durch enge Straßen. Polizisten ertrinken in der Woge, die die Dämme der alten Häuser zu sprengen scheint. Wunderbar ramponierte und herrlich neue Automobile, flitzende, klingelnde, mit halber Pferdestärke brummende Fahrräder, revolutionäre Rollkragenpullover und konservative Schneiderkünste am Lenkrad, nackte Knie der Mädchen und bedeckte Knöchel der Priester über blitzenden Pedalen! Nach einer Viertelstunde herrscht Stille. Die Straßen sind leer, die Läden sind geschlossen, die Stadt wirkt wie ausgestorben, und aus Pforten und Fenstern riecht es nach Essen. Es ist die heilige Stunde des Mittags. Frankreich speist; und ein Lob seinen Königen, allen Hühnern im Topf und dem guten General de Gaulle!

Beim alten Weinhändler sehen die Franzosen wie ein Volk von Feinschmeckern aus. Männer, Frauen, die lüstern den Mund öffnen. Man blickt gierig auf den Teller. Das Sauerkraut ist mäßig, der Schinken ist versalzen, das geschmorte Kaninchen hat sich mit schlechtem Fett vermählt, der rote Wein ist die beizende Rache Algeriens am französischen Mutterland, aber man tafelt mit guten Manieren und betonter Genüsslichkeit, als hätte jeden die Sage von der guten französischen Küche um den Verstand gebracht. Allein die altklugen Hunde der Rentiers, die weißen Spitze, schauen den Essenden misstrauisch zu und scheinen sich besserer Zeiten, schmackhafterer Gerichte zu entsinnen. Gegen drei Uhr flutet der Verkehr zurück. Frankreich arbeitet wieder. Die Rollläden gehen hoch, die Geschäfte werden getätigt, die Schreibmaschinen klappern.

In dem kleinen Hotel am Alten Kirchplatz herrschte ein junger Manager. Sein Schnurrbart war französisch, sein Sinn amerikanisch, sein Bürstenhaarschnitt konnte der Stil der École Polytechnique sein oder schon aus dem wirtschaftswissenschaftlichen Seminar von Harvard stammen. Der junge Mann war von froschkalter Höflichkeit, von einem feuchten, grünen Charme, seine Rede plätscherte erst französisch, dann deutsch; sie floss in beiden Sprachen gleichermaßen glatt und unverbindlich. Im alten Haus war alles modernisiert, Wasserleitungen und elektrische Drähte waren noch gallisch unbekümmert, unverkleidet und unisoliert durch die Zimmer gezogen, aber die Zapfhähne und die Schalter in Weißmetall wie Düsenflugzeugeinrichtungen passten merkwürdig zu dem breiten raumbeherrschenden Bett und den gar nicht versteckten intimen Wascheinrichtungen des alten guten Frankreich, dem selbstverständlich zur Verfügung gestellten Mobiliar der Leidenschaft wie des vernünftigen Ehestandes.

Die Gasse, auf die ich blickte, war schmal. Mir gegenüber lag das Büro einer Versicherungsgesellschaft. In Deutschland wäre es ein neuer Palast und ein heller Saal gewesen, hier bot sich dem Auge ein unter der Jahre Last gesenktes Gebäude und fast ein Salon. Die Neonröhren hingen unter einer Stuckdecke, die noch von einem Kronleuchter träumte. Im bleichen Licht saßen zehn junge Französinnen hinter elektrischen Rechenmaschinen und versuchten, das Leben, das Unglück und den Tod in eine einträgliche Gleichung zu bringen. Zuweilen blickten die zehn jungen Schicksalsgöttinnen von ihrer Arbeit auf und zu den Hotelgästen wie zu einem Schauspiel hinüber. Man fand sich wechselseitig komisch und sympathisch; man lächelte und winkte einen Gruß. Die Rechnung mit dem Tode wurde konfus. So könnten Romane anfangen; französische Romane, natürlich sehr sittsame Geschichten.

Gustav Landauer

Das glückhafte Schiff

Ich muss wieder bitten, dass Sie den Atlas zur Hand nehmen.
Politik = Geographie + Geschichte; anders kann ich nichts
Vernünftiges darunter verstehen. Schlagen Sie also die Karte
auf […].

Elsaß und Lothringen ist ein aus Deutschen und Franzosen gemischtes Gebiet, seit über einem Jahrtausend strit-
tig, Grund zu wilden Kriegen, hin und her geschoben und
nie zur Ruhe gekommen. Der französisch-deutsche einheitliche Menschenschlag des Elsaß gehört seiner Volks-
beschaffenheit nach durchaus zu den Schweizern. Diese
Einheit, die gefühlt wurde, gleich viel ob französische oder
Reichsherrschaft im Lande war, kommt zum schönsten
Ausdruck in dem Wahrzeichen des glückhaften Schiffs,
das an einem Tag von Zürich nach Straßburg ruderte und
einen Hirsebrei, der in Zürich gekocht und dann aufs Schiff
gebracht war, noch warm den Straßburgern übergab. Der
Meister Johann Fischart hat diese Fahrt zum ewigen Gedächtnis in ein Gedicht gebracht, in dem aufs trefflichste
zum Ausdruck kommt, dass Volksgemeinschaft nicht zustande kommt durch Kriegsgewalt und Tyrannenlaune, so
wenig wie diese die Natur bezwingen können, sondern dass
es Arbeit und freundwillig hilfsbereite Nachbarschaft sind,
die über feindliche Naturmächte siegen und Völker und
Gemeinden zu eins schmieden.

Man liest von Xerxes dem Beherrscher
Des Aufgangs und der edlen Perser,
Welcher neunhunderttausend Mann
Führet wider die Griechen an,
Daß, als er hätt' zu Meer gestritten
Und sehr großen Verlust erlitten,
Da ward er so ergrimmet sehr,
Daß er ließ geißelen das Meer
Und warf Ketten drein, es zu stillen
Und es zu fesseln nach seim Willen.
Aber was half ihm dieser Hohn?
Soviel als nichts, er floh davon.

So hebt Fischart an, um gleich zu zeigen, wie die Wut des
Gewalttätigen ohnmächtig ist gegen die Natur. Aber Arbeit
und gegenseitige Hilfe der Menschengemeinde schafft eine
zweite Natur, die es mit der ersten aufnehmen kann.

Denn nichts ist also schwer und scharf,
Das nicht die Arbeit unterwarf,
Nichts kann kaum sein so ungelegen,
Welches nicht die Arbeit bring zuwegen.

So sind für diesen kernhaften Dichtersmann und ehrenfesten
Bürger Zürich und Straßburg, die Schweiz und der Elsaß von
altersher in Treuen durch Arbeit und Freundschaft miteinander verbunden; und wie das Schiff, das aus der Limmat in
die Aare gefahren war, nun in den Rhein einbog, da brauste
der Fluss in starker Freude auf, und der Vater Rhein rief aus
den Wellen:

Frisch dran, ihr liebe Eidgenossen,
Sprach er, frisch dran, seid unverdrossen,

Also folgt eueren Vorfahren,
Die dies taten vor hundert Jahren!

Vor hundert Jahren, – in der Schlacht von Murten nämlich im
Jahre 1476, wo die Gewaltherrschaft Karls des Kühnen, des
Herzogs von Burgund, unter dem Ansturm der vereinigten
Elsässer und Schweizer den ersten Stoß erhielt, bis sie ein Jahr
darauf bei Nancy auch in Lothringen und den Niederlanden
zusammenbrach und der Tyrann, der gewalttätig durchsetzen
wollte, was nur die geeinigte Volksnatur schaffen kann, den
Tod fand.

Ihr sucht die alt Gerechtigkeit,
Die eure Alten han bereit,
Dieselbig will ich euch gern gonnen,
Wie es die Alten han gewonnen,
Ich weiß, ich werd noch oftmals sehn
Solches von euern Nachkommen gschehn.
Die Arbeit trägt davon den Sieg
Und macht, daß man hoch daherflieg
Mit Fama, der Ruhmgöttin herrlich,
Denn was gschieht schwerlich, das wird ehrlich.

Herrliche Worte lässt Fischart den Vater Rhein sagen zum
Ruhm der Arbeit, die Völkerbünde schafft und Natur und
Gewalttat überwindet; und wie die Philologen nicht verstanden haben, dass Fischart an die revolutionäre Kampfgenos-
senschaft der Schweizer und Elsässer »vor hundert Jahren«
erinnert (sie haben gemeint, er denke an eine frühere Fahrt zu
einem Schützenfest; ja freilich, ein Schützenfest sonderlicher
Art war sie, die Freiheitsschlacht bei Murten!), so werden wir
wohl besser als philologische Deuter die Allegorie der gleich
folgenden Verse verstehen:

Mit solchen Leuten soll man schiffen
Durch die Meerwirbel und Meerriffen,
Mit solchen fürcht man kein Meerwunder
Und kein Wetter, wie sehr es tunder,
Mit solchen darf man sich vermessen,
Daß einen fremde Fisch nicht fressen,
Denn diese alles überstreiten
Durch ihr unverdrossen Arbeiten.

Wir können wissen, wer die Meerwunder und die fremden Raubfische sind, gegen die die Arbeit obsiegt, wenn wir daran denken, dass diese Dichtung entstand in der Zeit, wo das revolutionär-republikanische Bürgertum sich der absoluten Fürstenmacht erwehrte, wo die Freiheitskämpfe in England, Frankreich und den Niederlanden ausgefochten wurden.

Haltet zusammen in Arbeit, ihr Schweizer und Elsässer, ruft Fischart ihnen zu, wie es die Wassergeusen in den Niederlanden getan haben!

Da haben wir wieder, wie von selbst stellt sie sich ein, die Linie, die vom Mittelmeer zur Nordsee führt, das Band zwischen der Schweiz und dem Elsaß und den Niederlanden. Lothringens und Luxemburgs Bewohner verbinden in langsamem und allmählichem Übergang die oberdeutsch-französischen Schweizer und Elsässer mit den niederdeutsch-französischen Belgiern und Holländern.

Man muss mindestens bis zur Zeit Karls des Großen und seiner Nachfolger, also um mehr als tausend Jahre zurückgehen, um erstmals die Zusammengehörigkeit der Völker dieses langen Landstreifens zu finden. Damals sollte dieser Staat vom Mittelmeer zur Nordsee als eine politische Selbständigkeit zwischen Frankreich und dem Deutschen Reich bestehen. Und immer wieder wurden die Länder zerrissen, die französischen Könige, die deutschen Kaiser, die Habsburger zerrten herüber und hinüber, und der großartig gewalttätige Versuch Karls des Kühnen, Großburgund neu zu schaffen, scheiterte zumeist an der Freiheitskraft der Völker selbst.

Und doch – was haben, zwar freilich nicht die Herrscher, was haben jedoch trotz alledem die Völker, was hat die Geschichte zustande gebracht?

Die Schweizer Eidgenossenschaft hat sich Freiheit und Selbständigkeit erkämpft und bis heute behauptet; die Niederlande haben sich der habsburgisch-spanischen Gewaltmacht entrissen und die erste Republik des modernen Europa gegründet. In all den Wechselfällen der Geschichte sind sie doch immer selbständig und relativ frei geblieben, wenn sie auch zurzeit konstitutionelle Monarchien sind. Die Schweiz, Belgien, Holland sind neutrale Staaten und wären alle drei dem Schlag ihrer Völker nach weitaus freiere und sozialere Volksverbände, wenn sie nicht sich aus Furcht vor den Militärmächten, vor allem dem Deutschen Reich, selbst den Militarismus und vielfache Knechtschaft aufgelegt hätten.

Wie seltsam aber! Elsaß und Lothringen, die das natürliche Bindeglied, im Süden nach der Schweiz, im Norden nach den beiden Niederlanden hin sind, diese beiden Länder sind zwar durch den Reunionskrieg vom Herbst 1870 wieder einmal Glieder des Deutschen Reiches, der am meisten auf Gewalt und Disziplin beruhenden Militärmacht Mitteleuropas geworden, aber sie sind trotzdem heute der freieste Staat Deutschlands mit der demokratischsten Verfassung und dem entschiedensten Parlament und vor allem mit dem Volk, das am ehesten darauf aus ist, Selbstbestimmung zu üben.

Man nehme noch einmal die Karte, diesmal die Deutschlands zur Hand und lasse sich von der Geographie handgreiflich zeigen, wie die Freiheit im Deutschen Reich vom Westen her kommt und nach Osten zu immer mehr abnimmt. Elsaß-Lothringen, Baden, Hessen, Rheinland, Württemberg, das sind die Länder, die entschiedene Einflüsse von Frankreich, den Niederlanden und der Schweiz empfangen, wie man eben darum Einflüsse nimmt und gibt, weil man von Haus aus ähnlich ist. Die alte Regel: Similia similibus oder Gleich und Gleich gesellt sich gern. Man nimmt stets voneinander, weil man zusammenpasst; und man passt immer enger zusammen, weil man immer mehr voneinander nimmt. Und so entsteht immer, was man eine Wechselwirkung, besser eine Gemeinschaft nennt. [...]

Wunderschön und innig wahr ist das Bild, das Fischart für die Gegenseitigkeit geographischer Nachbarn gibt, die zueinander passen und voneinander nehmen:

> Hier sieht man, warum Gott die Flüß'
> Geschaffen hat, nur darum gewiß,
> Damit man durch ihr Mittelweg
> Nachbarschaft besuch, halt und pfleg:
> Wie man denn liest, daß ob den Bronnen
> Und den Bächlein sich hab angesponnen
> Der Menschen erstlich Nachbarschaft,
> Daraus kam Sippschaft, Schwägerschaft,
> Und folgends Dörfer, Flecken, Städt',
> Wie es noch gibt die täglich Red',
> Daß man spricht: Wir sind Nachbarn nach,
> Wir schöpfen Wasser aus einem Bach,
> Und Gott geb, daß die Nachbarschaft
> So lang in Freundschaft bleib verhaft,
> Solang die Ström' zusammenfließen
> Und untereinander sich begrüßen!

[...]

Damit aber diese neuen, in der Geschichte seit Jahrhunderten angelegten Völkerverbände zum Segen der ganzen Menschheit, zur Vorbereitung der wirklichen Menschheit kommen können, gilt es allerdings, entschieden und unverblümt allen Menschen, die es angeht, von den Wirklichkeiten zu reden, die sich langsam angebahnt haben. Alle Völker Europas gehen die Tatsachen und Zusammenhänge an, die heute kaum von einem beachtet werden und darum in dieser Betrachtung an ihre Stelle gerückt werden sollen. Die Völker Europas sollen bedenken, was für ein unnennbarer Schaden ihnen allen, zumal in ihrem innern Leben durch den Krieg geschieht, der seit zweiundvierzig Jahren zwischen Deutschland und Frankreich um Elsaß-Lothringen tobt und den man bewaffneten Frieden nennt. Nenne man die Dinge nur beim rechten Namen und gestehe man sich die Wahrheit ein: seit über tausend Jahren geht zwischen Frankreich und dem Deutschen Reich der kriegerische Zank um die Länder zwischen der Schweiz und den Niederlanden, wie er Jahrhunderte hindurch auch um die Schweiz und die Niederlande getobt hat und wie er heute noch die Freiheit eben dieser Länder bedrückt und bedroht. Wer da glaubt, der Frankfurter Frieden habe diesem Streit ein Ende gemacht und könne mehr als eine flüchtige Episode sein, leidet bedauerlich an durch Chauvinismus erzeugter geschichtlicher Kurzsichtigkeit. [...]

René Schickele

Der Rhein schlägt die Trommel zur europäischen Reveille

In Appenweier fallen, den Zug entlang, die Fenster. Köpfe und Arme quellen wie aus den Löchern eines Kellers. Stücke Antlitz, Stücke Körper sind nach Westen gedreht. Eine Hand deutet verschwimmend dorthin, wo das Straßburger Münster mit senkrechtem Riegel den Horizont verschließt.

Ein Tor ist da, gegen das zwei Minuten lang ohnmächtige Herzen pochen.

Ein Grab ist da, das keine Beschwörung öffnet.

Die Maschine lässt prasselnd Dampf ab: Dröhnen von klopfenden Herzen in einer Höhle erfüllt mich. Sie pfeift, da tritt Stille ein.

Stücke Antlitz, Stücke Körper zerbröckeln. Der Streifen menschlichen Glanzes, auf Gesichtern, in Gebärden versprengt, dieser Gegenhorizont aus dem Keller vor dem andern, den das Münster versperrt, löst sich auf.

Die heraufgezogenen Fenster funkeln bös.

Der Zug in seiner ganzen Länge verschließt sich der Ebene, dem Himmel.

Vor der Festung am Horizont fährt langsam ein Panzerzug vorbei.

Ich lasse mich westwärts treiben in einem Züglein, das ferienhaft bummelt, durch das gesegnete Hanauer Land, wo auf Höfen, blank wie ein Tischtuch am Sonntag, hohe, schmalgeschnittene Bauern sitzen, ich fahre durch den Vorgarten des Elsaß, aber mir ist bang zumut.

Kehl ist ein ramponierter Spucknapf. Wie kam diese märkische Amtsstadt an den Rhein? Aber sie hat ihre Verdienste. Hierher flüchteten die Enzyklopädisten mit ihren Büchern vor der Zensur.

Viel Soldaten in Horizontblau. Sie geben sich adrett und ahnungslos. Jeden Marokkaner grüße ich mit einem Lächeln, um für mein Teil gut zu machen, dass wir, das Kainsvolk der Weißen, die Unschuldigen in unsere Händel gezogen haben. Ihre Offiziere führen sagenhafte Gestalten in kurzen Haaren und kurzen Röcken spazieren.

Mit eisernem Joch öffnet sich die Brücke. Gewaltig rollt der Rhein. Er schlägt die Trommel zur europäischen Reveille. An den Ufern, auf den kleinen Treppen, im Wasser wimmelt meine Jugend in hundert Gestalten, als sollte ein Film von ihr gemacht werden. Alle meine Freunde sind hier versammelt und die Bücher, die ich gelesen, und die Bilder, die ich gesehen, und die Konzerte, die ich gehört habe. Alle Reisen begannen und endeten hier. Hier habe ich mich freigeschwommen als Junge, zum erstenmal mit einer leibhaftigen Frau gebadet, als es dämmerte im Juli, und mein erstes Gedicht – ein deutsches – plötzlich am Weg gefunden. Einen ganzen westeuropäischen Kongress für die Sicherung des Weltfriedens habe ich hier in die Schwemme geführt, jemand sprach von ›unserm Ganges ...‹; paar Jahr darauf rückten die Menschenfreunde einander mit Donnerbüchsen auf den Leib. In der Mitte des Stroms, es war Hochwasser, und die Schnellen verwirbelten sich, fiel den Ernst Stadler ein Krampf an, wir nahmen ihn zwischen uns, brachten ihn, zwei Kilometer tiefer, ans Ufer. Dann schossen sie ihn bei Ypern tot ...

Der Zionswächter, der meinen Pass abschreibt, spricht elsässisch. Der Zollbeamte am andern Ufer auch. Der Schaffner der Elektrischen will ein französisches Sprachexamen bei mir ablegen; ich entbinde ihn davon, und er verweigert mir das Trinkgeld, als wäre ich ein Familienmitglied. An den Haltestellen spielen Kinder, sie haben Honig auf den Wangen und auf den Stirnen ein Licht. Der Kontrolleur, der unterwegs einsteigt, genießt die allgemeine Achtung. Gemurmel der Ehrerbietung begleitet seinen Abstieg vom Wagen. Hier ist Ordnung noch beliebt. Die Hand, die er dankend ans Käppi führt, öffnet seine Bonhomie in ihrer Höhe und Breite wie einen altertümlichen Schrank, in dem es von Sauberkeit funkelt. Mir ist, als blätterte ich in einem Märchenbuch. Acht Jahre habe ich die Rheinstraße nicht gesehen. Das Kehler Tor und der Festungswall sind weg, der Metzgerplatz hat einen klangvollen Namen, nein, er hat wirklich an Klang und Widerhall gewonnen. Ich weiß nicht, warum ich schon als Knabe davon überzeugt war, dass ›der Knabe, der das Alphorn blies‹, über dem Metzgerplatz in die Stadt gekommen sei. Auch wenn ich *Straßburg, o Straßburg, du wunderschöne Stadt* singen höre, sehe ich gleich den Metzgerplatz, von dem man über den Rhein nach Kehl radelt, und die schmale Gasse zur Rabenbrücke, wo der Münsterturm aus den Dächern in den Himmel springt, als habe plötzlich jemand den Hahn eines Springbrunnens geöffnet. Ich blicke ihn argwöhnisch an, ob er nicht gleich zurücksinken wird. Er verweilt steil und strahlend; ich fühle mich geborgen. Jetzt wird mir klar, dass meine Eltern noch leben und mich erwarten. Der erste Bekannte, den ich auf der Straße treffe, empfängt mich mit Worten, die rechtfertigen, dass ich bis jetzt gelebt habe: »Da bist du ja!« sagte er befriedigt. Das Auto setzt mich nach einem Sternenflug zu Hause ab.

Der Geruch des Leinens in meinem Bett schaukelt mich zurück an die Schwelle des Lebens. Ich bin Gymnasiast, meine Mutter hat mich in meinem Bett eingepackt und das

Gebet mit mir gesprochen. Die Tür zu meinem Arbeitszimmer steht offen, der Ofen knurrt. Unser Hund ist gestorben, aber die Hunde, denen er nicht mehr antwortet in der Nacht, scheinen nicht zu altern. Der Stundenschlag rührt mich an wie die Gummihand des Arztes den Leib des Kranken, der in der Narkose entschläft... Das Mädchen, das mir am Morgen die Schokolade bringt, bemüht sich umsonst, mich mit ihrem Lächeln zu beruhigen. Ich starre sie an, als wäre ihr Gesicht mit ihrem Namen einzig infolge meiner Undankbarkeit, in sträflichem Leichtsinn meinem Gedächtnis entfallen.

Ich stehe auf und begleite meinen Vater in die Reben. Zu Mittag gibt es Fleischsuppe mit Markklößen, *Vol-au-vent* und Braten, danach Kuchen aus Löffelbiskuit (mit einer Schicht Konfitüre, einer andern jedes Mal zwischen jeder Schicht Biskuits), als ob Sonntag wäre. Ich wundere mich, dass wir beim Kaffee die Stunde verplaudern, wo ich sonst meine Mutter zur Vesper begleite. Vor den Fenstern liegen die Vorberge der Vogesen im Mittagsschlaf... Ich spreche mühsam französisch, mühsam, weil Sinn und Klang dessen, was ich sagen will, mir aufschnellend davonfliegt, weil die sprachbildende Kraft herhinkt hinter dem Spiel des Lichts auf der Erscheinung; ich bin ein schlechter Jagdhund, meine Einfälle verschwinden vor mir im Gebüsch. Welch eine Wirklichkeit ist die Sprache! Ein Uhrwerk, von Säften getrieben, nicht auszuwechseln! Immer steht für den, der zwei Sprachen mitfühlend spricht, die eine neben der andern und guckt spöttisch zu. Ich muss im Tiefsten übersetzen, um mit meiner Mutter zu sprechen.

Am Abend fahre ich nach Straßburg zurück. Der Münsterturm ist ein Magnet, der alles im Umkreis anzieht. Wir streichen schnurstracks auf ihn zu. Man sieht ihn von überall im Land; wer sich in den Bergen verirrt, klettert, bis er ihn wieder findet. Er steht an jedem Kinderhorizont wie der Onkel aus

Amerika ... Am Münsterplatz wohnt mein Freund L. Solang ich denke, wohnte er beim Münster. Er ist um den Bau herumgerückt mit seiner Wohnung; einmal hat er sich um ein paar Häuser in eine Seitengasse abdrängen lassen, es war die düsterste Zeit seines Lebens. Nun schwebt er, seit fünfzehn Jahren, über dem Hauptportal, wandert mit dem Licht, das der Sandstein einlässt wie kein andrer Stein, die rote Fassade hinauf und hinunter und lebt, ohne Übertreibung, nehmend und gebend, in Gemeinschaft mit Himmel und Erde der Christenheit, wie sie am schönsten war. Auf die Weise hat er eine große Familie und recht viel Verkehr. Er spricht von den Bewohnern des Münsters wie von Verwandten und Bekannten, er begegnet ihnen überall, sie bereiten ihm fortgesetzt Überraschungen. Ein Mädchen hat ihn beim Tanz angeblickt, wie von den törichten Jungfrauen jene, die gegen eine unsichtbare Mauer gestoßen zu sein scheint. Eine Kollegin, die sich eine ärztliche Behauptung zweifelhafter Art nicht ausreden lässt, misst ihn mit dem Blick der siegreichen Kirche, der wie laues Wasser durch einen hindurchgeht; heute hat er dem Propheten Jesaias den letzten Zahn gezogen. Beim Tabakhändler hat er einen Löwen unter Davids Thron ertappt, wie er ein Wurstpaket aufrollte, es war ein Spitz ... Mein Freund L. hat auch in den Krieg gemusst. Da saß er bei einer Beschießung, halb betäubt, unter dem lebenden Glockenbaum des Münsters, fürchtend, diesmal rissen die Glocken das zu hohe, zu zarte Werk gewiss zusammen, und gleich darauf, richtig, hörte er es einstürzen. Er ging nach Haus, alle eingesetzte Macht und Gewalt brachte ihn nicht mehr an die Front zurück. Vielmehr heiratete er eine blonde Frau, weil das Münster blond ist. Er kennt sich aus in der Kreatur, böser und guter, großer und kleiner, so viel Grimassen sie auch schneide. Das Licht, das täglich mit einer Seelenlaterne herumgeht unter dem sehr gemischten Münstervolk, hat ihm Geheimnisse verraten, die nur er ganz versteht. Die großen Entschlüsse seines Lebens bringt er vor die Jungfrau mit dem Kind. Von allen Gestalten sagt er, sei sie die einzige, die sich nie verändert habe.

Elly Heuss-Knapp

Reichsland Elsass

Das Elsaß war Reichsland. Wir hatten keinen direkten Landesherrn, wohl aber einen Statthalter, der an Kaisers Stelle die Obrigkeit vertrat. Alle andern Bundesfürsten waren auch ein Stück Obrigkeit. Das merkte man in der Garnisonkirche, wenn für alle diejenigen Bundesfürsten und ihre Familien gebetet wurde, von deren Ländern ein Regiment in Straßburg lag, es dauerte immer sehr lange. Populär war dieser Begriff des Reichslandes nie. Dazu war er zu klug ausgedacht, um die Eifersucht der Bundesfürsten zu beschwichtigen. Das Natürliche wäre wohl gewesen, das Elsaß an Baden zu geben und Lothringen an Preußen. Der badische Großherzog war beim elsässischen Volk sehr beliebt, und den Unterschied zwischen einem alemannischen Bauern im elsässischen Hanauer Land und dem rechtsrheinischen Bauern im badischen Hanauer Land – den soll man wohl mit der Lupe suchen! Die pfälzischen und badischen Beamten, die nach 1871 in die elsässische Verwaltung übernommen wurden, wuchsen in dem schönen Land sofort fest und verstanden sich gut mit den Leuten. Die Pfälzer hatten es dabei noch leichter, weil auch in ihrem Land der Code Napoléon galt. Sie waren die besten Friedensrichter, – das schöne Wort war noch gebräuchlich. Aber in vielen Posten, auch beim Zoll, der Eisenbahn, der Post, saßen preußische Unterbeamte, zum Teil mit polnischen Namen, deren Deutsch man so wenig verstand wie sie das Elsässisch. Dies Experiment sollte einmal in Württemberg gemacht werden! Aber das Land wurde unter der deutschen Herrschaft gut verwaltet, darüber gab es keinen Zweifel. Es wurde aber schlecht regiert, und zwar vor allem weil man in einer seltsamen Schaukelpolitik abwechselnd sanft und mit psychologischem Verständnis den Menschen das Wiedereinwachsen in Deutschland erleichtern wollte und dann wieder schroff und mit kühlem Befehlston vorging. […]

Die sanfte Regierung hatte versucht, sich auf die »Notabeln« zu stützen, die kleine, industrielle Oberschicht, die sich dadurch nicht abhalten ließ, weiterhin Französisch zu reden. Dies war ja der einzige Kreis im Land, der wirklich seit der großen Revolution französisch geworden war, in Sprache, Sitte und Gesinnung. Das Volk, die Bauern und Kleinbürger, beurteilten die Regierung danach, ob sie viel oder wenig Steuern zahlen mussten. Sie hatten kein eigentliches Staatsgefühl. Desto stärker war ihr Heimatbewusstsein, und das war alemannisch-deutsch, wie ihre Sprache. Die Arbeiter aber fühlten sich zur deutschen Arbeiterschaft gehörig und haben bis heute die Errungenschaften der deutschen Sozialpolitik zu bewahren gewusst. Auf das Volkstum hätte die deutsche Regierung aufbauen müssen. Dass sie es nicht genügend tat, das empfanden wir mit brennendem Schmerz.

Die gute Verwaltung zeigte sich im Aufblühen der Städte. Straßburg war in der französischen Zeit eine unbedeutende Provinzstadt geblieben und erlebte jetzt eine frei gewachsene Blütezeit. […]

Betrachtungen über die Politik im Elsaß kann ich nicht beschließen, ohne die Frage zu stellen, welche Rolle die Universität spielte. Sie war gegründet worden gleich nach dem Krieg in einem schönen, idealistischen Aufschwung. Die besten jungen deutschen Gelehrten sollten hinzukommen und hier deutsche Kultur, deutschen Geist wie im Brennspiegel auffangen. Nationale Gesichtspunkte hatten zur Gründung geführt. Die Erinnerung an die geistige Blütezeit des Elsaß im Humanismus und in der Reformationszeit war nicht erloschen, und die Universität hatte, ohne dass es ausgesprochen worden wäre, eine protestantische Grundhaltung. Das Elsaß aber war zum überwiegenden Teil katholisch, und dieser Teil stand der Universität zunächst sehr kühl gegenüber. Eine katholische Fakultät war nicht eingerichtet worden, der Klerus fand seine Ausbildung im bischöflichen Seminar in Straßburg, das ganz abgeschlossen war, eine Welt für sich und nicht mit dem deutschen Geistesleben in direkter Beziehung. So kam es auch, dass bis zur Jahrhundertwende der katholische Klerus den französischen Traditionen anhing und sein Einfluss im Land dem Deutschtum nicht zuträglich war. […]

Die elsässische Oberschicht war gesellschaftlich fast ganz von der altdeutschen geschieden. Man lebte gut, man genoss den wirtschaftlichen Aufschwung, man verstand weit mehr als die Deutschen von guter Kleidung, gutem Essen und legte Wert auf die Wahrung der alten Sitten. Die Geistigkeit der Gelehrten wurde nicht gewertet. Aber man trieb nicht eigentlich Opposition. Erst Dr. Bucher begann ein geistiges Zentrum im kulturellen Sinne zu bilden. Er gründete das elsässische Museum, ließ von auswärtigen Rednern Vorträge halten und französische Theaterstücke aufführen. Er verhalf den Malern und Bildhauern zu Aufträgen. Dies alles wußte man wohl, aber die Machtstellung des Deutschtums war so stark, dass es völlig unglaubhaft schien, seine Tätigkeit könne ernstlich zu einer politischen Gefahr werden. Er sagte mir einmal: »Ich weiß, dass ich auf verlorenem Posten stehe, aber ich halte meinen Posten.« Ob er damals glaubte, was er sagte? Im Jahre 1908, nach Aufhebung des Diktaturparagraphen, trat seine innere Anschauung unvermittelter zutage. Diese Zeit habe ich nicht mehr im Land miterlebt, ich kann aus eigener Anschauung nur berichten, wie die Tätigkeit Buchers sich vorher entwickelte. Bei Kriegsausbruch verließ er das Land, um später, von den Franzosen hochgefeiert, zurückzukehren. Kurz darauf starb er plötzlich. Von den Deutschen kannten die wenigsten auch nur seinen Namen. Wie es möglich war, dass in einer Mittelstadt wie Straßburg die Kreise ein so völlig getrenntes Sonderleben führten, hat mich immer mit Erstaunen erfüllt. Aber es war das Abbild des deutschen Schicksals. Wir hatten eben keine einheitliche Kultur und Tradition. Es gibt kein deutsches Haus, in welchem zugleich ein Bild von Luther und von Canisius zu finden wäre. In Frankreich liegen im Pantheon Rousseau und die andern Wegbereiter der französischen Revolution neben Chateaubriand, der sie bekämpfte.

Martin Graff

Schon eine ganze Woche übt die Familie Klein die Marseillaise

Der Erste Weltkrieg geht zu Ende. In Andolsheim bei Colmar stürmt der erste Poilu einen Bauernhof. Es gibt zwar nichts mehr zu stürmen, die Deutschen sind gestern schon nach Hause verduftet. Aber Robert ist vorsichtig. Er hat die Hölle von Verdun überlebt und keine Lust, »pour cette connerie de guerre« (für diesen Blödsinn von Krieg) zu sterben.

Catherine melkt die Kuh und übt die Marseillaise, die Franzosen können jede Sekunde eintreffen. Schon eine ganze Woche übt die Familie Klein die Marseillaise. Großvater Martin, der noch vor 1870 die französische Schule besuchte, kennt den Text am besten. Die jüngeren können besser »Heil Dir im Siegerkranz«.

Die Tür des Stalles fliegt auf, ein Franzose stürzt sich mit der Pistole auf die Melkerin. Catherine schreit vor Freude auf und lässt den Milcheimer fallen, um ihn zu umarmen. Der Poilu lacht überhaupt nicht, obwohl sie nicht mehr aufhört, »vive la France« zu schreien. Er drückt weiter die Pistole auf ihre freche Brust.

Sophie, ihre ältere Schwester kommt dazu und – sie kann französisch – schafft es, den Krieger zu überzeugen, dass sie doch alle Franzosen seien.

Schließlich beruhigen sich die Geister, und es stellt sich heraus, dass Marcel die Kuhmelkerin nicht gleich als Patriotin eingestuft hat, weil sie eine deutsche Soldatenmütze trug. Die sollte sie natürlich nur vor dem wedelnden Kuhschwanz schützen. Die Kühe machen sich bekanntlich ein Spiel daraus, dem Melker eins auszuwischen.

Endlich fallen sich alle in die Arme und singen die Marseillaise.

Marcel heiratet Catherine noch vor Weihnachten. Aber wie viele Elsässer sind schon ums Leben gekommen, weil sie die falsche Mütze aufhatten.

Allerdings haben auch Deutsche im Elsaß schon Probleme gehabt mit ihrer Kopfbedeckung.

Franz ist sieben Jahre alt, als der Erste Weltkrieg zu Ende geht. Seine Eltern sind Beamte in Straßburg. Der Kleine wird auf der Straße angepöbelt. Noch hat er auf seiner Schülermütze die kaiserliche Inschrift »Hohenzollern«. Der Vater tut sich etwas schwer, ihm das Ende des deutschen Elsaß zu erklären. Zwei Tage später verlässt die Familie Bauer den »schönen Garten« für immer.

Am schlimmsten aber traf es die elsässischen Frauen, die mit deutschen Soldaten oder Beamten zwischen 1940 und 1945 befreundet gewesen waren. Die Sieger rasierten ihnen die Köpfe kahl und schleppten sie wie Tiere durch die befreiten Straßen. Sie durften überhaupt keine Mütze tragen.

Hans Rothe

Vorläufig sieht Straßburg noch deutsch aus

Wie der Rhein bei Kehl dazu da ist, unter der bekannten Rheinbrücke hindurchzufließen, so sind die Reisenden, die von Mitteleuropa kommen, dazu da, durch die Paß- und Zollbaracke gezwängt zu werden. Diese bretternen Schikanierbuden mit ihren Schaltern, Sperren, Revidiertischen, Verschlägen und Amtsecken, zu denen der Zutritt strengstens verboten ist, sind ohne Zweifel das, was die europäischen Völker heute als ihr gemeinsames Gut überall etabliert haben. Sie sind die Monumente, die man sich als Resultat der weltgeschichtlichen Entwicklung für das erste Viertel dieses Jahrhunderts gesetzt hat.

Wenn ein Franzose vor dem Krieg nach Straßburg kam, bedauerte er auf das lebhafteste die Unterdrückung des französischen Elementes. Wenn ein Deutscher heute nach Straßburg kommt, bedauert er auf das lebhafteste die Unterdrückung des deutschen Elementes. Diese Stadt scheint also hervorragend geeignet, jeglichem Chauvinismus, falls er unglücklicherweise einmal einschlafen sollte, neue und ewige Belebung zu verleihen.

Vorläufig sieht Straßburg noch wie eine deutsche Stadt aus, die lediglich durch Verwendung von viel Ölfarbe und auffälliger französischer Schilder in den Bereich ihres zweiten Vaterlandes hineingegliedert worden ist. Alle Straßen tragen zwei Schilder, wobei die Franzosen sich die Übersetzung ziemlich leicht gemacht haben. Alle die mittelalterlich duftenden Bezeichnungen für Straße und Gasse sind schlechthin »rue« geworden, das Münster heißt cathédrale, Niklas und Nikolaus wird in der Übersetzung nicht mehr unterschieden. Die Firmen haben sich ebenfalls selbst übersetzt. Eduard Schwälble ist Edouard Schwälblé geworden, die Brüder Messerschmidt nennen sich Messerschmidt frères. – Das Wort Deutsch wird augenblicklich – wie anscheinend in ganz Europa – ängstlich vermieden. Buchhandlungen, die die schönsten und besten deutschen Bücher im Schaufenster liegen haben, kündigen sie als »ausländische« Literatur an. Aber man darf diesen Leuten, die den Anprall und den Zorn zweier großer Staaten auszuhalten hatten und auszuhalten haben, keinen Vorwurf machen, dass sie ihrer Existenz und ihrer Heimat zuliebe solche Konzessionen gemacht haben. Die Franzosen verlangen, dass alles französiert werde, und sie gehen systematisch und auch streng vor.

Die offizielle Umgangssprache ist Französisch. Aber man kann hinkommen, wohin man will, in die Post, in das Restaurant, in das Hotel, auf den Bahnhof, – nach den ersten kaum sehr geschickten Bemühungen in französischer Sprache, setzt sich die Unterhaltung in einem, allerdings nur wenig besseren Deutsch fort. Große Dichter werden im nächsten Menschenalter kaum in Straßburg geboren werden. Denn Sprachgefühl kann sich hier nicht entwickeln. Man lebt in einer großen Unsicherheit und Unbehaglichkeit, was das Wort anlangt. Jeder streckt gegen jeden erst einen vorsichtigen französischen Fühler vor, und wofern sich herausstellt, dass auf deutscher Basis leichter zu verhandeln ist, geht man stillschweigend, aber leicht beklommen, zu dem über, was der Franzose aus praktischen Gründen und in jedem Fall »elsässer Dialekt« nennt.

Außer von den wirklichen Franzosen, die jetzt in Straßburg

sind, wird auf der Straße laut und prononciert Französisch
nur von vornehm und international gesinnten Ladenfräu-
leins und souveränen Primanern gesprochen. Die Schüler der
unteren Klassen balgen und zanken sich vorläufig noch auf
Deutsch. Die in deutscher Sprache erscheinenden Zeitungen
gebärden sich, als ob sie Deutsch nur noch stammeln könnten,
und eine hohe medizinische Fakultät der Universität Straßburg, die sich verschieden deutschklingender Namen in ihren
Reihen nicht erwehren kann, strebt den Schaden dadurch
wettzumachen, dass sie in der Übersetzung ihrer Sprech-
stundenplakate die Worte »professeur« und »docteur« mit
»Professer« und »Dokter« weltfremd verdeutscht. […]

Ungeheuer liegt das Münster da, das zum Symbol für Sieg
und Niederlage geworden ist. Was ist »typisch« deutsch an
Straßburg? was ist »typisch« französisch an Notre Dame? In
den Simsen und Winkeln, an den Rippen und Bögen, an den
Türmen und Galerien wimmelt es von Königen und Rittern,
Engeln und Marien, Gottheiten und Teufeln, Aposteln und
Propheten, klugen und törichten Jungfrauen. Hunderttausen-
de, von denen jetzt in den deutschen und den französischen
Kirchen die Epitaphe reden, haben zu Füßen dieser ewig
lächelnden Statuen ihren Haß genährt. Heute laufen nicht
weniger uniformierte Menschen über den Münsterplatz als
zu Zeiten des kaiserlichen Statthalters. Solange man auf die
rohen Schlagworte des Alltags und der Kopflosigkeit mehr
achtet als auf die menschlichen Gesten dieses steinernen
Wunderwerkes, in dessen Vielfältigkeit alles, was wir sind und
wollen, begriffen ist, – so lange wird keins der beiden Völker
seiner würdig sein. Aber man wird ihre Größe und Weisheit
erkannt haben, sobald es unwichtig geworden ist, wem eine
solche Stätte »gehört«.

Otto Flake

Abschied vom Elsass

Erschütterung blieb aus, als ich in französischen Blättern vom Jubel der Elsässer las, aber Erschütterung kam, als in schweizerischen Zeitungen neutrale Augenzeugen vom Freudentaumel der Mülhauser berichteten.

Und Erschütterung war Bitterkeit, sich richtend nicht gegen die nun verlorene Heimat, nicht gegen das Geschick, den Prügeljungen, auf den man die eigene Verantwortung ablädt, sondern gegen Deutschland.

Feig wäre es, würde mir versagt, solche Bitterkeit auszusprechen. Für Deutschland wählend, habe ich das Recht dazu. Wie schön war das Elsaß. Berge in Granit, Hügel in Sandstein, Landschaft in Wasser und Grün, Städtchen im Duft des Mosts, Straßburg, dessen Münster im Morgenrot dolomitenhaft erglühte.

Unterlindenkloster Kolmars, bergend das Stärkste deutscher Kunst, Schlettstadt der Humanisten, Reichsstadt Kaysersberg, uns war es deutsch, uns, den paar elsässischen Dichtern. Aber andere lebten dort, die es deutsch nannten und aus der Benennung erwuchs all das Tragische, die Herausforderung, der Hochmut, die Unduldsamkeit, der Beweis und das Bekehren. Die Oberlehrer, die Kommersredner, der Vogesenklub, die Kriegervereine, die Zeitungsschreiber waren stärker als wir.

Denn wir fühlten die Dinge menschlich ohne Zweckhaftigkeit des Nationalistischen, und neben der Vergangenheit

des alten Reichs übersahen wir nicht Wirkung von zwei-
hundert Jahren französischen Einflusses, nicht im Blut und
nicht im Aufbau der Städte. Uns stand das Rohanschloss
nicht fremd neben dem Münster. So wußten wir, dass 1871
nicht ein Recht, sondern eine Pflicht begründete: Pflicht, den
»wiedergewonnenen Bruder« in die Familie aufzunehmen,
Geduld – mehr! – Verständnis – mehr! – Liebe zu haben,
Brüdern gleiches Recht zu geben, Gesinnung nicht voraus-
zusetzen, sondern zu gewinnen.

Wir wussten es und wir bekannten es; wir entfesselten
die Diskussion, und es halfen uns Elsässer, die ihrem Land
das Unglück ersparen wollten, noch einmal Seelisches und
Materielles umschalten zu müssen; es halfen Franzosen selbst,
denen die so teuren Provinzen nicht den Völkermord wert
waren, voran der edle Jaurès, der die Formel schuf: ein auto-
nomer Bundesstaat Elsaß-Lothringen ist die Aussöhnung.

Aber das deutsche Volk las nicht unsere Bücher, sondern
Romane, die ihm schmeichelten; das obligate Elsässermäd-
chen heiratete den obligaten deutschen Offizier, und ein
bürgerlicher Eros deckte das Problem mit Flügeln, die grotesk
dem Reichsadler entlehnt waren.

Drangen wir auf den Geist, sprach ein deutscher Anwalt
von der Straßenreinigung, den prunkenden Bahnhöfen, dem
Wasserklosett und dem Telefon, das wir den Elsässern gebracht hätten.

Das Reich war stark, aber es war lieblos. Fünfundvierzig
Jahre Zeit und unfähig, Neigung zu gewinnen – in einem
Land, das so deutsche Anlagen hatte, nur als deutscher
Stamm seinen Charakter zurückgewinnen konnte! Aber
weil die Liebe fehlte, ist jetzt Erinnerung der Elsässer an die
deutsche Herrschaft nur Erinnerung an das Dröhnen des
Kommissstiefels, werfen sie sich Frankreich in die Arme,

dessen Sprache ihnen Mühe macht, das ihnen nicht erlauben wird, eigenwilliger Stamm mit Zügen zu sein, in denen sich Gottfried von Straßburg, Gailer von Kaysersberg, Martin Schongauer, Johannes Fischart fortgesetzt hätten.

Tragisches, bitteres, grausames Zuspät! Im ersten Jahre des Krieges verabredete man Verteilung der Habe des Bruders: niemand widersprach, denn die Zensur knebelte. Im dritten Jahre des Krieges kehrte man opportunistisch zur Autonomie zurück, und sie war fertig bis auf die Unterschrift – die Unterschrift wurde nie vollzogen. Wer verhinderte sie? Auch das gehört zur Frage nach den Schuldigen im Krieg, sie soll nicht vertuscht werden.

Was bleibt uns? Die Reue, die Entschlossenheit, moralische Bilanz zu ziehen, die Lehre – einziger Gewinn, furchtbar teuer erkauft. Schwur, nichts so unerbittlich zu hassen als Gewalt, nichts so inbrünstig zu suchen als Geist, Menschlichkeit, Gerechtigkeit, das Reich, auf das sich verwiesen steht: der Besiegte.

Die Republik klassifiziert ihre Kinder

Die Familie Goerke lebt abseits dieses jubelnden Elsaß, das mit dem Feiern überhaupt nicht mehr aufhören will. »*Die Elsässer*« schreibt Adèle an Georgette, »*leben in einer ewige Freude. Monsieur Poincaré kommt hier. Sei ruhig, sehr ruhig, lassen wir die Dinge auf uns zukommen.*« Ab November 1918 hat sich die Versorgung im Elsaß deutlich verbessert, doch die Preise sind schlagartig gestiegen. Adèle zeichnet Georgette eine katastrophale Situation: »Wenn Du kommst, wirst Du keine großen Veränderungen vorfinden. Colmar ist immer noch Colmar. Es ist unmöglich, eine Unterkunft zu finden. Madame Wimpfus hat mir gesagt, wenn sie wollte, könnte sie sogar ihr Klosett vermieten, so viele suchen ein Logis. Das Leben ist schrecklich teuer, aber man bekommt alles. Papa beklagt sich furchtbar über seine Geschäfte. Aber wie ich schon sagte, wir leben noch, und irgendwie geht es immer weiter. Besser als vorher ist es jedenfalls. Wir haben zu essen. Das Leben hier ist furchtbar teuer, und wir stehen wahre Tantalusqualen aus, all diese schönen und guten Dinge zu sehen, ohne sie erstehen zu können. Für einen warmen Bademantel hat Papa 145 Fr. hingelegt!!! Tila stickt sich die Hemden selber.« Am Hungertuch hätten sie genagt, sagte Mathilde, wenn sie von dieser schmerzlichen Periode in ihrem Leben als junges Mädchen sprach.

Karl Georg Goerke will in Colmar bleiben. Er will diese kleine Stadt, die es doch so schlecht mit ihm meint, nicht verlassen. Jeden Morgen liest er Hasspamphlete in den Zeitungen. Die Deutschen sind »Räuber«, »Eindringlinge«, »Lügner«, »Unterdrücker«, die einen »rücksichtslosen und erbarmungslosen Militarismus praktizieren«, eine »fluchenswerte Tyrannei«. Ein »Volk, das jeder Freiheit und Demokratie feindlich gegenübersteht«. General Messimy spricht von einem »willensschwachen und feigen Volk«, während Frankreich »eine Nation der Ideale und Güte« ist. Jeden Morgen lässt Karl Georg Goerke einen neuen Hagel Beleidigungen auf sich niedergehen. Aber die Meinung ändert er nicht. Colmar ist im Laufe der Jahre zu seiner Heimat geworden. Er liebt diese kleine Stadt, die unter dem »Reichsland« ihre ungehobelten Manieren des Departement-Hauptortes abgelegt hat. Bis 1918 waren die Goerkes gut integriert. Sie hatten Freunde, und die Geschäfte gingen gut. Außerdem versteht Karl Georg Goerke kaum mehr, was in Memel vor sich geht. Ist seine Geburtsstadt an der Ostsee deutsch? Unter französischem Protektorat? Litauisch? Es ist so lange her, dass er diesen armen, kalten Flecken seiner Kindheit verlassen hat. Er ist ihm fremd. Seine Eltern sind tot. Einzig mit seinem Bruder Fritz in Berlin pflegt er regelmäßigen Kontakt. Aber Berlin ist auch keine mögliche Heimat: zu groß, zu gefährlich, zu sehr heruntergekommen durch den Krieg, zu heidnisch, zu dekadent. Adèle van Cappellen ist Belgierin. Sie fühlt sich im französischen Elsaß wohler als in diesem Preußen, das vier Jahre zuvor die Neutralität ihres Landes verletzt und Grausamkeiten begangen hat, die von der Presse pausenlos angeprangert werden. Und die schwerkranke Adèle würde eine solche Verpflanzung sowieso schlecht ertragen. Karl Georg Goerke kennt das Los, das den Vertriebenen beschieden ist. Sie werden auf der anderen Seite des Rheins in Empfang genommen und dann monatelang in

Baracken untergebracht. Manchen gelingt es nicht mehr, ein neues Leben anzufangen.

In diesen Nachkriegstagen entfalten die Sieger ihre Generalstabskarten und teilen Europa unter sich auf. Sie ordnen jedes Volk in ein Kästchen mit streng abgesteckten Umrissen. Deutschland gibt Elsass-Lothringen an Frankreich ab. Das Bodenrecht der französischen Republik wird de facto ins Blutrecht umgewandelt. Die Bewohner des Elsaß werden nach Kriterien der Rassenreinheit in vier Kategorien eingeteilt. Wer ist Franzose? Wer kann es werden? Wer kann es auf keinen Fall werden? Die Polizeipräfektur stellt den Bewohnern des Vogesenwalls Identitätskarten vom Typ A, B, C und D aus. Sämtliche Mitglieder der Familie Réling erhalten ohne Probleme die Karte A, die von einem trikoloren Streifen überzogen ist: Ihre Eltern und Großeltern waren schon vor 1870 Franzosen. Sie sind elsässischer Abstammung. Diese heißbegehrte Karte gewährt ihnen nach dem am 28. Juni 1919 unterzeichneten Versailler Vertrag die vollberechtigte französische Staatsangehörigkeit. Marthe und Alice sind auf der richtigen Seite geboren. Henri Reling beeilt sich, die germanischen Anklänge aus seinem Namen zu tilgen. Er setzt einen Accent aigu auf das »e« von Reling. Verlangt, dass man die Endsilbe seines Namens französisch ausspricht. Er gibt seinen Töchtern Schnellkurse in Französisch. Lässt sie abends am Wohnzimmertisch Diktate schreiben. Für Marthe, die keine gute Schülerin war, ist diese Französisierung im Zeitraffer ein Albtraum.

Die Familie Goerke wird gespalten. Adèle Goerke, geborene van Cappellen, stellt die Colmarer Stadtverwaltung eine Identitätskarte n°72 vom Typ C aus. Gesicht: oval. Augen: blau. Haare: blond. Größe: 1,68 Meter. Geboren am 15. Juli 1864 in Brüssel. Der Polizeikommissar hat seinen Stempel

daraufgesetzt. Die Karte C, mit zwei blauen Streifen überzogen, ist für Ausländer aus einem alliierten oder im Krieg
neutral gebliebenen Land bestimmt. Die Karte D, ohne jeden
Farbstreifen, bekommen »Ausländer aus einem feindlichen
Ausland« (Deutschland, Österreich, Ungarn usw.) und deren
Kinder, auch wenn sie nach 1870 im Elsaß geboren worden
sind. Minderjährige Kinder übernehmen automatisch die
Staatsbürgerschaft ihres Vaters. Das ist die Karte, die Mathilde
und ihrem Vater ausgehändigt wird. Georgettes Fall ist eindeu-
tig: Karte D. »Dabei war Mathilde weniger deutsch als Georgette!«, protestierte Marthe. Georgette hat wohl versucht, sich
ein den neuen Normen entsprechendes Blut zu mischen: »*Ich
bin immer in großer Liebe zu meinen belgischen Verwandten
erzogen worden. Auch in großer, großer Liebe zu Belgien, das
ja leider nicht mein Vaterland ist. Ich möchte gern, ich könnte
es dazu machen. Von dem Konsul habe ich noch keine Antwort
auf meine Anfragen hin. Das hat mich so traurig gemacht.
Papa und Tila sind kräftig und gesund. Ich scheine von Van
Cappell'schen Holz zu sein! Immer schwächlich, blass und ein
bisschen leidend. wenn ich sonst noch verschiedenes von den
Van Cappellens geerbt hätte, dann möchte ich die Konstitution
gern mit in Kauf nehmen! Im Allgemeinen wird mir oft gesagt,
ich hätte keinen deutschen Charakter und Mama sagt oft, ich
sei ein Brüsseler Kind. Ich weiß es halt nicht. Aber ich wäre
stolz, wenn ich den Brüsselern gleichen würde*«, schreibt sie
ihrer Cousine in Brüssel.

Georgette fühlt sich eingeschränkt mit ihrem deutschen
Pass. Sie versteht nicht, dass man die Leute in die Umzäunung
einer kleinen Nation sperren will. Weit weg in Berlin, spürt
Georgette die große Verzweiflung ihrer Eltern. Sie weiß, dass
sie in Colmar gebraucht wird. Zum ersten Mal schreibt sie
ihrer Mutter auf Französisch:

»Ma chère petite Maman, da sitz ich also mit meinem kleinen illustrierten Larousse, drei Wörterbüchern und einer französischen Grammatik, um meiner petite Maman meinen ersten Brief auf Französisch zu schreiben. So kehrt man in Situationen zurück, die man hinter sich zu haben glaubte, als man die Schule verließ. *Gott sei Dank, dass der Satz fertig ist!!* Ich hoffe, dass Du, liebste Maman chérie, nicht auch so viele Bücher brauchst, um meinen Brief zu entziffern.

Ich habe schon lange nicht mehr geschrieben, dass ich gerne ins Elsaß zurückkehren würde. Aber ich habe mein Versprechen, das ich aus freien Stücken gegeben habe, nicht vergessen, und meine Meinung nicht geändert. Ich hoffe, dass Papa bald naturalisiert wird. Gleich nach seiner Einbürgerung komme ich und bekomme sie auch. Wenn man mich im öffentlichen Dienst nicht will, mache ich halt was anderes! Ich glaube, ich werde die Genauigkeit schon noch lernen. Nicht wahr, *Muttel* chérie, du glaubst mir doch, dass ich dabei bin, mich zu perfektionieren, um nach Frankreich zu kommen! Ob ich in Colmar bleiben werde, weiß ich noch nicht genau. Auch wenn ich Colmar und seine Umgebung ganz besonders gerne mag.«

Die Goerkes sind nicht die einzigen, die auf diese Weise auseinandergerissen werden. Die Klage springt einem entgegen im Aktenordner »Purgatoire (Fegefeuer) 200 110« der Archive des Départements Haut-Alsace in Colmar, wo die Bittschriften der durch die Rückkehr des Elsaß nach Frankreich geteilten Familien aufbewahrt werden. Jeder versucht seine Frankreichtreue unter Beweis zu stellen. Die Medaillen der Großväter, ehemalige Kämpfer von 1870 in der französischen Armee, werden herangezogen. Die Mütter zählen ihre auf dem Feld der Ehre, auf französischer Seite, gefallenen Söhne und Neffen auf.

»Ich bin nie ein Boche gewesen und habe nicht die geringste Absicht, einer zu werden!«, beteuert der Badener Victor Joggerst. Er bittet um die Repatriierung seines Vaters Mathias, eines Küfers, von der Säuberungskommission in die Nähe von Offenburg abgeschoben. Mathias Joggerst ist angeklagt, im Jahr 1917 einen Bäcker aus Ribeauville bei den Deutschen denunziert zu haben. Victor Joggerst bürgt für seinen Vater: »Ich kann sagen, dass unser Vater nie politisch war und nie Propaganda gegen die Franzosen betrieben hat. Da er ganz allein ausgewiesen wurde, führt er im Land seiner Herkunft ein trauriges Leben, ist einsam und denkt immer an seine Familie. Wir haben beschlossen, nicht nach Deutschland auszureisen, wo wir wie Fremde behandelt würden, sondern in unserem Geburtsland Elsaß zu bleiben, wo wir uns würdig zeigen und gute Franzosen sein möchten.«

Amélie Bauer, elsässischer Abstammung, bittet um die Rückkehr ihres deutschen Mannes, eines Gendarmen. Er war im Alter von 62 Jahren ausgewiesen worden: »Jeder kann bestätigen, dass er ein sehr ruhiger und rechtschaffener Mann war, der sich nie um Politik gekümmert hat, weder vor dem Krieg noch während des Krieges. Er lebt seit 32 Jahren im Elsaß, wo er gedient hat und seine ganze Kraft gegeben. Ich, seine Frau, bin Elsässerin, alle meine Ahnen stammen aus Gries bei Drulingen, ich bin 56 Jahre alt. Als hiesige Tochter eines französischen Schullehrers bin ich ganz in französischem Geist erzogen worden, und wir sprachen immer diese Sprache. Warum müssen wir wie Verbrecher leiden – nur weil mein Mann als Deutscher geboren ist? Ich kann versichern, dass mein Mann ein besserer französischer Bürger wäre als viele Elsässer.«

Lina Haas, Witwe eines Hauslehrers von Kaysersberg, wird in den Schwarzwald vertrieben. Sie ist 70 Jahre alt. In

Deutschland hat sie weder Familie noch Freunde. Sie fleht den Staatspräsidenten Raymond Poincaré an: »Monsieur le Président, großer Sieger über die Nationen, seien Sie edel und gerecht, Gott wird Sie segnen.«

Thérèse Lott aus Feldbach, Elsässerin, wendet sich direkt an den Premierminister Georges Clemenceau. Ihr badischer Mann ist vertrieben worden. Sie wollte lieber im Elsass bleiben, um sich um den Hof zu kümmern. Aber da sie schwanger ist, kann sie nicht auf dem Feld arbeiten. »Die Liebe hat keine Nationalität«, schreibt sie. »Meine Zuneigung zu Frankreich hat mich sogar gehindert, meinem Mann zu folgen, weil ich nicht will, dass das Kind, das ich unter dem Herzen trage, in Deutschland zur Welt kommt. Darum flehe ich Ihre wohltätige Exzellenz an, die Güte zu haben, väterliche Gerechtigkeit walten zu lassen und die Widerrufung der Vertreibung meines armen Mannes anzuordnen.«

Ich versuche mir die schüchternen Briefe vorzustellen, die Karl Georg Goerke im Falle einer Ausweisung verfasst hätte. Vielleicht hätte er wie diese Deutsche, die mit 30 Kilo Gepäck über den Rhein spediert wurde, geschrieben: »Das ist nicht nett, dass man mich mit 50 Jahren einfach so aus meinem Land jagt. Habe ich das wirklich verdient, dass ich nicht für mich, sondern für ganz Deutschland bestraft werde.« Oder wie die deutsche Emilie Wilhelm, ebenfalls von der Ausweisung bedroht: »Meine französischen Gefühle haben sich nicht geändert und werden sich auch nicht ändern. Darum wäre es sehr traurig, wenn man mich zwingen würde, in ein Land zu gehen, das ich nicht kenne. Ich kenne nur Colmar. Ich wüsste nicht, warum man mich vertreiben sollte, ich habe doch niemandem etwas zuleide getan.« Oder er hätte wie François Loesch, der in Vieux-Brisach geborene Badener, gefleht: »Er hat nur noch einen Wunsch: Durch sein zukünftiges Verhalten zu zeigen, dass er bereit ist, in seiner elsässischen Familie zu leben, unter der französischen Fahne, die er in Ehren hält, und er bittet um die Erlaubnis, sie lieben zu lernen.« Alle diese Leute sind den pingeligen Bürokraten ausgeliefert, die die absurde Situation der auseinandergerissenen Familien nicht berücksichtigen. Die aus Paris gesandten Funktionäre sind beauftragt, ethnische Ordnung in den Elsässer Schmelztiegel zu bringen. Die Republik klassifiziert ihre Kinder. Es gibt die legitimen, die geduldeten, die adoptierten und die Boches. Aus diesen respektvollen Briefen, an der Grenze zur Unterwürfigkeit, spricht die Angst. Diese Leute sind schutzlos. Sie bewaffnen sich mit Mut, um gegen die Entscheidungen der neuen Herren am Ort zu protestieren. Sie möchten ihre Möbel zurückhaben, ihre Gräber pflegen, ihre Betriebe in Gang halten oder ganz einfach an der Seite ihrer Frauen und Kinder weiterleben.

Ernst Glaeser

Kein Unterschied zwischen den Äckern hier und dort

Die kleinen Dörfer kurz hinter Lauterburg sind an die Straße gereiht wie bunte Kugeln an eine graue Schnur. Durch ihre behagliche Rundung bohrt sich die Route jenes Verkehrs, dessen Fluktuation seit Beginn der abendländischen Geschichte niemals aussetzte. Die historische Strömung durch das Rheintal, von Basel nach Köln und über Basel hinaus nach Rom und über Köln hinaus nach London – dieser Golfstrom Europas, der heute Gefahr läuft, sich zu verlagern oder gar zu versanden, gab diesen Dörfern, dieser Landschaft und diesen Menschen ein Gesicht, das trotz nationalistischer Querfalten und Krähenfüße jene Einheit bewahrte, die Europa groß machte, bevor der imperialistische Kapitalismus ihre ethischen Werte zersetzte.

Die großartige Verlassenheit des Doms von Speyer, vor dem ich vor wenigen Stunden noch stand, die alte gewölbte Landstraße, die ich befuhr, das organische Rund der Dörfer, der barocke Schmuck alter Meilensteine, die lautlose Inbrunst, mit der sich das nackte Geäst uralter Ahornbäume am entgötterten Himmel festzusaugen schien, das heitere Filigran des Straßburger Münsters über den schweren dumpfen Äckern, die sauren Wiesen am Fluss, die Eschen und Weiden, die gleißenden Schwärme der Insekten um das heilige Weiß weidender Kühe – in diesem Bild spiegelte sich ein Leben, dessen Grundlagen einfacher und fester waren als die sandüberwehten Fundamente unserer Generation.

Ich hielt in einem kleinen Dorf. Der Regen hatte aufgehört, der Himmel war hell, und ein milder Wind trocknete die Straßen.

Ich betrat ein Gasthaus, um zu essen. Es bestand zur einen Hälfte aus einem Kolonialwarenladen, zur anderen Hälfte aus einem kleinen Zimmer, in dem ein paar Bauern Wein tranken. Ich bestellte ein Butterbrot und einen Mirabell. Die Bauern schwiegen und betrachteten mich. Die Tochter der Wirtin, ein starkes Mädchen voll brauner, derber Hautfarbe und gerötetem Gesicht, hatte über zwei Tische ein Brett gelegt. Darauf bügelte sie feuchte Wäsche. In kurzen Abständen bediente sie ein Grammophon. Ein alter Vorkriegsschlager erklang. »Machen wir's den Schwalben nach, bau'n wir uns ein Nest ...«

Die Wäsche dampfte, das Mädchen schwitzte, die Mutter brachte das Brot und den Mirabell. Neben mir saß ein junger Bauer und betrachtete, während er das Weinglas mit den Fingern der rechten Hand fest umklammert hielt, die Beine des Mädchens. Ich aß und trank. Das Grammophon plärrte, der feuchte Dunst der Wäsche mischte sich mit dem Geruch des Weins, leise begannen die Bauern zu sprechen, das Mädchen lächelte und ließ hurtig und zart die Zunge über die Oberlippe spielen, als es meinen Nachbar ansah. An der rechten Wand hing ein Öldruck, die Unterzeichnung des Waffenstillstandes im Wald bei Compiègne. Der Marschall Foch haut mit der traditionellen Faust des Gewinners auf den Tisch, während vor ihm ein Herr in Schwarz steht, demütig und gebeugt, ein Zivilist. Über diesem Freiexemplar nationalistischen Hochmuts hing eine sauber geschnitzte Schwarzwälder Uhr, an deren Stirn sich ein Band aus Holz schwang, auf dem in schwerfälligen deutschen Buchstaben zu lesen stand: »Das Leben vergeht, – nutze die Stunde!«

Das Mädchen bügelte und lächelte und pustete sich die braunen Haare aus dem gesunden Gesicht. Der junge Bauer spannte die Arme und trank mit gewaltigem Zug. Das Grammophon schwieg, über die Straße sprangen zwei Fohlen.

»Kommen Sie von Berlin?« fragte mich plötzlich der junge Bauer und schob sein Glas an den Tischrand. Das Mädchen holte es und brachte es gefüllt zurück. »Merci«, sagte er, »merci, Marieluis.«

»Ich komme nicht von Berlin«, antwortete ich, »ich komme aus Süddeutschland.«

»Hab' ich mir gleich gedacht«, lachte der Bauer, »denn kämen Sie aus Berlin, hätten Sie uns sofort gefragt, wie es uns geht, und ob wir mit den Franzosen zufrieden sind.«

Alle Bauern lachten, und das braune Mädchen füllte erneut die Gläser.

»Übrigens«, sprach der Bauer weiter, »da kommen auch oft so Leute aus Paris, in Autos, setzen sich abends auf eine Stunde in die Stube hier, verlangen ihren elenden Lindenblütentee und sind am Schluss sehr verwundert, daß wir nicht auf den Straßen herumtanzen und Fähnchen schwingen, weil wir die Preußen los sind. Gesundheit!«

Er trank, und die Bauern kicherten.

»Und überhaupt«, sagte der Bauer und lehnte sich breit auf den Tisch, »was so den patriotischen Fremdenverkehr betrifft, so ist das alles ein Mist. Das hat mit dem Leben und der Landwirtschaft überhaupt nichts zu tun.«

Ich fragte ihn, ob viele so dächten wie er.

»Alle«, sagte er, »wenn sie Bauern sind und ehrliche Arbeit tun. Nur die Beamten brüllen immer nach, was in den Zeitungen steht und was so die Regierungen wollen, dass gebrüllt wird. Bei euch und bei uns. Da kommen sie mit ihren Verordnungen und ihren Administrationen, ihren Affichen und ihren Gescheitheiten und machen die Menschen durcheinander. Und die Kerle in den Städten sind froh, wenn die Menschen durcheinander sind. Dann verdienen sie nämlich. Die machen uns dann die Köpfe heiß mit ihren politischen Gedanken. Und wir müssen die Zeche zahlen. Einmal werden wir von diesen befreit, einmal von jenen. Wir wollen unsere Äcker und unser Vieh und unsere Weiber. Das genügt uns. Das ist ein Leben, wie es sein soll.«

Er trank, und das braune Mädchen nickte. Die Bauern saßen still vor ihren Gläsern, deren Wein unter ihren Gedanken schaukelte.

»Sehen Sie«, sagte der Bauer nach einer Weile, ich komme ja oft über den Rhein und weiß, wie's drüben ausschaut. Und wenn ich mit einem Bauern rede, da ist allemal alles glatt. Aber die Leute aus Berlin und Paris, die spucken uns immer in die Suppe …«

»Baptiste!« mahnte das braune Mädchen.

Baptiste trank und kümmerte sich nicht um die Mahnung.

»Ich hab' Äcker drüben«, rief er, »drüben im Badischen, und es wäre gut, wenn alle Äcker drüben im Badischen hätten, und die von drüben Äcker hier.«

Baptiste war aufgestanden, warf ein paar Frankenscheine auf den Tisch.

»Die Addischion!« rief er.

Das braune Mädchen kam.

Baptiste zahlte aber nicht, sondern sagte: »Geb mer noch e Viertel.«

Das Mädchen brachte das Viertel.

Baptiste sah mich an und trank nicht.

»Gesundheit«, sagte ich und trank ihm zu. »Gesundheit«, sagten alle Bauern und auch Baptiste.

Wir schwiegen. Die Grenze war fern. Schließlich überwog meine Neugier. Ich fragte Baptiste, ob er wirklich Äcker drüben im Badischen hätte.

»Natürlich«, rief er, »von meinem Vater her. Gute Äcker sind's. Weizen steht dort und ein halber Morgen Tomaten.«

Da ich erstaunt schwieg, sagte er: »Meine Mutter hat sie eingebracht. Die stammt aus dem Badischen. Und als dann der Frieden kam, da habe ich und noch ein paar Bauern, die drüben was haben, einen Antrag gestellt, und ein Vertrag kam zustande, dass wir die Äcker weiter bearbeiten und beernten dürften. Zweimal in der Woche fahr ich hinüber mit meinen Gäulen, und es ist kein Unterschied zwischen den Äckern hier und dort. Wo was wächst, bin ich froh. Und überall wächst etwas, wenn die Menschen nur vernünftig wären. Überall sind Äcker – wer das weiß, weiß genug, und wenn das alle wüssten, wäre alles in Ordnung. Überall sind Äcker...«

Baptiste trank mit einem Zug sein Glas leer, zahlte, sagte »Marieluis« zu dem Mädchen, küsste es auf die Schulter und ging etwas schwankend aus der Kneipe.

Das Mädchen bügelte, die Bauern schwiegen, der Kuckuck rief die sechste Stunde. Die Mutter kam, ich zahlte.

Leise stand ich auf und verließ die Stube. »Au revoir!« rief die Mutter, »mache Ses gut...«

Es war ein heller Abend. Die schlohweißen Rauchsäulen der Kamine des Dorfes stiegen unbeschwert gegen den schweigenden Himmel...

Ich fuhr nach Straßburg.

Lotte Paepcke

Je mehr man weiß, desto schlechter kann man hassen

Menschen mit entzündlicher Einbildungskraft werden verlockt und versucht vom Geschehen der Welt. Sie sind wie ein Spiegel, der beredt und wahllos zurückwirft, was vor ihm sich zeigt, mag es bedeutsam oder bedeutungslos sein. Sie sind die stets bereiten Akteure des Lebens, die ihren Geist und ihre Hände dem Guten leihen, doch ebenso leicht sich verstricken in den Netzen des Bösen. Nicht so die Alemannen. Ihr verschlossener Sinn lässt wenig ein, und ihre einsilbigen Seelen geben selten Antwort. Eine unangreifbar machende Zurückhaltung lässt ihr Wesen in sich selbst verbleiben und lässt alle Dinge auf sich selbst beruhen. Ungebrannt können sie durch Feuer gehen, den starken Unterkiefer ein wenig vorgeschoben über dem gleichmäßig vor sich hingehenden Tritt ihres Schrittes. Mögen sie manches Lebenswerte an ihrem Wege liegen lassen, so bewahrt sie doch ihre Unberührbarkeit vor manchem Irrtum.

So hatte auch der Heroismus der zwölf Jahre wenig Glück im badischen Land. Er verlangte von seinen Trägern ein schnell entzündliches Herz, glühende, unerfüllte Wünsche, unklare, von unbestimmten Süchten gesättigte Träume und eine mystische Vorstellung von sich selbst. Dies alles war in der Südwestecke des Reiches nicht zu finden. Natürlich gab es auch hier Nationalsozialismus und Kriegsbegeisterung, doch verglichen mit nördlicheren und östlicheren Teilen Deutschlands blieben sie beide hier unten ziemlich kümmerliche Gewächse. Man nährte sie mit den üblichen Mitteln: mit Radio und Zeitung, mit Versammlungen und Staatsbesuchen. Doch es war hier unten nicht der Boden für wuchernde Übersteigerungen. Das Wort »S'wird scho ebbes si« hatte unbesehen schon alles gewogen und unbewegten Herzens alles zu leicht befunden.

Noch einen zweiten Grund gab es, weshalb dieses Land eine nur schwache Festung des nationalsozialistischen Deutschland war: es ist keine Festung, es ist ein Balkon. Ein Balkon mit dem Blick nach Frankreich. Der Wein, wie er hier wächst auf den geschwungenen, lichthingegebenen Hügeln, ist derselbe wie drüben, jenseits des Rheins. Die Linien der Berge, parallel laufend dem Strom, haben jenseits ihr Spiegelbild. Und wie aus Thema und Gegenthema erhebt sich aus beiden die eine Melodie, die hinausschwingt in die Länder, das eigene und das fremde. Die gleiche Sonne brennt ihre Glut in die weißgekalkten Wände kleiner Häuser ein, und feuchtigkeitsgesättigte, rinnsaldurchzogene Laubdschungel haben ihr verschwiegenes Dasein längs der Ufer, hüben wie drüben. Am Sonntagnachmittag kommen die geputzten Bewohner der kleinen Grenzdörfer zum Fluss gebummelt und langweilen sich, hüben wie drüben. Sie sehen ein bisschen den Wellen zu, sie schauen ein bisschen auf ihre Ebenbilder jenseits des Flusses und gehen wieder heim. Kommen Fremde aus dem Innern Deutschlands und man führt sie an Deutschlands Grenze, so treten sie wohl in Erwartung eines historischen Augenblicks und unter Vorbereitung entsprechender Gefühle ans Ufer des Stromes. Aber dann sehen sie nichts als gleichmütig ziehende Wellen und drüben die gleiche Erde wie die, auf der sie stehen. Und kommt dann drüben eine Frau ans Ufer und zieht einen Handkarren mit Kaninchenfutter, oder spielen dort ein paar Kinder, dann muss der erwartungsvolle Deutsche sich erst zum Bewusstsein bringen, dass es Franzosen sind, die dort ohne rote Hosen oder sonstige Bezeugungen ihrer Nationalität ihre werktäglichen Verrichtungen tun.

So besteht von je für die Bewohner des Grenzlandes der »Erbfeind« aus Männern, Frauen, Kindern, wie sie selbst es sind. Der »Feind« ist keine Idee, sondern der Nachbar aus Fleisch und Blut. Mancherlei verwandtschaftliche Beziehungen verbinden die Bevölkerung links und rechts des Stromes. Und nicht zuletzt verbinden sie die mannigfaltigen Kriege, die sie miteinander im Lauf der Geschichte geführt haben. Ist in der zentral gelegenen Hauptstadt des jeweiligen Landes ein Krieg beschlossen worden, so ist es ja immer die Bevölkerung der Grenze, die sich zuerst gegenübertritt. Wechselseitig dringen sie in ihre Gebiete ein, und im Lauf der Jahrhunderte lernen sie auch auf diese Weise einander kennen. Der Kriegshass verraucht nach der Schlacht, Familien werden gegründet, die Kochrezepte mischen sich.

Dies alles hinderte zwar nie, dass die Menschen hüben und drüben hitzig gegeneinander ins Feld zogen. Aber jener gegenstandslose Hass, wie er für einen großen Krieg gebraucht wird, konnte in ihnen nicht entzündet werden. Dieser Hass meint nicht einen konkreten, persönlichen Gegner, sondern stellt ein unwirkliches Urbild alles Feindseligen hin, in dem jeder Einzelne gespiegelt sieht, was je ihm in seinem Leben an Hassens- oder Fürchtenswertem begegnet ist. Alle seine kleinen Böswilligkeiten werden nun legitimiert, ja geheiligt durch ein patriotisches Gefühl, das all die kleinlichen Rinnsale in sich aufnimmt und durch sie wächst zu einem reißenden Strom. Ihm sieht man nicht mehr an, welch trübe Quellen ihn speisen: machtvoll rauscht er daher und wird zum Sinnbild der Kraft eines Volkes. In ihm vermeint es seine erhabensten Gefühle zu erblicken, – und es ist doch nur sein Hass. Je weiter entfernt von den Grenzen des Landes die Menschen wohnen, desto leichter ist es, vor ihnen jenes gespenstische und doch so mächtige Phantom des Hasses um seiner selbst willen aufzurichten, dessen die Kriege bedürfen. Die Menschen der Grenze sehen in das Leben ihres Gegners und müssen in stiller Stunde erkennen, dass es ihr eigenes ist. Und je mehr man weiß, desto schlechter kann man hassen.

So war in Baden das Leben auch im Krieg ein wenig menschlicher geblieben, und dieses Land, das schon manch seltsame Pflanze fremder Kulturen unter seinem Himmel hat wachsen sehen, vergaß nie ganz die Weisheit, die aus der Erkenntnis des Andersartigen erblüht.

André Weckmann

Sagte der Franz Ose

Sagte der Franz Ose
zur Elsa Sserin:
komm doch mit mir
'inter die Büsche

sagte die Elsa Sserin
zum Franz Ose:
was soll ich mit dir
'inter die Büsche

sagte der Franz Ose
zur Elsa Sserin:
da wirst du gucken
'inter die Büsche

sagte die Elsa Sserin
zum Franz Ose:
das hat mir der Preuß auch gesagt
hinter die Büsche
und geguckt hab ich minsechs
aber gespürt hab i nix
hinter die Büsche

sagten der Franz Ose
und der Preuß
im Chor:
frigides Weib
du

Ursula Flügler

Begründung für einen Wohnort

Nach Westen hin
lebe ich, immer
der Ebene zu-
gewendet, dem

Einfalltor
für das Licht.

Der Schwarzwald
im Rücken bleibt
unübersteigbar.

Der Dunst
über der Ebene
heißt Frankreich,

nicht mehr Feindesland.

Der Friede ist hier
ein Glück, an das man
erinnert wird durch

das Kriegerdenkmal
in jedem Dorf
diesseits und jenseits

des Rheins

Emma Guntz

Wie man Elsässerin wird

Ich habe zwei Pässe, einen deutschen und einen französischen, und besitze durch meine französische Heirat zwei Staatsangehörigkeiten, die französische und die deutsche. Wenn ich beim Ausfüllen amtlicher Papiere auf die Frage nach meiner Staatsangehörigkeit stoße, antworte ich »französisch«. Denn ich lebe, wähle und arbeite seit mehr als zwanzig Jahren in Frankreich, in Straßburg im Elsaß, mit meinem Mann und meinen drei Kindern.

Manchmal stellt man mir die Frage, ob ich mich als Französin oder als Deutsche fühle. Ich antworte – je nach Fragesteller auf deutsch oder französisch – »als Elsässerin«, »je me sens Alsacienne«. Denn ich fühle mich eher einer Region zugehörig als einem nationalen Gefüge, das mir persönlich abstrakt vorkommt. Im Fall Elsaß kommt eine weitere Dimension hinzu. Elsässer sein heißt für mich nicht nur im Elsaß wohnen, Elsässer sein bedeutet, eine ganz besondere geistige Haltung einzunehmen. Das heißt: mit zwei Sprachen und Kulturen zu leben, zwischen ihnen zu vermitteln, ohne dabei seine eigene Persönlichkeit aufzugeben.

Das kann eine Lebensaufgabe sein. Und manchmal ist man versucht aufzugeben, bevor man es einigermaßen gelernt hat, sein sprachliches, kulturelles, politisches und soziales Gleichgewicht zu finden und anmutig »auf zwei Stühlen« zu sitzen. Ich kann ein Lied davon singen und stimme dem elsässischen Maler und Humanisten Camille Claus voll und ganz zu, wenn er sagt: »On ne naît pas Alsacien, on le devient«. Man wird nicht als Elsässer geboren, man kann es werden.

Ich wurde nicht als Elsässerin, sondern als Badenerin geboren. Meine erste Berührung mit dem Elsaß ergab sich durch ein Märchen- und Legendenbuch mit dem Titel »Märchenfahrt am Silbernen Strom«, das im Jahr 1943 (!) in Straßburg gedruckt worden war und nach dem Krieg irgendwie auf meinem zehnten Geburtstagstisch landete. Riesen und Zwerge, Ritter und Edelfräulein, Bauern und Bürger tummelten sich rechts und links des urdeutschen Rheins und legten im Stil der Zeit Zeugnis ab vom »deutschen« Wesen der Badener und der Elsässer.

Elsässischen Boden betrat ich zum erstenmal bei meinem Abiturausflug. Ich hatte inzwischen im Geschichtsunterricht einiges über die unselige Rolle des Elsaß im Spannungsfeld der französischen und deutschen Machtpolitik erfahren und wusste, dass Straßburg der Sitz des Europarats war. Doch das Wichtigste war für mich damals, dass ich eine Grenze überschritt und einen schönen Stempel in meinen nagelneuen Pass bekam. Unser dreitägiger Aufenthalt in Straßburg und Colmar mit Münster und Unterlindenmuseum, mit Aperitif und Café-Kirsch und dem französisch-elsässischen Sprachengemisch war für mich der Gipfel der Exotik. Das Elsaß erschien mir wie ein Märchenbuch, eine idyllisch-heile Welt, überglänzt vom Glorienschein meiner ersten Verliebtheit.

Wenn man heute im deutschen Fernsehen manche Sendungen über das Elsaß und die Elsässer betrachtet, könnte man den Eindruck gewinnen, sie würden von oberflächlichen, kitschverliebten Touristen gedreht. Da sieht man traute Weindörfchen oder pittoreske Städtchen, trachtengeschmückte, markige Elsässer vor reichgedeckten Tischen, die sich unter der Last des Sauerkrauts, der Gänseleberpastete und der Gugelhupfs biegen. In einem – für bundesdeutsche Ohren zurechtgestutzten – Gemisch aus viel »Elsässerditsch« und sehr wenig akzentgeladenem Französisch ergehen sie sich über Wein, Weib und Gesang, während die Störche vom Dienst über abendrotumglänzten Kirchtürmen kreisen.

Mein dritter Kontakt mit dem Elsaß wurde mir zum Schicksal. Es war Liebe auf den ersten Blick, als ich im Zug zwischen Freiburg und Heidelberg einem Elsässer-Franzosen begegnete, dem ich einige Zeit später in sein Land folgte. Das stieß auf einige Hindernisse. Meine Eltern waren zwar mit der Person, vielleicht auch mit dem Elsässer, aber ganz und gar nicht mit dem Franzosen einverstanden. Sie sprachen von dem noch nicht vergessenen Krieg, von Ausland und von Sprachschwierigkeiten. Doch das konnte mich nicht abschrecken. Was hatte ich Nachkriegsgeschöpf mit dem Zweiten Weltkrieg zu schaffen? Ausland, Frankreich klang betörend in meinen Ohren, war gleichbedeutend mit Chic und Charme, mit Freiheit, Gleichheit, Brüderlichkeit. Und war ich nicht schon drei Tage im Elsaß und davon bezaubert gewesen? Und sprach mein Elsässer-Franzose nicht perfekt deutsch? Ce que femme veut... Was eine Frau sich in den Kopf gesetzt hat...

So reiste ich eines Tages hochgemut auf dem Soziussitz einer alten Vespa ins Elsaß, um meiner zukünftigen Schwiegerfamilie vorgestellt zu werden. Nach der Durchquerung Straßburgs fuhren wir durch leicht hügeliges Land die Weinstraße am Fuße der Vogesen entlang bis in ein kleines Dorf. Ich kam, ich sah, ich liebte.

Pierre Kretz

Oben rechts oder unten links?

Die Wechselspiele der Geschichte haben unsere Provinz mal oben rechts, mal unten links auf unseren nationalen Landkarten platziert, und die Einwohner dieser Provinz wurden entweder zu den lateinischsten Germanen oder zu den germanischsten Lateinern. Was aber nicht verhindert hat, dass diesseits und jenseits des Rheins seit Jahrhunderten die gleichen Dialekte gesprochen werden. In Lörrach (Baden) spricht man wie in Saint-Louis (Haut-Rhin) oder wie in Basel (Schweiz). In Rhinau, irgendwo in der Mitte des Elsass, spricht man so ziemlich den gleichen Dialekt wie in den Orten gegenüber, auf der anderen Seite des Rheins. Und doch war diese Grenze über Jahrhunderte eine echte Grenze. So nach dem Motto: man stellt sich rechts und links des Flusses auf, schaut sich bös in die Augen und wartet auf das nächste Gemetzel.

Die europäische Integration hat zur Folge, dass diese politischen Grenzen verschwinden – zu einem Zeitpunkt, wo, Ironie der Geschichte, eine andere Grenze, eine sprachliche, im Entstehen begriffen ist. Eine komische Geschichte, eine jener Geschichten, wie sie bei uns üblich sind. Wieder einmal alles falsch rum. Das passt zu uns!

Daher die Werbekampagnen, die jungen Elsässer sollten doch »die Sprache des Nachbarn lernen«. Die Sprache des Nachbarn ist natürlich das Hochdeutsche, nicht der Dialekt.

Die Argumente, mit denen man der deutschen Sprache

den Vorzug gibt, seien sie nun historisch, wirtschaftlich oder geographisch, sind allesamt überzeugend. Sie sind es umso mehr, als ein Kind, das lieber Englisch als erste Fremdsprache wählt, hinterher kaum mehr die Energie und die Motivation aufbringen kann, es mit dem *der-die-das* und dem *backen-buk-gebacken* aufzunehmen. Eine Sprache, die nichts anderes als *the* kennt, ist doch so einfach und leicht, vor allem, wenn es die Sprache der Computer, der Flughäfen und des Michael Jackson ist.

Die Beherrschung des Hochdeutschen könnte, sobald unser Dialekt nicht mehr gesprochen wird, eine besondere Bedeutung erlangen. Weil nämlich für einen Elsässer von morgen die Tatsache, dass er Hochdeutsch kann, ein Weg sein wird, den Dialekt zu entdecken. In der Tat: wenn dieser Dialekt ein Königsweg ist, um zur Sprache Goethes Zugang zu finden, so besteht die Gefahr, dass er künftig immer seltener beschritten wird. Bleibt also die Möglichkeit, einen Wanderweg, einen der umgekehrt von der deutschen Sprache zum elsässischen Dialekt führt, anzulegen. Die deutsche Sprache wird es den zukünftigen Generationen von Elsässern ermöglichen, dass sie den elsässischen Dialekt verstehen, dass sie das Spezifische der elsässisch schreibenden Dichter spüren und dass sie sich intensiv an die Kapitel unserer Geschichte erinnern, die sie selbst nicht erlebt haben.

Was, wenn wir unten links geblieben wären? Wenn Frankreich und seine Alliierten den ersten Weltkrieg, »la Grande Guerre«, verloren hätten? Wir wissen sehr wohl, dass der Ausgang von derlei Konflikten sich häufig nur ums Haar entscheidet: Wie groß sind die feindlichen Reserven an Weizen, Öl, Kanonen, Kanonenkugeln, Kanonenfutter? Der geringste Rückstand kann fatale Konsequenzen haben. Und so könnte man sich zum Beispiel vorstellen, dass, falls es 1918 zu einer

Niederlage Frankreichs gekommen wäre, der Erfinder der Gaskammern nicht so unglaubliche Erfolge bei seinem Volk und mit seiner Wehrmacht erlebt hätte.

Und so wären wir also – aber das ist nach wie vor ein Fallbeispiel – seit hundertvierzig Jahren, also seit mindestens vier Generationen Deutsche. Die jungen zwanzigjährigen Elsässer wüssten zum Beispiel kaum, dass ihre Ur-Urgroßväter vor 1870 geboren wurden, zu einem Zeitpunkt, als das Elsass französisch war.

Was für Menschen wären wir dann geworden? Wir wären ganz gewiss nicht genau dieselben. Wir wären Deutsche so ungefähr wie alle andern Deutschen. Am Sonntag würden wir natürlich auch Wanderungen in den Vogesen machen, entlang der Heidenmauer – die inzwischen wahrscheinlich restauriert worden wäre. Beim Wandern würden wir über die Großtaten »unserer Elf« sprechen, und darüber, was uns die Wiedervereinigung kostet: Milliarden. Besonders das A und das R von »Milliarden« würden wir betonen. Der Verputz unserer Häuser wäre noch tadelloser, denn man kann ja immer noch weißer als weiß malen.

An Stelle der Familienmitglieder, Kollegen oder Freunde, die aus Paris, den Vogesen oder Burgund stammen, gäbe es da waschechte Deutsche aus Frankfurt, Bayern, Schleswig-Holstein ... Unsere Autobahnen wären richtige Autobahnen. Man könnte von Saint-Louis nach Wissembourg fahren, ohne einer einzigen Ampel zu begegnen. Ob wir wohl eine eigenständige Verwaltung hätten? Es ist ein wenig klein, das Elsass. Vermutlich hätten sie uns irgendwann mit den Lothringern und den Badensern zusammengepackt. Die anderen Deutschen würden uns wahrscheinlich ganz gern mögen: man mag doch immer die Südländer, die es verstehen, guten Wein zu machen. Und wir, wir hätten wahrscheinlich so eine aufmüpfige Komponente beibehalten – wir sind und bleiben *Wackes* – und würden gegen die preußische Ordnung anstänkern, genau wie wir heute gegen die französische Unordnung schimpfen. Die Autofahrer unter uns würden den Fußgängern auf den Zebrastreifen den Vorrang lassen. Die sanfte Musik der *Solexl* an warmen Sommerabenden gäbe es nicht in unserem Gedächtnis. Mofas der Marke Vélosolex wären höchstwahrscheinlich schlichtweg verboten worden im Elsass – einfach aus Sicherheitsgründen. Wir müssen ja zugeben, dass die Sicherheit eines Vélosolex auf nasser Straße zu wünschen übrig lässt. Allerdings hatte sich der *Solexl*-Unfall meines Großvaters auf trockener Straße ereignet. Mein Großvater war nur leicht verletzt, was doch zu beweisen scheint, dass die technokratische Entscheidung, für Vélosolex-Fahrer eine Helmpflicht einzuführen, völlig unangebracht ist. Was ich davon halte, will ich hier lieber nicht erzählen.

Wenn wir unten links geblieben wären, würden wir wahrscheinlich ein irgendwie »gefärbtes« Deutsch sprechen, ja doch: mit der besonderen Musik der alemannischen und rheinfränkischen Dialekte unserer Vorfahren gefärbt. Die meisten französischen Beiträge zu unserem Dialekt hätte es nie gegeben: *Solexl, Infractus, Barbecue, Fotoscopie. Malgré nous.*

Aber wozu sich lang und breit über all diese Mutmaßungen auslassen? Wir sind nicht unten links, sondern oben rechts. Wobei… Das Abbröckeln der Nationalstaaten stellt die traditionellen Orientierungspunkte der Menschen in Frage. Werden wir uns irgendwann im Mittelpunkt eines Kontinents befinden, der zur Zeit noch nach sich selbst sucht? Wie das schon mal zur Zeit der Kelten war. Aber das ist ja so lange her, die Sache mit den Kelten…

Roger Siffer

Elsass im Ausverkauf

Em Elsass isch güet lawa
Drumm kumme se alli su garn ze uns
D'Schwitzer Lölli und d'Schwowe
Han alles um e sunscht.

Refrain: Juche des esch d'modern Kültür
Juche des isch modarni Kültür

Se käufe unsra Schnaps un Win
Versäue verdruele verschmüerle de Rhin (mer äu)
Se käufe unsre Alterdum
Bringe unsri Küeche um

(Refrain)

Se käufe d'Hieser im ganze Tal
Oder bäue Bunker s'esch ne egal
Se bäue Fawrike verbote bi ihne
Un d'Elsässer schaffe drewe

(Refrain)

[…]

D'Bariser sin d'Beschde han d'schenschde Kültür
Bretoner, Elsässer dü besch nür e Bür
D'Bariser Dampfwalz die walzt d'Litt so glatt
Sans Kraft et ohne Gschmack

(Refrain)

Met all Touriste sin mer so natt
Mer danze und singe und ga'ne noch Spack

[...]

Großvatter geh nüs mach d'Schlupfkapp uf's Ohr
Worsch photographiert des kommt noch mol so
Mer merke net as mer langsam krepiere
Un sahn net was mer verliere
D'r Schnawel esch mer elsassisch gewachse
Un so ne Verkäuf kann ich net verdaxe
Mi Harz esch mer elsassisch gewachse
Ihr kenne mi Buckel nuf kratze...

Tomi Ungerer

Wir Elsässer sind geborene Europäer

Ich habe den größten Teil meines Lebens im Ausland verbracht, in New York, in Kanada; jetzt lebe ich in Irland. Meine Wurzeln liegen im Elsaß, mein Laub nehm ich mit. Ich nenne das meine Abstammung. Ich stolz, Elsässer zu sein, ich bin stolz auf mein bescheidenes Volk, auf Albert Schweitzer, Ettore Bugatti, die Marx Brothers, den Weihnachtsmann, Bartholdi alias Berchtold, dem wir die Freiheitsstatue verdanken, auf Sebastian Brant und sein Narrenschiff, das uns heute noch das Grinsen bewahrt. Auf Hans Arp, Matthias Grünewald und Martin Schongauer.

Beim Elsässer ist, ganz darwinistisch, ein Arm länger als der andere. Der lange Arm ist nützlich, um die deutsche Kuh überm Rhein zu melken oder die französische hinter der »blauen Linie der Vogesen«. Aber nicht nur zum Melken, sondern auch, um sich die Hand zu geben.

Der Überlebensinstinkt des zum Kanonenfutter Prädestinierten hat uns in eine schlaue Schneckengesellschaft verwandelt; eine Schnecke, die sich wie ein Chamäleon mit ihren Farben leicht ins Unsichtbare tarnt. Bequem und bescheiden.

Das Elsaß ist wie ein Eintopfgericht: Kelten, Franken, Römer, Alemannen, Helveter, Franzosen, Deutsche, Italiener und Juden haben ihre Spuren hinterlassen. Und doch hat diese Mischung eine stark ausgeprägte Identität. Kommt einer ohne Arroganz, ist er bei uns willkommen. Adaptiert... adoptiert.

Ich habe einen Freund aus der Nachkriegsgeneration, der mit Französisch aufgewachsen ist – der Klang der deutschen Sprache rief die schlimmen Erinnerungen an die Nazizeit wach, und elsässisch war einfach unelegant. Vor einigen Jahren erlitt seine Mutter, die am Lycée Deutsch unterrichtete, einen Schlaganfall. Der liebe Sohn war dabei, wie die Mutter wieder zu sich kam: Sie sprach nur Deutsch, konnte sich an kein Wort Französisch erinnern, sie lebt noch, und der Sohn versteht sie heute immer noch nicht.

Da haben wir sie, die elsässische Zerrissenheit.

Dem Elsässer ist das Wort ›Heimat‹ lieber als ›Vaterland‹. Die Kinder der Mutter Elsaß, ständig von zwei eifersüchtigen Nachbarn abwechselnd vergewaltigt und gehätschelt, leiden an ihrer Identität: Franzosen? Deutsche? Das Elsaß zeigt sich wie eine Kaiserschnittnarbe auf der Landkarte Europas, jetzt schön geflickt. Zwei Nationen wurden zusammengenäht, die sich seit Jahrhunderten um dieses Schlaraffenland gezankt haben.

In Berlin gab es eine Mauer. Im Elsaß hatten wir drei: eine gallische, eine teutonische und eine Klagemauer. Denn die Elsässer klagen gerne wie die Juden, und so heißt es in unserem Lied vom Hans im Schnokeloch »Und was er hätt, das will er net, und was er will, das hätt er net«.

Vor Jahren sagte ich noch, das Elsaß sei wie eine Toilette, immer besetzt. Viel hat sich seither geändert, wir leben nicht mehr unter deutschen Stiefeln oder französischen Pantoffeln, sondern unter dem besternten Heiligenschein Europas.

Wir Elsässer sind geborene Europäer. Der Elsässer verabscheut die Gewalt, denn wer nicht zufrieden ist, sucht den Frieden. Wir haben nie einen Krieg verloren, unsere Nachbarn oft – auf unserem Buckel.

298

In New York hatte ich einen jüdischen Freund. Geboren in Auschwitz, wo seine Eltern umkamen, hatte er dort seine ersten Jahre überlebt. Was sind meine Anekdoten, verglichen mit einer solchen Tragödie? Der Krieg hat meine Familie, meine Verwandten und mich verschont. Dank der Gewitztheit und dem gesunden Menschenverstand meiner Mutter haben wir das durch den Alltag zum Normalzustand gewordene totalitäre Regime ohne großen Schaden überlebt.

Dieses Buch könnte auf den ersten Blick fast beleidigend wirken angesichts der großen Dramen des Elends, der Gewalt und der Tortur. Aber wenn ich über diese Epoche spreche, als seien es die großen Ferien gewesen, so deshalb, weil ich als Junge mit der Unbefangenheit des Kindes alles wie ein großes Schauspiel empfunden habe, geradeso, wie meine Kinder heute das Fernsehen anschauen.

Ich habe zumindest die unterschiedlichsten menschlichen Lebensbedingungen kennengelernt und bin auf meine Art Pazifist geworden. Es gibt kein anderes Mittel gegen Vorurteile, Hass und Ungerechtigkeit als die persönliche Bewusstseinsentwicklung, die uns unsere Pflichten diktiert.

Johann Peter Hebel

Genau im Charakter und Gesichtskreis des Völkleins zu bleiben…

Wohlgebohrener und Hochgelehrter, Hochzuverehrender Herr.

Euer Wohlgebohren erlauben mir die Freyheit Denselben die Probe einer vaterländischen Dichtungsart, die in einem nicht ganz werthlosen Dialekt unserer Sprache und vielleicht in einer nicht ganz unwichtigen Absicht von mir versucht worden, als ein Zeichen meiner unbegränzten Hochachtung vorzulegen.

Der Dialekt ist der aus der badischen Landgrafschaft Sausenberg zwischen der Schweitz und dem Breisgau und mit dem Schweitzerischen Breisgauischen und Oberelsaßischen bis auf unwesentliche Variationen der nemliche, und ich darf Denselben nicht erst sagen, wie nahe dieser an das Alterthum unserer dunklern Jahrhunderte gränze, und wie kennbar sich in ihm die alte alemannische Volkssprache erhalten haben möge.

Ein Bändchen solcher Gedichte von mancherley Metrum, Innhalt und Ton gedenke ich bald, vielleicht unter dem Titel eines Alemannischen Musenalmanachs herauszugeben. Ich habe in denselben mit den Schwierigkeiten gekämpft, in dieser rohen und scheinbar regellosen Mundart, wenn die Ausdrücke erlaubt sind, rein und klassisch und doch nicht gemein zu seyn, genau im Charakter und Gesichtskreis des Völkleins zu bleiben, aber eine edle Dichtung, so weit sie sonst in meiner Gewalt ist, in denselben hinüberzuziehen und mit ihm zu befreunden. Meine erste Absicht ist die, auf meine Landsleute zu wirken, ihre moralischen Gefühle anzuregen, und ihren Sinn für die schöne Natur um sie her theils zu nähren und zu veredele, theils auch zu wecken. Sollte die alte und bekannte Frage der glücklichen Ueberraschung: »wie hören wir ein ieglicher die Sprache, in der wir gebohren sind« nicht noch einmal ein kleines Wunder thun können? Und wie, wenn irgend wo am Schwarzwalde oder an den Alpen, im dunklen Tannenhain oder auf der lachenden Trift der schlummernde Dichtergeist eines reingestimmten Natursohnes geweckt würde durch diese heimischen Töne, er nähme mir die Harfe ab und zauberte uns durch reiner geschöpfte Naturgesänge in die verwehten Tage der Vorzeit zurück und tröstete uns durch sie für die, die uns der Sturm der Zeiten weggeführt hat? Sie lächeln und ich besorge, nicht mit Unrecht. Mögen sie bey folgender Ansicht keine Ursache dazu finden.

Ich wünsche auch allgemeiner zu interessiren und dem Studium der deutschen Sprache, wenn auch nur etwas weniges und mittelbar zu nützen. Die Bekanntschaft mit den Dialekten unserer Sprache müsste in mancher Hinsicht wichtig seyn. Wenn man schon trockene Idiotismen-Sammlungen für belehrend und wichtig hielt, wie viel mehr die lebendige Darstellung des ganzen gramatikalischen Baus und Gewebes der Dialekte in zusammenhängenden Texten. Selbst die Idiotika, die durch die Nachläsigkeit, womit einige zusammengeraft sind, alle zu leiden scheinen, würden vielleicht wieder ein neues, allgemeines und einflussreicheres Interesse gewinnen, wenn ihnen ein gefälliger Text unterlegt würde.

Ich habe nur aus der kleinen Anzahl meiner Gedichte, die gedruckt 10 Bogen füllen können, gegen 300 Idiotismen herausgezogen, die, mit Scherz. Gloss., Schmidts Idiotik. und Adelung verglichen, nebst mancherley Erläuterungen und Winken mit gedruckt werden sollen. Oft fand ich zwar

Ursache meine Unbekanntschaft mit dem Alterthum unserer Stammessprache durch ihre verschiedenen Perioden und Zweige zu bedauern. Indessen lifere ich doch einige Nachlese zu Schmidt. Eine förmliche Grammatik, in die ich sogar diesen Dialekt zu bändigen suchte, lasse ich weg, weil sie zu groß oder zu unvollständig ausfallen würde. Aber selbst der Versuch dazu hat mich auf einige, wenigstens mir frappante und für allgemeine Sprachkunde nicht unwichtige Entdeckungen geführt, für deren Mittheilung ich vielleicht eine andere Gelegenheit suchen werde.

Verzeihen Sie mir, verehrungswürdiger Mann, die Freyheit, in der ich mich mit meinen kleinen Angelegenheiten zu Ihnen gedrängt habe, und das Uebermas, womit ich mich derselben bediente, und nehmen Sie die Versöhnung dafür gerne in meiner aufrichtigen Erklärung an: ob ich gleich die Ehre nicht genieße mit Denselben in näherer Bekanntschaft zu stehen, so glaubte ich doch bey dem Gefühle, womit ich Ihre Bemühungen und Verdienste um das Alterthum unserer Sprache ehre, und bey dem Bewußtseyn, wie viel Belehrung und Vergnügen ich denselben verdanke, etwas versehen zu haben, wenn ich mein Vorhaben ausführte, ohne Ihnen davon Rechenschaft gegeben zu haben, und Ihr Beyfall dazu würde mir das günstigste und untrüblichste Omen seyn.

Sollte ein neuer Band von Braga und Hermode früher als diese Gedichte herauskommen (denn hoffentlich werden diese lieblichen Gottheiten, die uns besucht haben, noch nicht in Wallhalla zurückgekehrt seyn) und sollten Sie anliegendes Gedicht, oder etwas daraus nicht unwürdig der Aufnahme, oder ganz außer dem Kreis dieser Sammlung finden, so würde ich dasselbe durch ein Plätzchen darin vorzüglich geehrt glauben.

Und wenn dieses nicht seyn kann, so erlauben Sie mir

vielleicht dieses Gedicht oder ein anderes, welches mir gelungener scheinen wird, Ihrem Namen zu weihen, und damit meine unbegränzte Hochachtung gegen Sie öffentlich zu bekennen, mit der ich die Ehre habe zu verharren

Euer Wohlgebohren gehorsamster Diener

J. P. Hebel, Profess. u. Hofdiakonus

Carlsruhe, d. 8ten Feb. 1802.

Marie Luise Kaschnitz

Beschreibung eines Dorfes

1

Eines Tages, vielleicht sehr bald schon, werde ich den Versuch machen, das Dorf zu beschreiben. Ich werde überlegen, womit anfangen, mit dem Oberdorf, mit dem Unterdorf, mit dem Friedhof, mit dem Wald. Oder mit den Höhlen, die hoch oben am Ölberg liegen, Wasser, so geht die Sage, erfüllte die Talbucht, wie jetzt zuweilen der Nebel, an den Felsen waren einmal Ringe, an den Ringen Boote befestigt, während in Wirklichkeit nur eines feststeht, nämlich, dass diese Höhlen die Zuflucht nacheiszeitlicher Jägerhorden waren

schließlich werde ich mit der Vogelschau beginnen, mit dem, was ein Vogel sieht, oder ein Fluggast aus seinem Kabinenfenster, schwarzen Wald auf der einen Seite des Tales, mit Buchengrün an den Rändern, Buchenwald auch an der anderen Seite, von Ahornen und Lärchen durchsetzt

übergehend in den Rebberg, und auf dem Talgrund das Dorf, zwischen Wiesen und Obstbäumen, die mächtige Lindenkuppel des Hauses Nr. 84 und die vielen Glasfenster der Gärtnerei

ich werde das alles beschreiben und besonders ausführlich über die Rebhänge sprechen, die viele Jahrzehnte lang vernachlässigt waren, Brachland und Kartoffeläckerchen hier und dort

die aber jetzt neu angepflanzt und von blauen Asphaltstraßen durchzogen sind. Ich werde bei dieser Gelegenheit auch erwähnen, dass noch vor vielen Jahren, aber schon zu meiner Lebenszeit, die Trauben mit den Füßen gestampft oder in der Eichentrotte gepresst wurden

dass aber jetzt der Wein gemeinschaftlich behandelt und in große Behälter gefüllt wird, die nicht mehr aus Holz, sondern aus Glas oder Beton bestehen.

2

Am nächsten Tag, meinem zweiten Arbeitstag, werde ich zu der Vogelschau zurückkehren. Ich werde zuerst die schönen Waldränder bekanntgeben, dann das Wiesenvorland, dann das Rheintal, die Vogesen, den Schweizer Jura und die Burgundische Pforte, die man übrigens auch von den Mansardenfenstern des Hauses Nr. 84 sieht. Ich werde den historischen Charakter der Landschaft betonen, und behaupten, dass, wer Einbildungskraft besitzt, noch heute die Heere durch die Ebene ziehen sehen kann

die Kelten und Germanen, kämpfend mit Cäsars Legionären, die Alemannen und Franken, die Bauern aus Staufen, die das Schloss der Herren Schnävelin von Bärenlapp im Dorf zerstörten

die Schweden, die dreihundert Kirchhofener Bauern erschlugen und das Kloster Sölden in Brand steckten

die Truppen des Marschalls Turenne, der über das Kuckuckbad und durch das Hexental gegen die Bayern zog

die Truppen Ludwigs XIV., die von Breisach her Freiburg eroberten

die Heere des Pfälzischen Erbfolgekrieges, des Spanischen Erbfolgekrieges, des Österreichischen Erbfolgekrieges, des 1. Koalitionskrieges, des 2. Koalitionskrieges, des 3. Koalitionskrieges und der Freiheitskriege

was alles für die Dörfer des Hexentals bedeutete

Plünderung, Kontributionen, Bauern, zum Schanzen ge-
zwungen, Hafer, Feldfrüchte, Wein, Gold, Vieh, Schweine,
Hühner weggeführt, Brandschatzung, Flucht in die Wälder,
Elend, Tränen und Angst.

3
Nachdem ich von diesen lang zurückliegenden Kriegswirren
gesprochen, aber auch die Orte Chemin-des-Dames und
Hartmannsweilerkopf und den vor dem letzten Krieg angelegten Westwall erwähnt habe, werde ich, was aber mit
dem Dorf nicht unmittelbar zu tun hat, die oberrheinische
Tiefebene beschreiben
        und zwar so, wie sie ist, wenn man sie durchquert,
wenn sich die Gebirge wie ängstliche Hunde gegen den Boden
drücken, während die Könige des Flachlandes, Mais, Weizen
und Tabak, ihre Häupter erheben
        ohne die poetische Schnakenwildnis der Altwas-
ser, mit der es schon seit Jahrzehnten vorbei ist, wie mit den
Libellen, die einst über die libellenflügelfarbigen Sumpflachen
schwirrten
        mit stattdessen Jungwäldern aus märkischen Kie-
fern, grünkronig, rotstämmig, die sich unter weißgetürmten
Schönwetterwolken erheben
        indem ich die Veränderungen der Landschaft da-
mit erkläre, dass man dem Rhein das Wasser abgegraben
und die Autobahn gebaut hat, und indem ich von diesen
Veränderungen ausführlich berichte, schlage ich bereits den
Grundton meiner eben begonnenen Arbeit an. Das Schild
›Baden verboten‹ mitten im Forst, und was ein Mensch erleben kann, auch wenn er nicht sehr alt wird
        letzter Aufruf für die Libellen, letzter Aufruf für
die Schmetterlinge, von denen auch noch die Rede sein soll,

wie von den Baggern, die in den Kiesgruben wühlen und mondbleiche Seen ausheben

von den weißbestäubten Kalkwerken, die an die alte Festung, den Isteiner Klotz sich lehnen

von den spitzen Hügeln, dem Auswurf des Kaliwerks Buggingen, und den Straßen des kleinen Thermalbades, durch die am Sonntag in dicken blauen Uniformen die französischen Flieger ziehen, von den Geißblattranken, die sich an die alten, verfallenen Bunker des Westwalls schmiegen, und wie meine Mutter, nicht weit davon, im Sterben lag, und die französischen Gefangenen ihr mit Wintergrün das Totenbett schmückten. Wie kein Schuss hinüber, herüber, keiner fiel.

4

Am vierten Tag werde ich in die nähere Umgebung des Dorfes zurückkehren. Ich werde vom Wasser sprechen, von diesem Netz von Bächen und Bächlein, die sich im Tal vereinigen, um die Ebene und den Strom zu gewinnen, auch von der neuen Kanalisation

diesem Netz von Röhren, welche die menschlichen Ausscheidungen unterirdisch befördern, und wie dieses Netz auf seltsame Weise den klaren und reinen Strömen über der Erde entspricht. Von den Bächen, die nicht reguliert sind, die einmal abgezapft wurden mit Wehren, die man öffnen und schließen konnte, Wiesen, die ich wässerte, und unter den hochgezogenen Brettern strömte das Wasser den durstigen Wurzeln der Apfelbäume zu, aus denen aber jetzt die Kraft der Motoren das Wasser aufsaugt, in Röhren leitet, in Schläuche, in Regner, die ihre Strahlen weit aussendend, über den Wiesen sich drehen

von dem Wasserbehälter hoch über dem Dorf, dort, wo die Straße den Wald verläßt und der große Blick nach

Westen frei wird, von diesem Betonklotz, in dem es strömt und pocht und rauscht wie in einer Gebirgsschlucht

von all dem werde ich erzählen und an den Rand des Blattes den Lauf der beiden Hauptbäche zeichnen, Möhlin und Eckbach, die sich unterhalb des Dorfs vereinen. Ich werde sagen, dass diese Bäche und ihre Nebenbäche schon alles Wasser im Tal sind, kein See, kein Teich, und alle Meere weit, nämlich viele Hunderte von Kilometern weit entfernt. Binnenland, aber kein Trockenland, ozeanische Winde wie oft, von Frankreich her, die feuchten Westwinde zur Weihnachtszeit

die schwefelgelben Sonnenuntergänge, die himbeerroten Sonnenuntergänge, ein Küstenland, aber am Himmel, unbegehbare Inseln, unbefahrene Buchten, graublau und rosig, eine andere gewaltige Landschaft, unter der die mit Händen zu greifende versinkt. Zwei Landschaften und auch die irdische hat ihre Stunden, auch das greifbare Wasser

die heißen Mittagsstunden, wenn man durch den Wildwuchs der Böschung hinabtaucht und da hockt im kühlen Finstergrünen, wo der Bach funkelnd über die Steine springt

wo in tiefen Gumpen die alten Forellen stehen, die man als Kind mit den Händen gegriffen hat, mit denen man aber jetzt reglos eine stumme Zwiesprache hält

über die weiten Wege der Menschen, die weiten Wege der Fische, Gleitwege und Sprungwege, im Frühjahr zwischen schlaffstengeligen Anemonen, fetten goldgelben Sumpfdotterblumen

und sich erinnert, dass am Bach, in der Nähe des Hauses Nr. 84, einmal eine Mühle stand, dass der Müller ein großer Schläfer, aber auch erfindungsreich war, so dass er einen Glockenzug konstruierte, und die Glocke weckte ihn nach jedem Mahlgang pünktlich zur rechten Zeit dass da, wo einmal die Mühle stand, später ein Sprunggarten für Pferde war

dass dort noch später junge Bäume aufwuchsen, edle, fremdartige, die aber vor ihrer Zeit schon geschlagen wurden

dann eine Schonung von Tannen, zu Christbäumchen herangezogen, Veränderung über Veränderung, ich habe die Absicht, darauf noch einmal zurückzukommen, vielleicht schon am nächsten Tag.

Walter Helmut Fritz

Zwei Gedichte

Unzählige Ginstersträucher

haben ihren Platz aus dem Vorjahr
wieder eingenommen, blühen

drängend und unabsehbar,
beweiskräftig mit ihrem Pulsschlag

auch gestillt, geben dem Tag, durch den
jetzt eine lachende Elster fliegt

ihre Farbe und uns die Worte,
die wir im Gehen tauschen.

Eine der ungezählten Sprachen

Die Lupinen am Wegrand
sprechen

sprechen
eine der ungezählten Sprachen
neben der unseren

sprechen
durch Weiß oder Blau,
in quirligen Trauben
stehende Blüten,
gefingerte Blätter

sprechen
deutlich.

Heinz G. Huber

Die Rastatter Rheinaue. Requiem auf eine Landschaft

Beginnen muss man dort, woher man kommt, bei der Auto-
bahnlandschaft zwischen Karlsruhe und Basel. Die flurbereinigte, fast baum- und heckenlose Landschaft ist zur bloßen Fläche geworden. Ein paar Aussiedlerhöfe, öde Agrarfabriken mit hässlichen Silos, verlieren sich darin. Mit überdimensionalen Traktoren und Pflügen werden die Böden aufgerissen und mit Jauche vollgeschüttet. Seit das Benzin wieder billiger geworden ist und die drohende Geschwindigkeitsbegrenzung vom Tisch ist, macht es wieder Spaß, sportliche Prestigeduelle auszutragen:

Jaguar gegen Porsche, Mercedes gegen BMW, da wird frech gedrängelt und fesch überholt. Wer soll dabei noch ein Auge für die Landschaft haben? Ein paar Waldreste verdecken Mülldeponien und Kläranlagen, ihr Gestank indes ist so penetrant, dass er sich nicht verleugnen lässt. Baggerseen, ausgepowerte, vollgelaufene Kieslöcher sind umlagert von Sonnenhungrigen, die Kiesbänke leuchten knochenbleich herüber. Urlauber machen auf überfüllten Parkplätzen übereifrig Kniebeugen. Züricher Banker in schwarzen Mercedeslimousinen lesen auf den Rücksitzen Akten, während sich ihre Chauffeure mit Lichthupe und pausenlos zuckendem Blinker den Weg bahnen. Wenn kein Smog den Blick trübt, erhascht man einen Blick auf die Waldkuppen des Schwarzwaldes, die sich trotz unübersehbarer Lücken redlich bemühen, noch ein passables Bild abzugeben. Neubaugebiete fressen sich wie Krebsmetastasen in die Landschaft. Autobahnlandschaft sieht überall gleich aus. Man könnte genausogut am Bayrischen Wald entlang fahren, und wenn der Dunst den Schwarzwald vollends verdeckt, auch durch die Norddeutsche Tiefebene. Die Leitplanken, die Parkplätze, die Ausfahrten, die Brücken, die Siedlungen ähneln sich, nur dass sie jeweils mit anderem Namen deklariert sind. Übereifrige Fremdenverkehrswerber haben mit großflächigen Schildern die Landschaften gekennzeichnet, die neben der Autobahn liegen, denn sie sind an nichts zu erkennen. Was man als touristischen Full-Service verstehen könnte, ist in Wirklichkeit das Eingeständnis eines Defizits: Es gibt für den Autofahrer nichts mehr, an dem er diese Landschaften identifizieren könnte. Der Zivilisationsnomade des 20. Jahrhunderts, er ist immer unterwegs, unterwegs zur Arbeit, zu Konferenzen, zu Besuchen und Ausflügen, unterwegs in den Urlaub. Überall und nirgends ist man zuhause, vor allem auf der Autobahn. Eine Landschaft braucht nur der, der bleibt.

Man muss Landschaften ausgraben, ausgraben aus den Verschüttungen unseres Bewusstseins, ausgraben unter dem Schutt und den Verwüstungen der industriellen Zivilisation. Man muss zuerst einmal die Autobahn verlassen, sich ins Abseitige wagen und sich niederlassen, ohne sich in eine dumpfe Provinzialität zu begeben. Landschaftsarchäologie wäre eine neue Pflichtdisziplin: Das ausgraben, was einmal war, und dabei zu betrauern, was unwiderruflich verloren ist und noch täglich verloren geht. Wählen wir die Ausfahrt Rastatt, betreiben wir die Archäologie einer Landschaft, die zum Schönsten gehört und gehörte: die Rastatter Rheinaue.

Im Juni mit dem Fahrrad auf dem Rheindamm entlangfahren. Margeriten und Schachtelhalme blühen, ein Zitronenfalter flattert zwischen Spitzwegerich und Wiesensalbei umher. Fast geräuschlos streicht ein Habicht aus den Pappelkronen über den Weg. Im Überschwemmungsbereich vor dem Damm schimmern schwarze Tümpel zwischen den Baumstämmen hervor. Man verirrt sich zwischen meterhohen Brennesselwäldern. Die Schnaken toben, grün bricht sich das Licht unter dem Blätterdach. Stehend rudert der alte Fischer seinen Dreibord durch den Gießen und legt Aalreusen aus. Fische springen nach Insekten und klatschen auf die Wasserfläche. Wasserläufer ziehen winzige Rinnen hinter sich her. Gegen die tiefstehende Abendsonne hat sich der Fischer die Hutkrempe tief ins Gesicht gezogen. Charon, der Fährmann, rudert über den Acheron ins Totenreich. In der Abgeschiedenheit des Auwaldes entfernt sich die Wirklichkeit, alles wird wieder zum Mythos.

Am Goldkanal, im Freizeitdorado, ist man schnell wieder unter den Lebenden. Segelschiffe und Surfer kreuzen gegeneinander. Väter bauen für ihre Kinder Sandburgen und werden selbst wieder zu Kindern. Die sonnenhungrige Edelrasse der Braungebrannten frönt textilfrei ihrem Sonnenkult. Die Ruderer im Vierer-mit versuchen schwitzend den Anweisungen zu folgen, die ihnen der Trainer vom Motorboot aus über das Megaphon gibt. In den Rahen der Jachten klappert und singt der Wind. Autofahrer streiten sich um Parkplätze und hupen sich den Weg frei. Die Büromenschen legen sich in den Sand, lassen sich die Füße von der leichten Brandung umspülen und phantasieren sich ans Meer. Das Wasser macht aus der Froschperspektive den Horizont weit, Farben und Licht lösen sich in einem bunten Geflimmer auf.

Im September hat das Licht seine Klarheit wiedergewonnen. Alles tritt plastisch hervor, Räume öffnen sich, die Schatten im Wald geben den Blick auf ihre Tiefe frei. Der weiße Schatten eines Birkenstämmchens ruht neben dem dunklen Spiegelbild einer Pappel bewegungslos auf der Wasserfläche. Weiße Flaumwölkchen treiben auf dem Wasser, Schwäne mit zwei Hälsen schweben mühelos über die bebilderte Wasserfläche, wer ihnen folgt, glaubt, das Schilf, die Weiden, die Stämme würden vorbeigleiten, was ruht, bewegt sich, was oben ist, ist unten, alles scheint nur noch, alles arrangiert sich zu diesem unvergänglich schönen Augenblick.

Dann sind die Tage dunkel geworden. Das Licht kommt nur noch aus großer Tiefe. Schwarze Pünktchen treiben auf dem Wasser, es sind Haubentaucher und Blässhühner. Ein Keil Enten zieht über den Himmel, Sumers Schrift. Der einsame Angler im Boot zieht seinen eigenen Schatten aus dem Wasser. Der weiße Schnee bildet zu dem schwarzen, dampfenden Morast einen unübersehbaren Kontrast. Die Spiegelbilder, die Schatten auf dem Wasser verbergen Abgründe und geben nichts mehr preis. Der Reiher lauert geknickt auf einem Bein auf einer Sandbank und wartet auf Beute. Der Wind treibt den feinen Pulverschnee durch das dürre Rohr, dass das Rieseln schon eine Gänsehaut verursacht. Die alten hölzernen Dreiborde an den rostigen Ketten sind halb leck geschlagen und im Eis eingefroren. Noch gibt es Schrittspuren, die immer noch weitergehen. Man bleibt zurück und stellt sich vor, sie endeten im Nirgendwo.

Im Frühjahr brechen die Eisplatten auf und treiben in den offenen Strom. Der Rhein mit seinen mahlenden Strudeln zerkleinert knirschend die Eisplatten zu kleinen Stücken. Wenn der Schnee schmilzt, holt sich das Wasser das Land zurück, das ihm schon immer gehörte.

Rosemarie Bronikowski

Platzbesetzer

Sie sind rechtschaffene Bürger. Für das Recht der Landesregierung geschaffene Bürger. Sie hätten sich die Zerstörung
ihrer Umwelt gefallen lassen, wie andere rechtschaffene Bürger auch, hätte nicht eine gewisse Ideologie Lunte gerochen
und das Feuer entfacht.

Sie selbst hätten das Feuer angezündet, sagen die Besetzer.
Eigenhändig hätten sie die von den Bautrupps gerodeten
Bäume zu Brennholz zersägt. Warum? Weil ihnen kalt sei.
Es ist Februar. Es nieselt. Sie sitzen auf Baumstämmen um
die qualmende Glut. Die Frauen stricken.

Es sind rotbackige Landfrauen, steht morgen in der Zeitung. Übermorgen wird in der Zeitung stehen, sie hätten die
rote Fahne gehisst. Damit jeder merkt, vor wessen Karren sie
sich haben spannen lassen.

Es sei ihr eigener Karren, behaupten die Platzbesetzer, von
dem sie gerade ein altes Sofa abladen. Es kommt in die Press-
spanhütte. Die zweite Nacht im Freien steht bevor. Regen-
dächer werden errichtet, Zelte aufgestellt. Ein Planwagen
wird herangefahren. Auf den aufgeweichten Waldboden wird
Stroh geschüttet. Im Stroh springen Kinder.

Ein Bild wie aus der Zeit der Bauernkriege.

Dies ist kein Bauernkrieg, mein Herr, sondern eine Aktion
friedliebender Bürger zur Rettung ihrer Heimat.

Er habe nichts gegen Bürgerinitiativen, meint der Herr
im grauen Anzug. Im Gegenteil, sie seien sogar erwünscht.

Sie geben unpopulären Maßnahmen den demokratischen Anstrich. Nur in Aktion ausarten, dürften sie nicht. Dafür sorgten schon die vollendeten Tatsachen, vor die sie gesetzt würden.

Die Bürger sitzen vor den vollendeten Tatsachen.

Wo ein Naturlehrpfad zum Erlebnis einer urwüchsigen Uferlandschaft einlud, haben die Greifbagger ein Loch gefressen. Dort sitzen die Bürger. Sie sitzen unter den Greifern und vor den Raupenketten. Sie setzen die Tatsachen außer Betrieb.

Sie sitzen im Unrecht, sagt der Besitzer des Baugeländes. Wir haben ein Recht auf Gesundheit, sagen die Besetzer des Baugeländes.

Sie riskieren einen Schnupfen.

Der Besitzer liegt im warmen Bett.

So warm könnten es die Besetzer auch haben, sagt er, denn er will ihnen wohl. Er will ein großes Werk für sie bauen, damit sie genügend elektrischen Strom haben, um Babies Fläschchen zu wärmen.

Zur Unzufriedenheit besteht kein Grund.

Die Platzbesetzer haben keinen Grund zur Besetzung des Bauplatzes. Sie begehren grundlos auf.

Sie sitzen grundlos im Dreck.

Sie sind grundlos durchnässt, grundlos klamm vor Kälte.

Sie verbringen grundlos schlaflose Nächte vor dem Gelände.

Eine schlaflose Nacht steht ihnen bevor.

Schon zieht sich ein Ring von Polizeieinheiten um den besetzten Platz zusammen.

Man wird ihnen klar machen, wie grundlos ihre Sorgen waren. Notfalls mit Gewalt.

Die Besetzer sind gegen die Anwendung von Gewalt.

Ist das etwa keine Gewalt, fragt der Herr im grauen Anzug andere Herren in grauen Anzügen, wenn die Besetzer Absperrungen durchbrechen, den rechtmäßig erworbenen Bauplatz stürmen und die Baumaschinen am Roden des Waldstückes hindern?

Unter Gewalt, sagen die Besetzer, verständen sie die gegen Leib und Leben.

Wenn Frauen an den Haaren gezogen und durch die heiße Asche geschleift würden: das verständen sie unter Gewalt.

Noch ist es nicht so weit.

Noch sitzen sie ums Feuer und singen, um einander Mut zu machen. Gegen Morgen beginnt der Angriff.

Wächter schlagen Alarm, Kirchenglocken läuten Sturm, aus den umliegenden Ortschaften eilt Verstärkung herbei.

Die Angreifer geben eine letzte Warnung durch Megaphon.

Dann fegen die eiskalten Strahlen der Wasserwerfer die eingehakt ums Feuer Sitzenden auseinander. Einzeln werden sie vom Platz geschleppt. Einer Mutter fällt das Kind aus den Armen.

Schreie, Schluchzen, Fäusteschütteln. Ohnmächtiger Zorn.

Das ist ja wie im Kino hier.

Die Übermacht ist Sieger. Auf einen Besiegten kommen zwei Sieger. Auch Frauen werden besiegt. Auch Kinder werden besiegt.

Als alle besiegt sind, zieht der rechtmäßige Besitzer Panzerdraht um das Baugelände. Mit vier Meter hohem und drei Meter breitem Panzerdraht wird ein Bauvorhaben, das der Bevölkerung zu Gute kommen soll, vor der Bevölkerung geschützt.

Drei Tage später finden sich zwanzigtausend Menschen ein

und erklären sich mit den Besetzern solidarisch. Jetzt sind *sie* die Übermacht. Sie reißen den Draht nieder und besetzen von neuem das Gelände. Sie umarmen einander vor Freude.

Dies war mein schönster Tag, sagt eine Winzerfrau. Unsere Enkel sollen einmal wissen, dass wir uns gewehrt haben.

Ob sie das System verändern wolle?

Sie habe Arbeit genug daheim, meint sie. Die Reben müssten geschnitten werden.

Walter Moßmann

Dreyeckland

»1980. Für Rebecca«

> mr keije mol d'Gränze
> iiwere Hüffe
> un danze
> ummerum

Am Basler Rheinufer neben dem Grenzübergang Weil/Friedlingen kann man das »Dreiländer-Eck« besichtigen. Das ist der strategisch interessante Punkt auf der Landkarte, wo sich die Grenzen der Bundesrepublik Deutschland (D), der République Française (F) und der Confoederatio Helvetica (CH) treffen. Weil dieser Punkt, bloß auf den Kai gemalt, nichts hermachen würde, hat die Stadt Basel für die Touristen eine Attraktion hingestellt, ein Monument. Sieht aus wie eine silberne, startbereite Rakete mit drei Flügeln. Jeder Flügel zeigt in die Richtung, wo ein nationales Mekka liegt (Paris, Bern, Berlin) und trägt das Hoheitszeichen der jeweiligen Luftwaffe. So weiß jeder Bescheid, Luft und Wasser schmecken zwar rundum nach Chemie, aber rechts stinkt es deutsch, links französisch und hinten eidgenössisch.

Nicht überall in der Region kann man sich so leicht orientieren. Im Leymental zum Beispiel, südlich von Basel, überquert die Straße alle paar hundert Meter eine Grenze, und ich weiß oft nicht, auf welchem Hoheitsgebiet ich mich gerade befinde; die Landschaft ist überall gleich freundlich, die Dörfer haben ganz ähnlichen Charakter, die Leute sprechen alemannischen Dialekt. Wenn ich über die Felder gehe, finde ich plötzlich einen verwitterten Grenzstein. Der sieht dann ziemlich albern aus, irgendwie überflüssig.

Das können die Nationalstaaten allerdings überhaupt nicht leiden, dass man sie übersieht oder gar überflüssig findet. Deshalb haben sie im Dreyeckland für klare Unterscheidungen gesorgt: es gibt dreierlei Fahnen, dreierlei Ortsschilder, dreierlei Geldscheine und Münzen (dieses Durcheinander im Geldbeutel!), dreierlei Grenzer-Uniformen, Polizisten-Uniformen, Soldaten-Uniformen; die Zeitungen unterscheiden streng zwischen »Inland« und »Ausland«; die Sonnenstrahlen der ARD-Wetterkarte brechen exakt über der Rheingrenze ab (im Elsaß gibt es kein Wetter); wenn im Fernsehen elf Kicker aus Straßburg gegen elf Kicker aus Hamburg spielen, zittern die Fußball-Fans in Kehl für die Hanseaten, weil das »die Deutschen« sind, die »Unsrigen«; wenn die Nachbarn im Elsaß Schwierigkeiten mit dem Salz aus den Kaligruben haben, geht die Meldung von Mülhausen nach Paris, von Paris nach Bonn, und von Bonn nach Freiburg. Unterwegs wird sie immer kürzer.

Die Nationalstaaten legen sich mächtig ins Zeug, um Land und Leute nach Staatszugehörigkeit zu sortieren. Denn je mehr National- und Staatsbewusstsein sie in die Köpfe pflanzen, um so weniger müssen sie fürchten, dass die Leute in der Region selbstbewusst werden. Wie sollte man sie noch am Zügel führen, wenn sie die Spanischen Reiter an der Grenze umstoßen, wenn sie sich vermischen und die Region zwischen Schwarzwald, Jura und Vogesen als ihr Land ansehen?

Der elsässische Liedermacher *François Brumbt* (»ich brumme, du brummst, er brumbt«) hat das selbstbewusste Wort »Dreyeckland« erfunden. Er hat die drei Ecken der Nationalstaaten zusammengesetzt und gesehn: »Hoppla! s'baßt, do hemmr s'Dreyeckland!«

Die Idee lag aber schon länger in der Luft, seit 1974.

Am 20. September 1974 sind wir auf den Bauplatz der CWM in Marckolsheim gegangen und haben ihn besetzt. Das war das erste befreite Gebiet des Dreycklandes. Die nächsten Plätze haben wir in Wyhl und Kaiseraugst behauptet. Das waren nun keine bewaffneten Aufstände, aber es waren Aufstände. Und zwar gegen die Machtzentralen von drei äußerst protzigen Industrie-Staaten. Der Skandal: die Unteren haben sich über die Grenze weg verbündet gegen ihre Oberen. Und das auch noch mit Erfolg!

Seit Juli 1977 halten wir die Ätherwellen besetzt, und zwar UKW 100 bis 104 Megahertz, jeden Donnerstag und Freitag ab dreiviertel acht und Sonntag ab 11 Uhr. Radio Verte Fessenheim, unser Sändr üssm Dreyeckland, versteht sich als Stimme der Region und redet mit vielen Zungen, auf alemannisch, deutsch und französisch.

Was wir wollen?

Wir verlangen Kompetenzen zurück, wie das der *Jean* sagt. Wir beharren darauf, für unser eigenes Leben selber zuständig zu sein. Wir machen denen »Oben« das Recht streitig, an unserer Stelle zu entscheiden, und denen »Drüben« auch.

Wenn 50 % der betroffenen Bevölkerung im Katastrophengebiet eines AKW nichts zu sagen haben, weil sie Ausländer sind, dann liegt der Fehler an der Grenze. Die Grenze ist der Fehler. Die Elsässer geht Wyhl (D) was an, die Badener geht Fessenheim (F) was an. Und wenn die Grenzer aus Marseille oder Kiel mit arrogant gesträubtem Schnurrbart erklären, dass es uns »Ausländern« nicht zusteht, Forderungen geltend zu machen, dann betrachten wir die Uniformierten als bewaffnete Organe einer Besatzungsmacht. Denn wir hier im Grenzland müssen doch die Suppe auslöffeln, die uns im »Nationalen Interesse« von den Metropolen eingebrockt wird.

Manchmal denk ich, du nimmst das nicht ernst, wenn ich »Besatzungstruppen« sage. Was mich betrifft, ich nehm dieses Wort ernst. Klar geworden ist mir das zunächst nicht hier, sondern im Landkreis Lüchow-Dannenberg, im Wendland. Da stand ich an der Elbe und schaute betreten zum anderen Nationalstaat rüber. Sah diesen schrecklichen Grenzzaun, sah die Wachtürme, wusste, dass die Posten angehalten sind, auf jeden Menschen zu schießen, der von einem Flussufer zum anderen will; wusste, dass die da drüben gar nicht wissen, was um Gorleben rum los ist, obwohl sie genau so betroffen sind wie die Westler. Und dann wurde das Gefühl im Rücken immer schlimmer. Ich wusste nur zu gut, wie es diesseits der Elbe aussieht. Ständig 2000 Mann Besatzungssoldaten. Immer mehr Betonfestungen mit Schießscharten und einem planierten Streifen vor den Mauern, freies Schussfeld. An jedem Alltag fahren Truppen-Konvois durch die Dörfer; ständig irgendwo Kontrollen. Ein Bauer wird im Wald zusammengeschlagen, weil er bei der Arbeit keinen Ausweis bei sich hatte. Am 4. Juni 1980 hat sich die Truppenstärke auf 7000 erhöht, und das in einer Region, in der 45000 Menschen leben. 1 Soldat auf 6 Einwohner…

Ihr habt zwei Besatzungszonen, wir haben drei. Bei euch hat sich die Sache schon gewaltig zugespitzt, bei uns liegt der Atomstaat noch unterm Tarn-Netz.

Ich hab als Kind eine Besatzungszeit erlebt, die war schlimm. Von »Widerstand« war da nicht die Rede, nur vom Überleben. Und damals wäre der Widerstand noch schlimmer als Besatzung gewesen, nämlich Nazi-Werwolf.

Heute ist das anders: die Besatzungsmacht hat nicht vor, wieder wegzugehn, die gräbt sich hier ein, die wird immer größer werden, die will uns an die Gurgel. Widerstand ist eine Frage des Überlebens. Wir müssen die Résistance studieren.

Uns bleibt nichts anderes übrig.

Die Leute, die hier gegen die Atomindustrie kämpfen, sagen, dass sie ihre »Heimat« verteidigen oder die »Raumschaft« oder die »Region«. Dafür sind sie kompetent. Wenn der Meinrad mir den Rheinauewald zeigt, der dem AKW weichen soll, die Eichen, Buchen, Erlen, Weiden, Silberpappeln, oder den Eisvogel, den Kormoran, den Fischadler, dann begreife ich, um was es geht. Wenn mir der Michel auf einer Jurawiese 21 verschiedene Orchideenarten zeigt. Wenn mir die Lore in Weisweil ihre verschiedenen Apfelsorten erklärt, und wie man Most macht, und wie sich eine Weinessig-Mutter bildet. Wenn mir der Handwerker Pierre Spenlehauer im Sundgau die Zweckmäßigkeit der Fachwerkhäuser beweist und die Dauerhaftigkeit eines Kachelofens. Wenn ich seh, wie hartnäckig und auf eigene Faust der Werner in Sasbach seine Sonnenkollektoren herstellt und verbreitet …

Ich denke, das ist eine ganz entscheidende Frage: Wir Untertanen haben uns schon gefährlich lang einschüchtern und ausschalten lassen von Leuten, die für irgend etwas »kompetent« sein sollen. Diese Manager und Ingenieure etwa, die uns das Wirtschaftsministerium ständig auf den Hals hetzt, für was sind sie denn wirklich zuständig? Die haben doch nur gelernt, wie man menschliche Arbeitskraft und Natur gewinnträchtig ausbeutet, dafür haben sie ihre Diplome erworben, und damit hat sich's. Oder diese Arbeitsplatz-Strategen: Was wissen die denn von der Wirklichkeit der Arbeitsplätze? Jetzt planen sie das Ruhrgebiet am Oberrhein, sie »versorgen« uns mit Arbeitsplätzen. So machen sie Geschichte.

Aber wer fragt die Menschen, die solche Arbeitsplätze erleiden müssen? […]

Also wenn ich Atompolitiker wär und hätt einen Hass auf die Kaiserstühler, weil sie so widerspenstig sind in Sachen

Wyhl, dann würde ich folgendes sagen:

»Mitbürger, Freunde, Kaiserstühler, hört mich an! Ihr produziert hier einen guten Wein, aber die Arbeit ist hart und der Lohn gering. Lasst uns das ändern. Ich mach in ganz Plattdeutschland und noch weiter weg Reklame für »Badischen Wein von der Sonne verwöhnt!«. Dann wird die Nachfrage steigen, und ihr könnt mehr verkaufen. Dazu muss aber auch mehr produziert werden, ist doch klar, oder? Also weg mit Obstbäumen (die locken eh nur die Vögel an), weg mit Getreide, Gemüse, Wald, Wiesen fürs Vieh, brauchen wir nicht. Alles, was ihr zum Essen braucht, werden euch die Supermärkte liefern. Das wird zwar ein paar tausend Kilometer hierher transportiert, die Hälfte verkommt unterwegs, und damit der Rest nicht auch verreckt, braucht es jede Menge Konservierungsmittel, aber, Freunde: es wird billig sein! Denn es kommt von Monokulturen, und die sind rationell, fortschrittlich, zukunftweisend.«

Das ist der erste Schritt. Gesetzt den Fall, sie tun, was ich sage, würde ich etwa so fortfahren:

»Liebe Winzergenossen, ihr seid noch zu sehr zersplittert. Wir brauchen jetzt eine zentrale Winzergenossenschaft. Da schütten wir alles, was hier wächst, zusammen; so habt ihr keine Überschüsse mehr. Lasset uns in Breisach schöne, moderne, riesengroße Tanks bauen, und was da drin passiert, braucht euch nicht weiter belasten. Dafür mieten wir Chemiker und Spezialisten. Wir bauen hier eine richtige Weinfabrik hin. So braucht ihr nur noch Trauben produzieren. Niemand muss mehr die Kunst lernen, wie man einen Wein ausbaut, das ist altmodischer Kram. Lasst uns nur machen!«

Nun besteht die Gefahr, dass die zu Traubenbauern reduzierten Winzer bemerken, dass es ihnen noch gar nicht besser geht. Dann würde ich folgenden Vorschlag machen:

»Auf, auf zum großen Sprung nach vorn! Jetzt wird der Berg umgebaut! Wir machen aus dem Kaiserstuhl einen Kunstberg mit riesigen Terrassen, breiten, asphaltierten Straßen und schmeißen soviel Chemie auf die Pflanzen, bis sie das Doppelte hergeben. Dazu kauft ihr euch paar neue Maschinen (und wir in der Zentrale auch, versteht sich), und dann ersäuft die Welt im Badischen Wein. Leider werdet ihr zunächst nicht mehr soviel verdienen, denn alles hat seinen Preis, und Investitionen müssen sein, aber in ein paar Jährchen seid ihr fein raus.«

Und dann würde ich abwarten. Zum Beispiel könnte ja bald folgendes eintreten: Der kalifornische Wein, der in Paris schon die höchsten Auszeichnungen gewonnen hat, überschwemmt den europäischen Markt. Der Markt kriegt eine Laune und nimmt den Kaiserstühler nicht mehr auf, besonders da er in den Tanks meiner Zentralkellerei immer schlechter geworden ist. Und so ein Umschwung kann über Nacht kommen. Dann trete ich als Retter auf:

»Liebe Landeskinder, nun hat euch das Schicksal getroffen. Der Wein geht nicht mehr hinaus aus meinen Tanks, und wir müssen ihn in den Rhein schütten, so viele tausend Hektoliter, dass noch in Köln die Alkoholiker am Ufer schlabbern wie die Hunde. Ihr aber, meine Lieben, habt ja gar nichts mehr, auch keinen Gemüsegarten, nicht einen Weizenhalm auf dem Feld und keine Kuh im Stall, keinen Kirschbaum und keine Brombeerhecke. Wer wird nun für euch sorgen? Ich werd's euch offenbaren: Vater Staat hilft seinen Kindern. Nach Wyhl holt er ein AKW, südlich und nördlich machen wir eine Industriezone, da bisschen Chemie, dort bisschen Plastik, hier ein Aluwerk und da die Pharma. Lauter saubere Arbeitsplätze auf Lebenszeit. So habt ihr endlich mal wieder Feierabend, und dafür stell ich 26 Fernsehprogramme zur Verfügung, und ihr trinkt in Ruhe euren kalifornischen Wein.« Und wenn sie dann aus der Fabrik nach Hause kommen, würd ich im Fernsehen Filme zeigen, die einen stolz machen können auf unsre Industrie, die deutsche! Sagt da jemand »Planstaat«? Na, na, na, bei uns muss ja niemand in die Fabrik. Kann sich ja beim BGS bewerben oder so. [...]

André Weckmann

Elsass: Von der Selbstaufgabe zur Konvivialität?

Das Elsaß ist keine Region wie andere Regionen. Die Elsässer sind keine Minderheit wie andere Minderheiten. Das Elsaß ist weder die Bretagne noch Südtirol. Das Elsaß ist ein deutschsprachiges Land, das französisch sein will. Das Elsaß ist eine französische Provinz, die deutschsprachig bleiben will. Das ist aber eine Vereinfachung, denn die elsässische Wirklichkeit und der elsässische Sprachgebrauch sind viel komplexer. Der Elsässer ist kein Auslandsdeutscher und kein Volksdeutscher, sondern ein Franzose. Er ist aber auch kein Vollfranzose, sondern ein französischer Elsässer, was nicht dasselbe ist. Er ist ein Auch-Franzose sozusagen. Der Elsässer spricht auch nicht Deutsch, sondern Ditsch, Elsässerditsch. Manche Elsässer haben sogar das Anhängsel »ditsch« abgeschafft, die sprechen dann Elsässisch. Es gibt Elsässer, die ziehen die französische Sprache dem Dialekt vor, auch und besonders wenn sie ein schlechtes Französisch sprechen. Und es gibt Elsässer, die den Dialekt lieben, diese Liebesbezeigung aber ausschließlich auf Französisch ausdrücken. Und es gibt Elsässer … man könnte noch lange so weiterspielen, denn es gibt noch so viele Abarten in diesem kuriosen Land. Die meisten Elsässer aber sind stumm, mundtot, introvertiert. Kommts wie's kommen will. Wir haben ein gestörtes Verhältnis zu den Deutschen wie zu den Franzosen: die einen lieben uns zu sehr, die anderen zu wenig, wie wir glauben. Und wir haben ein gestörtes Verhältnis zu uns selbst, weil wir unser seelisches Gleichgewicht verloren haben. Man sagt von uns, wir seien Masochisten, Schizophrene und was es noch alles an Gemütskranken gibt. Es stimmt, wir sind krank. Wie sagte ein Straßburger Akademiker: Das Elsaß ist eine Krankheit, die Pest und die Cholera. Meine Kinder sollen davon verschont bleiben, sie werden keine Elsässer sein. Sie sind es dennoch. Man kommt nicht davon weg, sogar wenn man ganz assimiliert ist. Das Gewicht der Vergangenheit lastet zu schwer auf diesem Volk.

Soll hier von der reichen Vergangenheit gesprochen werden? Von den freien Städten, von dem alemannischen republikanischen Geist? Von der elsässischen Literatur: Otfrit, Gotfrit, Brant, Fischart, Schickele, Stadler, Arp, Schweitzer? Von der Gotik und der Renaissance? Von Goethe in Sesenheim? Von dem langen fränkisch-alemannisch-deutschen Jahrtausend? Oder soll von den letzten hundert Jahren gesprochen werden? In ihrer Mitte liegt ein Berg, der Hartmannsweilerkopf. Dreißigtausend Deutsche und dreißigtausend Franzosen krallten sich dort ineinander, erschossen, erwürgten, erstachen und zerrissen sich. Nun liegen sie nebeneinander, ganz friedlich. *In der Mitte dieser hundert Jahre liegt ein anderer Berg, der Struthof.* Dort rauchten die Krematorien Tag und Nacht. Die Angst steckt uns noch heute in den Knochen, sowie das Schamgefühl, vom Unmenschen vereinnahmt worden zu sein als Bruder deutscher Zunge.

Blutiges, blutendes Elsaß. Millionen starben seinetwegen, hunderttausend der Unseren mit ihnen. Und hunderttausend andere wurden verfemt, verfolgt, eingesperrt, ausgewiesen, vergast, gehängt, erschossen.

Dann müsste auch vom eigenen Kampf und den Niederlagen gesprochen werden. Vom Kampf gegen den preußischen Imperialismus, vom Kampf in den zwanziger Jahren gegen den jakobinischen Pariser Imperialismus, von den Schein-siegen und der Anpassung, das heißt der Niederlage um des Überlebens willen.

Wir mussten immer wieder bessere Patrioten sein als die Innerfranzosen, bessere Patrioten als die Innerdeutschen. Von uns wird seit je radikale Treue verlangt sowie das ständig wiederholte Bekenntnis. Es wurde in diesem Jahrhundert in keiner Region soviel Fahnenstoff verbraucht wie bei uns. Es gibt auch nirgendwo so viele Fahnenträger. Und Elsässer sein, hieß immer wieder zuerst Franzose sein, oder Deutscher, je nach der Fahne, die auf dem Münster wehte, dann erst Elsäs-ser, als Apposition sozusagen, im zweiten Glied, als Alibi für unsere miesen Sprachkenntnisse, als Entschuldigung für unser angeborenes welsches oder teutonisches Gehabe.

Nein, unsere Vergangenheit, das ist nicht mehr die Glanz-zeit des Heiligen Römischen Reiches, die ist für uns in die Eiszeit gerückt. Es ist auch nicht die Revolution und das na-poleonische Abenteuer. Unsere Vergangenheit, das sind diese verdammten letzten hundert Jahre der Stellungs- und Gesin-nungswechsel, der Verdächtigungen und der Reinwaschun-gen, der Umschulungen und der Anpassung, der Annexionen und der Befreiungen. Mein Großvater, vor 1870 geboren, musste viermal die Nationalität wechseln. Als er 1944 seinen letzten Ausweis bekam, wusste er nicht mehr, wo er dran war: Bin ich nun Franzose oder Amerikaner? fragte er.

Nun hat sich Europa gefunden, und die feindlichen Brüder liegen sich in den Armen. Und wir liegen an Frankreichs Busen, was viel angenehmer ist, als von Kommissstiefeln auf Vordermann gebracht zu werden. An diesem Busen sind wir eingeschlafen, oder besser gesagt, hat man uns eingeschläfert, haben wir uns einschläfern lassen, weil wir so müde geworden sind. Wer wäre es nicht geworden an unserer Stelle.

Martin Zingg

Eine Nacht mit dem Restrisiko

Halle 956. Chemiestunde
»Stoffe dürfen nur so verwendet oder gelagert werden, dass
sie, ihre Folgeprodukte oder Abfälle den Menschen oder seine
natürliche Umwelt nicht gefährden können.« Artikel 28 des
Schweiz. Umweltschutzgesetzes vom 1. Jan. 1985.

Am 1. November 1986, um 0.19 Uhr, entdecken, beinahe zur gleichen Zeit, eine Polizei-Patrouille der Baselbieter
Kantonspolizei und ein Betriebsarbeiter, dass aus dem La-
gergebäude 956 im Werk Schweizerhalle der Sandoz eine
Stichflamme schlägt.

Schweizerhalle liegt auf dem Boden des Kantons Basel-
Land, ist aber nur wenige Kilometer von der Stadt Basel
entfernt.

Und Schweizerhalle liegt am Rhein.

Die Szenen sind bekannt: Flammen, die bis zu 60 Metern
hoch schlagen; in grellen Explosionen bersten Fässer mit
Chemikalien und wirbeln durch die Luft; darum herum stehen, ziemlich machtlos, etwa 200 Feuerwehrleute. In den
Kantonen Basel-Land und Basel-Stadt werden ranghohe
Beamte für einen Krisenstab aufgeboten. Auf einer Kette des
deutschsprachigen Radiosenders und über das private Basler
Lokalradio wird gegen Morgen direkt von der Brandstätte aus
informiert, »live«; die Polizei lässt durch Lautsprecherwagen
die Bevölkerung auffordern, sie möge die Fenster schließen,
zu Hause bleiben und Radio hören, um dort weitere Weisun-
gen abzuwarten. Wo sie überhaupt funktionieren, heulen die
Sirenen. Der Betrieb der öffentlichen Verkehrsmittel wird

vorsorglich gar nicht erst aufgenommen, jener der Staatsbahnen SBB, DB und SNCF wird eingestellt, eine nahe Autobahn gesperrt. Beißender Gestank breitet sich aus; in den Straßen Totenstille; nur aus dem Radio ertönt das aufgeregte Reden des Basler Lokalsenders, eine sich überschlagende Stimme versucht, den jeweils aktuellen Stand der Katastrophe, die niemand überblickt, zu reportieren; das Telefonnetz ist restlos ausgelastet und bricht für Momente zusammen; alle warnen die, mit denen sie gerne überleben möchten.

Ein Sofortbild für viele: *Um dreiviertel sechs in der Früh reißt mich die Alarmsirene meines Basler Vororts aus dem Schlaf. Ich denke im Halbschlaf, aha, Idiot in Bottmingen, Kurzschluß hergestellt, Blödmann. Eine Minute Stille. Dann Sirene. Stille. Sirene. Man wird egozentrisch und denkt: Vielleicht wollen die dir was sagen und haben eben nur eine Sirene. Der Ton ist nicht lieblich. Es ist ja keineswegs abseitig zu denken, die Sirene rufe den Krieg erst hervor.* (Jürg Laederach in »Die Zeit«, 21. 11. 86).

Gegen 6 Uhr früh ist der Brand gelöscht. Das Übergreifen auf die umliegenden Chemikalienlager in Schweizerhalle hat knapp verhindert werden können. Eine Stunde später gibt der Krisenstab Entwarnung bekannt. Die Geschäfte können noch rechtzeitig öffnen.

Alles halb so schlimm

Als in der Region die vom Krisenstab verordnete Normalität einsetzt, beleben sich die Straßen schnell. Die Straßenbahnen und Busse müssen erst noch in Betrieb genommen werden, das dauert seine Zeit, Verspätungen sind nicht ausgeschlossen, eine freundliche Stimme wirbt am Radio um Verständnis. Der Lokalsender, der natürlich genau weiß, was eine – und sei es auch bloß katastrophenhalber – hohe Einschaltquote wert ist, sendet bereits die ersten Werbespots. Die Möbelfirma wird sich gefreut haben. So viele unfreiwillige Zuhörer, die dem Medium ausgeliefert sind. Die Schüler werden um 9.30 Uhr zum »regulären Unterricht« erwartet; die kurz zuvor bekanntgegebene Schließung der Schulen ist damit, weil ja alles wieder klar ist und wie gewöhnlich weitergeht, gegenstandslos. Aus den Rotationsmaschinen der lokalen Monopolzeitung, der »Basler Zeitung«, die der Großchemie infolge Abhängigkeit auch in schwierigen Zeiten ergeben zugetan und im Tonfall leicht regulierbar ist, quillt bereits eine Sonderausgabe, die gleichentags vergriffen ist. Titel: »Eine Region atmet auf«. Was die Region dabei alles schon eingeatmet hat, kann zu dieser Stunde niemand mit Bestimmtheit sagen. Später wird sich herausstellen, dass die Entwarnung ohne ausreichende Grundlagen verfügt worden ist. Überhaupt wird sich erst später alles herausstellen.

Eine Region im Reagenzglas

Nach der Entwarnung beginnt das, wovor nicht mehr gewarnt werden kann. Die Brandkatastrophe franst aus in ein Bündel von nachträglich enthüllten Katastrophen, die, sozusagen übereinanderkopiert, nicht sofort zu erkennen waren. Nach und nach tritt ans Licht, in kleinen, einander zunehmend immunisierenden Informationshäppchen, was sich da eigentlich abgespielt hat. Und dabei weitet sich das, was die Sandoz-Führung so gerne von der Kommandobrücke aus als kleines Leck behandelt hätte, gleichsam betriebsintern, was sie darum zunächst und erstaunlich lange noch »Ereignis« nennt und so sprachlich desinfizieren möchte, dabei weitet sich das so Verharmloste aus zu einer Angelegenheit, die den lokalpolitischen Rahmen längst gesprengt hat. Als die Feuerwehr ihre Schläuche einrollt, ist die Katastrophe international.

»Wir hatten alles im Griff«, heißt es schon kurz nach der Entwarnung. Der Krisenstab und die Sandoz-Verantwortlichen loben einander. Das Fernsehen zeigt müde Gesichter, die Furchen markieren Entschlossenheit und Stolz, nein, Angst habe man nicht gehabt, obwohl, schrecklich sei der Anblick der Flammen schon gewesen, das schon. Computerausdrucke der gelagerten Chemikalien, heißt es, seien sofort zur Hand gewesen. Sie nennen 250 Tonnen Rohstoffe zur Herstellung von Agrochemikalien, daneben Fertigprodukte wie Düngemittel und Insektizide. Außerdem: 225 Tonnen Harnstoff und einige Tonnen Kunststoff-Additive. Der Gestank, heißt es weiter, rühre vermutlich von Mercaptanen her. Und die »auffällige Rotfärbung« des Rheins stamme von einem Markierstoff und sei ungefährlich.

Am 4. November, die Sandoz, wenn sie sich überhaupt äußert, spricht immer noch von »Ereignis«, sieht alles anders aus.

Die »auffällige Rotfärbung« des Rheins hat umgeschlagen in eine gewaltige Gewässerkatastrophe. Beim Löschen des Brandes sind tonnenweise giftige Chemikalien in den Rhein gelangt, weil das Auffangbecken das Löschwasser nicht zu fassen vermochte. Zu Tausenden treiben tote Fische im Fluss.

40 Millionen Menschen leben am Rhein und seinen Zuflüssen. Und beinahe die Hälfte von ihnen holt das Trinkwasser aus dem Fluss.

Anders sieht inzwischen auch die Lagerliste aus: Halle 956 enthielt, stellt sich nun heraus, 1242 Tonnen Fertigprodukte, Halbfabrikate und Hilfsstoffe. Davon gehören 800 Tonnen in die Giftklassen 2 und 3. 200 Meter von der niedergebrannten Halle wird Phosgen gelagert. Noch näher Natrium. Etc. etc.

Uwe Pörksen

Struktursprung im Grenzlandschatten

Am Sonntag nach dem Konzert trug Hannes in der Moltke-straße 17 sein Tonnenmärchen vor. Das kleine rauchige *Lit-fass* war mit Illustrierten und Zeitungen austapeziert, man saß an fünf, sechs Tischen, dicht gedrängt. Der Veranstalter sammelte das Eintrittsgeld ein: die symbolische Summe von einer Mark. Burger überragte das Pult so sehr, dass der An-blick komisch war. Er sah in der Fensterecke Rettich sitzen und vor der Theke, nah wie in der Boeing und leise errötend, da er sich vor ihr verbeugte: Alba Kaen.

Der *Dreisamtäler* hatte in seiner Ankündigung nicht nur den Untertitel ›Ein Freiburger Märchen‹ fortgelassen, was die Regel war, er hatte auch den gedruckten Text entstellt: Aus dem ›Struktursprung im Grenzlandschatten‹ war das ›Grenz-land Tschad‹ geworden. Hatte ihm die Lokalredaktion einen Streich gespielt? Burger klärte scherzend das Missverständnis auf und begann:

»Es war einmal ein Land, das so golden und rein war wie das Bier, das in unserem Städtchen an der Schwarzwaldstraße 43 gebraut wird, ein Land wie unser Bier, und dieses Bier – ich bitte, das Wort ersetzen zu dürfen – dieses Land hatte einen Landesvater. Väter sind leicht geneigt, sich Sorgen um ihre Töchter und Söhne zu machen, Landesväter machen sich Sorgen um ganze Landstriche.

Unser Landesvater bestieg eines Tages auf der Höhe von Solitude einen Turm, der so hoch war, dass er von dort aus über den Schwarzwald hinüber bis ins Badener Ländchen schauen konnte. Und was sah er dort; wo vor dem klaren Himmel Frankreichs die durchbrochene Silhouette des Freiburger Münsters wie ein Scherenschnitt erkennbar wurde? Über unserm Städtchen? Etwas Bedrohliches: Schatten. Das Land lag im Grenzlandschatten.

Sein Blick wanderte rasch zurück, er sah hinab auf das, was sich zu seinen Füßen abspielte, und seine Stirn entwölkte sich. Was er hier sah, gefiel ihm wohl: Leben, ein von breiten Verkehrsadern durchzogenes Gebiet, wo einer den anderen überholte, immer neue Ensembles weißer Siedlungen, aufschießende Klötze der High Technology, Baustellen. Das Gehämmer der Pressluftbohrer skandierte den Nachmittag. So war es recht. Es ging voran. Man sah, dass es schnell ging. Man war im Begriffe, von Bietigheim bis Bebenhausen, zu einem Großraum von der Größe Londons zusammenzuwachsen. Wenn er in die Ferne schaute, so gab es auch dort in Nordbaden etwas, das ihn freute: Schornsteine murmelten vor sich hin. Fluchtlinien strebten auf einen Kern zu: dicht an dicht wurde investiert. Er sah einen Ballungsraum. Der gelbgraue Rauch glänzte auf in der Nachmittagssonne. Mannheim – Ludwigshafen machte ihm Spaß.

Kaum waren die Augen wieder südwärts gewandert, furchte, umwölkte sich auch wieder die Stirn: es gab da kaum Bewegung. Alles Stillstand. Ein träges, zähes Vor-sich-hin-Bruddeln und planloses Durchwursteln wie in der alten k.u.k. Donaumonarchie. Eine Antiquitätenstube ist diese Stadt, Herbstlaub auf den sonnigen Bächle. Da macht einer sich Sorgen, schreibt sogar ein Buch mit dem ernst gemeinten Titel ›Wende in die Zukunft‹, gibt Anstoß auf Anstoß und – stößt auf Watte. ›Asserviert‹, so klingt es herüber wie aus dem hintersten Österreich, ›zu den Akten genommen‹. Man stößt leise

Drohungen aus – unser schwäbischer Geldbeutel ist nicht unerschöpflich, wir können nicht alle Löcher stopfen –, und was geschieht? Bedächtigkeit blinzelt uns an.

Es ist in Südbaden ja fast wie im Osten, im Zonenrandgebiet, wo auch zur Grenze hin alles Leben verebbt. Auch da wird gepumpt und gepumpt, die letzten Landwege werden zugeteert, und es fährt nichts. Verschlafen, liegengelassen vom Luftzug der Geschichte. Die aber können nichts dafür.

Auf einmal hatte der Landesvater einen Einfall; er machte sich einen Knoten ins Taschentuch und stieg vom Turm.

Schon in den nächsten Tagen begab er sich mit einem kleinen Gefolge nach Freiburg. Als man nach einem alemannischen Essen, Schäufele und Oberbergener Roter, auf dem Münsterplatz zusammenstand, ließ er wie nebenbei das Wort ›Struktursprung‹ fallen. ›Freiburg braucht einen Struktursprung‹, sagte er leise, strahlend und mit zusammengekniffenen Lippen.

Der Oberbürgermeister, der so groß war, dass die Agenten der Weltverdoppelung ihn, wenn er hinter dem Landesvater stand, dennoch im Schussfeld hatten, bückte sich und hob es auf. Er besah es sich lächelnd.

Er kannte das Wort ›Sprung‹ in dieser Verbindung noch nicht und wendete es hin und her. Als junger Mann hatte er Friedrich Engels gelesen, wo er erläutert, was geschieht, wenn Wasser zum Kochen kommt. Es wird überm Feuer heiß und heißer, die ersten Blasen steigen und plötzlich sprudelt es. Quantität ist umgeschlagen in Qualität. Es gibt qualitative Sprünge in der Natur. Im Herbst fallen irgendwann die Kastanien aus den Bäumen. Ein Ei springt im Uterus. Und ganz parallel, so der bärtige Engels, gibt es, wenn eine gesellschaftliche Klasse stetig anwächst und verelendet und die andere

337

stetig schrumpft und zum Alleinbesitzer wird, Umschwünge, Sprünge. Plötzlich sprudelt es.

Der OB lächelte. Dem Landesvater fiel doch immer etwas Neues ein. Sie gehörten, zwei vom Volk gewählte Väter, verschiedenen Parteien an, die sich hart bekämpften, und hielten an den Unterschieden fest. Der Landesvater trug gern schwarze Schuhe, und der OB hatte ein rosa Hemd im Schrank. Aber es gab auch ein breites Feld der Gemeinsamkeit: der ›Struktursprung‹ war konsensfähig. Und darauf kam es an: auf den GK, den Grundkonsens.

Er reichte das Wort weiter an den Ersten Bürgermeister, der es kühl prüfte und weitergab an den Zweiten Bürgermeister. Der reichte es lächelnd dem Chef des Stadtplanungsamtes. Der hielt es noch einmal dem Ersten Bürgermeister und Baudezernenten hin, der zugleich das Amt für Denkmalpflege innehatte …

Natürlich, dachte der OB und lächelte sein nettes, vorsichtiges, zur Verdopplung bestimmtes Lächeln, war nicht ans Kochen und Sprudeln im Sinn des Urgroßvaters gedacht. Das Wort ›Struktur‹ war listig gewählt: es ersetzte das Wort ›Planung‹. Gemeint war natürlich ein ›Planungssprung‹, ein Sprung nach vorn, aber unmöglich konnte man das sagen. Das Wort ›Planung‹ war auch in seiner eigenen Partei nicht konsensfähig; es klang nach Fünfjahresplan, Planwirtschaft, Plansoll: kurz, nach der falschen Himmelsrichtung. Schon Willy, der Vorsitzende, hatte es ersetzt und gesagt: »Wir brauchen eine weltweite Strukturpolitik«. Struktur erinnerte beinahe an Natur. Musste man nicht an Kristallgitter denken? Wenn alles unklar ist und man nichts durchschaut hat, so kann man wunderbar von Struktur reden und so die Empfindung eines Gefüges, einer Art Ordnung hervorrufen. Wer das Wort gebraucht, hat Überblick. Klingt es nicht fast nach Wissenschaft? Strukturpolitik, Strukturwandel, und nun der Struktursprung als Naturvorgang. Ein Kaleidoskop wird gedreht. Schwuppdi. Es war eine Vision.

Das Wort kehrte zurück. Der Landesvater wiederholte noch einmal leise, die eine Hand in der Hosentasche: ›Eure Stadt liegt im Grenzlandschatten und braucht einen Struktursprung.‹ Die Handlanger des zweiten Bewusstseins und Weltausgleichs, die meisten aus seinem Gefolge, hielten die Szene fest.

Als er entschwunden war, gingen die Stadtväter zu Rate. Was hat er gesagt? Und was hat er gemeint? Man hatte Anlass zum Nachdenken.«

Nachwort

»Imprägnation des Geistes mit oberrheinisch-badischer Literatur war für
einen Elsässer meiner Generation selbstverständlich. Auerbachs ‚Barfüßele'
gehörte zu den frühesten Geschichten, die die Großmutter erzählte. Sie las
gern und viel französische Romane, aber begeistert las sie auch aus einem
Buch von Hermine Villinger vor, dessen geheimnisvoller Titel ‚Die Rebbäch-
le' lautet. ‚Ekkehard' wurde schon mit fünfzehn, sechzehn Jahren gelesen,
und hinter seiner verspielten, einschmeichelnden Leichtigkeit vermittelte
er doch etwas sehr wichtiges: Das Bild Vergils als Vater des Abendlandes.
Patriarch und guter Geist Badens bleibt aber bis heute Johann Peter Hebel
[…] Der leise mahnenden Eindringlichkeit seiner Geschichten kann sich
keiner entziehen. Das dauerhafte Gefühl von der Wichtigkeit der unsicht-
baren ewigen Dinge lebt in ihnen weiter und hat sich auch den Nachfahren
mitgeteilt, Alban Stolz, Hansjakob und selbst Emil Gött, der schon von der
Unruhe der Jugendstilzeit ergriffen ist«.

Mit diesem Einblick in seine persönliche Bildungsgeschichte
leitete der deutsch-französische Germanist Robert Minder
die Rede ein, mit der er 1965 das »Oberrheinische Dichtermuseum« in Karlsruhe eröffnete. Die erwähnten Autoren und
Titel gehörten noch zu Beginn des 20. Jahrhunderts – und
sicher mehr noch auf der deutschen Seite des Rheins – zum
Lektürekanon lesender Schichten. Doch abgesehen von der
Frage, in welchem Ausmaß umgekehrt auch elsässische (oder
gar elsass-französische) Literatur rechtsrheinische Leser fand:
die Erinnerungen Minders suggerieren einen einheitlichen,
zumindest durch weitgehende Gemeinsamkeiten geprägten
Sprach- und Kulturraum. Nicht, dass man die Vorstellung
einer vielfach verwobenen, von starken gegenseitigen Ein-
flüssen geprägten Geistes- und Literaturlandschaft zu beiden
Seiten des Rheins generell verneinen müsste; die Region

zwischen Basel und Mainz *war* seit dem 12. Jahrhundert eine, wenn auch offene und dynamische kulturelle Einheit, deren wechselseitiger Austausch über den Rhein hinweg sich beispielsweise in der Zeit von Humanismus und Reformation eindrucksvoll bestätigte. Doch die Herausbildung der beiden Nationalstaaten Frankreich und Deutschland, ihre konflikt- und kriegereiche Durchsetzung territorialer Ansprüche hatten links und rechts des Rheins notwendigerweise abweichende Entwicklungen und gegenseitige Entfremdungen zur Folge, bis der Oberrhein im 20. Jahrhundert schließlich zur »Katastrophenzone Europas« wurde. Selten wurde ein zuvor als Einheit gedachter Raum durch die politische Realität gründlicher zerstört – und dies mit Folgen, die dieser literarischen Landschaft bis heute eingeschrieben sind. Wenn man sich beim »Oberrheinischen Dichtermuseum« 1965 dennoch für einen Namen entschieden hat, der an der überkommenen Vorstellung einer staatenübergreifenden Einheit festhält, so aus einem neuen, europäischen Bewusstsein heraus, für das der Oberrhein keine Grenze zwischen Feinden mehr markierte, sondern eine Brückenlandschaft; nicht zufällig hatte man sich mit Robert Minder auf einen in Paris lebenden Elsässer als Eröffnungsredner besonnen. Gleichwohl kann heute von »oberrheinischer Literatur« kaum mehr die Rede sein, sondern allenfalls von »Literatur am Oberrhein« – entsprechend wurde das »Oberrheinische Dichtermuseum« 1995, als es drei Jahrzehnte nach seiner Gründung aus einem langem Schlaf zu neuem Leben erweckt wurde, in »Museum für Literatur am Oberrhein« umbenannt.

Der vorliegende Band versammelt Texte aus fünf Jahrhunderten, die die Literatur am Oberrhein zwischen Humanismus und Gegenwart im Sinne dieser ehemaligen, heute jedoch brüchig und prekär gewordenen Einheit lebendig werden lassen. Genauer gesagt: nur die Literatur am *südlichen* Oberrhein von Basel bis Karlsruhe, also vom Rheinknie und seinen umgebenden Landschaften Sundgau und Markgräflerland bis ins Unterland mit der ehemaligen badischen Landeshauptstadt. Denn unter »Oberrhein« wird gemeinhin jene große Geschichtslandschaft verstanden, die sich unter den Staufern von Basel und seinem westschweizerisch-burgundischen Vorland bis zum mittelrheinischen Gebirge, von der lothringisch-saarländischen Grenzzone bis zum Main herausgebildet hat; für den nördlichen Teil dieses Gebietes sieht die Anthologienreihe des Verlags indes einen eigenen Band vor. Für den südlichen unternehmen die folgenden Seiten den Versuch einer knappen literaturgeschichtlichen Skizze, die sich auf wenige Striche und Tatbestände beschränken muss. Dabei soll weniger auf die einzelnen Autoren eingegangen als eine *durchgängige* Chronologie gegeben werden, die das Buch *als ganzes* schuldig bleiben muss, weil seine fünf Kapitel einer jeweils eigenen zeitlichen Anordnung folgen.

*

Nach der Kloster- (seit dem 8. Jh.) und höfischen Literatur (12./13. Jh.) stellt der Humanismus die dritte große Epoche dar, mit der der oberrheinische Raum unübersehbar in die Geistesgeschichte eintritt. Ihm sind zahlreiche Gelehrte zuzurechnen, die meist auch als Schriftsteller tätig waren. Der bekannteste von ihnen ist Erasmus von Rotterdam (1465 oder 1469–1536), dem wir die erste kritische Ausgabe des griechischen Neuen Testaments verdanken, auch Jakob Wimpfeling (1450–1528) gehörte dazu und Beatus Rhenanus (1485–1547), der bedeutendste Historiker unter den Humanisten, Johannes

Reuchlin (1455–1522) und sein Neffe Philipp Melanchthon (1497–1560), der spätere enge Mitarbeiter Martin Luthers. Sie alle wurden durch die neue Geistesrichtung angeregt, die in Italien ihren Ursprung hatte und im 15. Jahrhundert auch in Deutschland die Neuzeit einleitete. Doch anders als in Italien, wo er vor allem das Leben an den Höfen der Fürsten und Päpste bestimmte, richtete sich der Humanismus nördlich der Alpen an die Bürger. Indem er die Gattungen der klassischen Antike wiederbelebte, wandte er sich zugleich gegen die überlebte scholastische Tradition und trug zur Erneuerung des Schul- und Bildungswesens bei. Seine Ziele waren deshalb hierzulande fast immer pädagogisch und – bereits vor der Reformation – auf Reformen gerichtet: auf die Hebung der Moral und die Verbesserung der kirchlichen und politischen Verhältnisse.

Durch den Humanismus wurde der Oberrhein endgültig zum »Speditions- und Transitland der internationalen Kultur« (Friedrich Metz); sein Einfallstor in den deutschsprachigen Raum war Basel. Die Stadt verdankte dies zum einen ihrer verkehrspolitischen Lage, zum anderen, weil sie durch die Druckwerkstätten von Johannes Amerbach, Johannes Froben und Johannes Petri nach 1500 zum führenden Verlagsort Europas aufstieg. Obwohl viele oberrheinische Humanisten nach 1517 zunehmend in den Sog der Reformation gerieten, überrascht doch die Papsttreue gerade der bekanntesten Vertreter des oberrheinischen Humanismus: Sie lässt sich nicht nur für Erasmus – er wich 1529 vor der Reformation ins katholische Freiburg aus – feststellen, sondern auch für den katholischen Reformator und populären Prediger Geiler von Kaysersberg (1445–1510), den Autor der Moralsatire »Das Narrenschiff«, Sebastian Brant (1458–1521) oder den elsässischen Volksprediger Thomas Murner (1475–1537), der Vergils »Aeneis« erstmals ins Deutsche übersetzte; ja, sie gilt selbst noch für Johannes Reuchlin (1455–1522), den Begründer der klassischen und hebräischen Studien und Verfasser von Komödien, die die Entwicklung der gesamten Gattung beeinflussten. Er hatte die Autonomie der Wissenschaften gegen die kirchliche Zensur verteidigt, indem er für die außerbiblische hebräische Literatur eintrat. Letztlich argumentierten sie alle im Sinne der Kirche – mochten sie mit ihrer Kritik auch die Reformation begünstigen. (Von Erasmus wurde gesagt, er habe die Eier gelegt, die Luther dann ausbrütete). So geißelte auch »Das Narrenschiff« des gebürtigen Straßburgers Sebastian Brant – 1494 in Basel erschienen, wo ihr Autor an der Universität lehrte – in jedem seiner 112 Kapitel die grassierenden Moden, Torheiten und Laster der Zeit. Brants Humanismus besteht in der Zuversicht, dass der Mensch sich aus seiner Verblendung lösen könne.

Die Stellung Basels und Straßburgs wurde durch die Reformation weiter gestärkt; neben ihnen rückte auch Schlettstadt mit seiner Humanistenschule und -bibliothek zu einem geistigen und literarischen Zentrum auf. Begünstigt durch die Erfindung des Buchdrucks mit beweglichen Lettern, fand in der Reformationszeit ein Gattungs- und Funktionswandel der Literatur statt; neben Predigt und Traktat, Legende und Fabel, Schwank und Lied kam es nun zur massenhaften Verbreitung von Flug- und Streitschriften. Im Gegenzug büßte das Latein seine Vorrangstellung ein – zunehmend gewannen die Nationalsprachen an literarischer Ausdrucksfähigkeit. Auch die Volkssprache gewann an Bedeutung: In Basel wurde Pamphilius Gengenbach (um 1470–1524) mit seinen Fastnachtsspielen bekannt; der im gesamten alemannischen Gebiet tätige Franziskanermönch Johannes Pauli (1450/54 – nach 1530) knüpfte an Geilers Vorliebe für Predigtexempel an und baute seine Schwänke und Gleichnisse (»Schimpf und Ernst«, 1522) darauf auf; in Colmar machte der Gerichtsschreiber Jörg Wickram (um 1505–1560) als Autor der Legendensammlung »Das Rollwagenbüchlein« (1555) von sich reden; die Basler Thomas Platter (1499–1582) und sein Sohn Felix (1536–1614) hinterließen autobiographische Darstellungen von hohem zeit- und sozialgeschichtlichem Wert und der Sprachakrobat Johann Fischart (1546 - um 1590) zog in humorvoll-derben Dichtungen gegen den Sittenverfall, das Papsttum und die Jesuiten als Träger der Gegenreformation zu Felde. Gemeinsam mit Thomas Murner, dem Satiriker und einflussreichen Gegenspieler Luthers, steht er für ein Elsass, das zu einer der lebendigsten literarischen Landschaften Deutschlands geworden war.

Eine vergleichbar eindrucksvolle Dichte an Schriftstellern hatte das Oberrheingebiet für längere Zeit nicht mehr aufzuweisen. Im 17. Jahrhundert sind nur einzelne Namen zu nennen – voran Hans Jacob Christoph von Grimmelshausen (1621/22–1676), der bedeutendste Erzähler des Barock. Nach dem westfälischen Frieden wurde er am Oberrhein ansässig und schrieb hier als Gastwirt und Renchener Schultheiß u. a. seinen »Abentheuerlichen Simplicissimus Teutsch« (1668). Der ältere Johann Michael Moscherosch (1601–1669) stammte aus Willstätt; der Name seines Geburtsorts findet sich als Anagramm im Titel seines bekanntesten Werks »Wunderliche und Wahrhafftige Gesichte Philanders von Sittewalt« (1640) wieder. Bereits an der Grenze zu Rokoko und Klassik steht der gebürtige Durlacher Dichter Karl Friedrich Drollinger (1688–1742), der als Hofrat und Archivar am Basler Hof der badischen Markgrafen lebte. Einer von ihnen, der spätere badische Großherzog Karl Friedrich (1728–1811) – er war mit der Aufhebung der Leibeigenschaft vorangegangen – gedachte die junge Karlsruher Residenz zum Musensitz auszubauen. Davon erzählt ein pompöses Historienbild Friedrich August Pechts aus dem Jahre 1860: Auf ihm sind Goethe (1749–1832) und Klopstock (1724–1803) im Mittelpunkt einer höfischen Gesellschaft zu sehen, zu der neben dem Markgrafenpaar auch Herzog Carl August zählt. Ein zweites Weimar ist aus Karlsruhe freilich nicht geworden. Der kunstsinnige Markgraf verpflichtete Klopstock 1774 zwar an den Hof; dieser hatte jedoch, als Goethe 1775 zu Besuch kam, Karlsruhe nach einem halben Jahr bereits wieder verlassen: Höflinge hatten ihn seinen minderen sozialen Rang spüren lassen. Auch Goethes Schwager Johann Georg Schlosser (1739–1799) diente kurze Zeit am Hofe, bevor er Oberamtmann in Emmendingen wurde; Johann Gottfried Herder (1744–1803) verkehrte hier, der Physiognom Johann Caspar Lavater und Voltaire besuchten die Stadt, und 1803 wurde der Augenarzt und Autobiograph Heinrich Jung-Stilling (1740–1817) kurfürstlicher und großherzoglicher Gesellschafter, Leibarzt und Vorleser.

Daneben gab es im Laufe des 18. Jahrhunderts in Basel, Freiburg und Straßburg neue Ansätze zu bürgerlichen Literaten- und Gelehrtenzirkeln. Zentrale Gestalt des Basler geistigen Lebens war Isaac Iselin (1728–1782). Der Freund Johann Caspar Lavaters und Johann Heinrich Pestalozzis war Ratschreiber seiner Vaterstadt, ohne darüber seinen freien Kopf zu verlieren (»Man malet, putzet, zieret unsere Ratsstube, aber die Köpfe bleiben immer die gleichen«). Fortschritt bedeutete für ihn »Vernünftigung« des Menschen; sein Hauptwerk »Über die Geschichte der Menschheit« (1764) machte den Begründer der »Helvetischen Gesellschaft« und der »Gesellschaft zur Aufmunterung und Beförderung des Guten und Gemeinnützigen« in ganz Europa berühmt. Herder urteilte über ihn: »Eigentlich folgen wir so aufeinander: Iselin, ich, Kant«. In Basel waren 1730 auch »Die Alpen« entstanden, das berühmteste Gedicht der Epoche. Sein Verfasser war der Berner Mediziner, Botaniker und Wissenschaftspublizist Albrecht von Haller (1708–1777).

Freiburg erhielt mit Johann Georg Jacobi (1740–1814), seinem ersten protestantischen Professor der schönen Wissenschaften, ab 1784 für drei Jahrzehnte einen kulturellen Mentor. Jacobi prägte das akademische und kulturelle Leben der Stadt als Lyriker und Dramatiker, als Mitbegründer der »Museumsgesellschaft« und als Herausgeber der Zeitschrift »Iris«. Diese eröffnete ihrem Publikum einen gesamtdeutschen Horizont und zählte Johann Peter Hebel, Gottlieb Konrad Pfeffel und Johann Georg Schlosser zu ihren Autoren. Im Hause Jacobis versammelten sich die »ambitionierten Schöngeister der Stadt und ermunterten sich gegenseitig zum literarischen Debüt« (Achim Aurnhammer). Im nahen Heitersheim führte Joseph Albrecht von Ittner (1756–1825), seit 1786 Ordenskanzler der Malteser, ein geselliges Haus; im Garten des Kanzlerhauses traf man sich im »Poet´s Corner«. Ittner, ein Mann der späten Aufklärung, galt zu seiner Zeit als einer der besten humoristischen und politischen Schriftsteller.

Straßburg wurde 1770 zum Schauplatz der Entstehung des Sturm und Drang. Als Geburtsstunde dieser literarischen »Jugendbewegung« gilt die Begegnung Goethes – er war in jenem Jahr studienhalber in die Stadt gekommen – mit Jakob Michael Reinhold Lenz (1751–1792), Heinrich Leopold Wagner (1747–1779) und vor allem mit Johann Gottfried Herder, der mit seinen Ideen von der Poesie als »Muttersprache der Menschheit« inspirierend wirkte. Zu weiteren Aufenthalten Goethes am Oberrhein kam es auf seinen beiden Schweizerreisen: die erste führte ihn 1775 erneut nach Straßburg und –

zusammen mit Lenz – nach Emmendingen, wo seine Schwester Cornelia Schlosser unglücklich verheiratet war. Auf der zweiten Schweizerreise besuchte er im September 1779 in Sesenheim noch einmal seine Jugendliebe Friderike Brion, um nur wenige Tage darauf an Cornelias Grab zu stehen. Sie war bereits zwei Jahre zuvor im Alter von 26 Jahren gestorben: Verweigerte Selbständigkeit und Leiden an der bürgerlichen Frauenrolle hatten sie in eine Lebenskrise gestürzt.

Eine wichtige Rolle spielte Straßburg erneut gegen Ende des Jahrhunderts, als radikal-aufklärerische Flugschriften und Revolutionspropaganda von hier aus ihren Weg nach Deutschland suchten. (Zuvor war Frankreich von Kehl aus, seit 1780 Sitz der »Französischen Druckerei« des Dichters Beaumarchais, in umgekehrter Richtung mit vielbändigen Werkausgaben Voltaires und Rousseaus beliefert worden). Das gesamte Elsass wurde damals Ziel und Zuflucht verfolgter deutscher Republikaner; der zum Ankläger im Revolutionstribunal avancierte Ex-Mönch Eulogius Schneider (1756–1794) war nur die schillerndste Gestalt. Mit der Revolution sympathisierten auch Dichter wie Gottlieb Konrad Pfeffel (1736–1809) aus Colmar und der Kehler August Lamey (1772–1861). Ersterer nutzte die Gattung der Fabel für satirische Attacken auf die spätfeudale Gesellschaftsordnung; darüber hinaus war er reger Vermittler aktueller französischer Literatur für das deutsche Lesepublikum. Als Straßburg nach der Julirevolution 1830 erneut zum Umschlagplatz politischer Ideen und zum Treffpunkt republikanischer Flüchtlinge wurde, studierte Georg Büchner (1813–1837) hier Medizin und erwarb sich im Kreis der Verbindung »Eugenia« Kenntnisse und Erfahrungen, die in »Lenz« und »Dantons Tod« Eingang fanden. 1835 kehrte Büchner noch einmal als Exilant nach Straßburg zurück, bevor er nach Zürich floh.

Nach dem unbefriedigenden Versuch des Markgrafen Karl Friedrich, seine Residenz zu einem Musensitz zu machen, erhielt auch Karlsruhes bürgerliches literarisches Leben im Laufe des 19. Jahrhunderts neue Impulse. Zur seiner dominierenden Gestalt wurde Johann Peter Hebel (1760–1826). Im badischen Oberland hatte er zusammen mit den Freunden Friedrich Wilhelm Hitzig und Tobias Günttert im »Proteuserbund« einem antikischen Landschaftskult gehuldigt; 1791 übersiedelte er nach Karlsruhe, wo seine als Erinnerung ans badische Oberland entstandenen »Allemannischen Gedichte« (1803) rasch literarisches Aufsehen erregten und »unter dem Aspekt des Stammes- und Regionaldiskurses einen Flächenbrand« (Klaus Graf) entzündeten, der bis heute anhält. Ihr Erfolg ließ Hebel zum Vorbild zahlloser Mundartautoren im gesamten alemannischen Raum und darüber hinaus werden – auch der Niedersachse August Heinrich Hoffmann von Fallersleben versuchte sich in der Sprache Hebels. Vollends zu einem »Genie der Popularität« (Reinhart Siegert) machten ihn die Kalendergeschichten, die seit 1808 für den »Rheinländischen Hausfreund« entstanden. Mit ihnen erneuerte Hebel die Gattung der Schwänke, Fabeln und Anekdoten und führte die alte Kalendertradition, die schon Grimmelshausen beschäftigt hatte, zu literarischer Blüte. In Hebel fand die Literatur nicht nur ihren größten alemannischen Dichter, er wurde vielmehr zum »Dichter Alemanniens« schlechthin – und als solcher zu einer Identifikationsfigur für den gesamten Oberrhein.

Von der als Tochter eines markgräflichen Kammerherrn geborenen Karoline von Günderode (1780–1806) ist nur wenig überliefert. Sie stand in enger Verbindung zum Jenaer Kreis der Frühromantiker; ihre Rezeption setzte erst mit dem von Bettina von Arnim romanartig erweiterten

Briefwechsel »Die Günderode« (1840) ein. Von 1816 bis 1819 lebte Rahel Varnhagen (1771–1833) in Karlsruhe; sie begleitete ihren Mann Karl August Varnhagen von Ense (1785–1858), der Preußischer Gesandter am Badischen Hof war. Der Unterschied zu ihren Berliner und Frankfurter Salons wurde ihr hier freilich nur allzu bewusst. Mit dem Biedermeier setzt dann schließlich eine lange Reihe badischer Autoren ein – sie beginnt mit Alban Stolz (1808–1883), Albert Bürklin (1816–1890), Ludwig Eichrodt (1827–1892), Emil Frommel (1828–1896), Hermine Villinger (1849–1917) und Albert Geiger (1866–1915). Erfolgreicher als ihre heute weithin vergessenen Kollegen waren jedoch Joseph Viktor von Scheffel (1826–1886) und Heinrich Hansjakob (1837–1916). Scheffels Werke, darunter »Der Trompeter von Säkkingen«, der Mittelalter-Roman »Ekkehard« und die Liedersammlung »Gaudeamus«, eroberten zu ihrer Zeit die gesamte deutschsprachige Lesewelt. Während Scheffels Lieder vor allem bei Studenten beliebt waren, belegt die Auflagenentwicklung des »Ekkehard«, wie beliebt diese Lektüre als butzenscheibenes Wunsch- und Gegenbild zum rasanten Wandel der Gründerzeitgesellschaft war. Hand in Hand damit ging ein regelrechter Scheffelkult mit zahlreichen Denkmälern in ganz Deutschland; der Autor selbst wurde in den erblichen Adelsstand erhoben. Als Feind stürmischer Neuerung erwies sich auch der Haslacher Pfarrer und Landtagsabgeordnete Heinrich Hansjakob. Der äußerst produktive Schriftsteller vereinte in seiner charaktervollen Persönlichkeit sozialen Konservatismus mit volksnaher demokratischer Haltung; seine lebendig gebliebenen Bücher stehen in der Tradition der von Berthold Auerbach (1812–1882) begründeten Dorfgeschichte und weisen ihren Autor als anschaulichen und gemütvollen Schilderer des Volkslebens aus.

Neben Freiburg und Karlsruhe war es auf der deutschen Seite vor allem Baden-Baden, das literarisches Leben weniger hervorbrachte als vielmehr anzog. Im Vormärz gab hier August Lewald (1792–1871) seine »Europa« heraus, die jungdeutsche Gesellschaftskritik mit Salonplauderei verband und neuen Autoren ein Publikum sicherte – unter ihnen Nikolaj Gogol (1809–1852), der hier an seinem Roman »Die toten Seelen« (1842) schrieb. Seit 1866 war die Stadt auch Rückzugsort für Emma (1817–1904) und Georg Herwegh (1817–1875); damals wurde das Nobelbad beliebtes Ziel der französischen und russischen Gesellschaft. Iwan Turgenjew (1818–1883) folgte der Sängerin Pauline Viardot für sieben Jahre in die Stadt und schrieb hier seinen Roman »Rauch« (1867), der das Leben der Russenkolonie an der Oos schildert. Die Diskussion um dieses Buch führte zu einer erbitterten Auseinandersetzung mit Fjodor Dostojewski (1821–1881), der in Baden-Baden Material für seinen Roman »Der Spieler« (1866) sammelte und Turgenjew wegen seines »Westlertums« angriff. Im Casino selbst blieb Dostojewski ebenso glücklos wie Leo Tolstoj (1828–1910), dem Turgenjew mehrfach aus seinen Spielschulden heraushelfen musste. Ein weiterer »Russe am Oberrhein« war Anton Tschechow (1860–1904), der nach wenigen Wochen einer Kur in Badenweiler starb. In den zwanziger Jahren folgten ihm Maxim Gorki (1868–1936) nach Günterstal und Marina Zwetajewa (1892–1941) nach Freiburg.

Basel konnte im 19. Jahrhundert seinen Ruf als Stadt des Geistes vor allem dank dem Altertumsforscher und Mutterrechtler Johann Jacob Bachofen (1815–1887), dem Kulturhistoriker Jacob Burckhardt (1818–1897) und dem Philosophen Friedrich Nietzsche (1844–1900) erneuern. Schüler Burckhardts – und von Nietzsche beeinflusst – war der Liestaler

Carl Spitteler (1845–1924), der einzige schweizer Träger des Literatur-Nobelpreises. Im Elsass sahen sich die Autoren seit 1800 vor die Wahl gestellt, sich für Kultur und Sprache eines der beiden großen Nachbarn zu entscheiden – oder aber für die sprachlich-kulturelle Eigenständigkeit des Landes zu kämpfen. Keine dieser Optionen ist vom wechselvollen politischen Schicksal des Elsass zu trennen, das bis zum Ende des Dreißigjährigen Kriegs deutsch gewesen war und im Laufe von einundhalb Jahrhunderten sukzessive an Frankreich fiel (erst die Französische Revolution beseitigte auch die letzten Rechte der deutschen Reichsstände). Weil es größere Freiheiten gewährte, konnte sich Frankreich zwar die politische Loyalität der maßgeblichen Kreise sichern; die Mehrheit jedoch fühlte sich sprachlich und kulturell weiterhin dem deutschen Kulturkreis zugehörig. Zur Stärkung des deutschen Kulturbewusstseins wurde 1838 die Zeitschrift »Erwinia« gegründet, die einer Sprachenpolitik vorarbeitete, wie sie gut vierzig Jahre später die deutsche Verwaltung nach der Rückeroberung des Elsass verfolgte. Allerdings machte die Re-Germanisierung nach 1871 vor den rein französischsprachigen Gebieten des »Reichlandes Elsass-Lothringen« noch Halt – anders als nach 1918, 1940 (»Hinaus mit dem welschen Plunder!«) und 1945, als die beiden »Erbfeinde« dem Elsass abwechselnd ihre rigorosen sprachlichen Purifizierungen aufnötigten.

Entsprechend diesen Voraussetzungen orientierten sich die Autoren im Elsass der »Reichslandzeit« ganz konträr. Der aus Schirrhofen stammende Alexander Weill (1811–1899), für den Hebräisch und Deutsch seine ersten Sprachen waren, griff für seine erfolgreichen, von Heinrich Heine und Karl Gutzkow geschätzten Dorfgeschichten (»Sittengemälde aus dem elsässischen Volksleben«) auf den Stoff- und Motivkreis

seiner unterelsässischen Heimat zurück. Während der Straßburger Historiker und Romanautor Ludwig Adolf Spach
(1800–1879) unter seinem »unseligen Schwanken zwischen
zwei sich feindlichen Sprachen« litt, fand Marie Hart (1856–
1924) aus Buchsweiler ihre Leser in beiden Sprachen; ihre
größten Erfolge erzielte sie jedoch mit Erzählungen auf
Elsässerditsch. In ihnen stellte sie mit nostalgischem Blick
ihre Kindheit, aber auch das schwierige Nebeneinander von
Elsässern und eingewanderten Deutschen dar. Nach dem
Ersten Weltkrieg folgte sie, enttäuscht und tief verletzt, ihrem
deutschen Mann ins Reich, der seiner Ausweisung zuvor-
gekommen war. Ausschließlich für Deutsch entschieden
sich Friedrich Lienhard (1865–1929) und die Dramatikerin
und Romanautorin Lina Ritter (1888–1981) aus Neudorf,
die nach dem Ersten Weltkrieg ebenfalls das Elsass verließ.
Lienhard, Autor des Romans »Oberlin« (1910), war der
bekannteste elsässische Autor seiner Zeit und gab seit 1900
die Zeitschrift »Heimat« heraus, mit der er sich zum Wortführer der »Heimatkunst« machte. Sie richtete sich gegen
Industrialisierung, Urbanisierung und anonyme Massenge-
sellschaft; innerliterarisch machte sie Front gegen vermeint-
liche Zerfallserscheinungen und Dekadenz in der modernen
Kunstentwicklung. Ihre leidenschaftliche Opposition fand
sie im »Jüngsten Elsass«, einer Gruppe von Autoren, die auf
»künstlerische Renaissance« drängten und ihr Sprachrohr in
den kurzlebigen Zeitschriften »Der Stürmer« (1902) und »Der
Merker« (1903) fanden – herausgegeben von René Schickele
(1883–1940) und Otto Flake (1880–1963). »Die Tage und
Nächte verändern den Menschen«, schrieb Schickele 1905 an
seinen ehemaligen Mentor Lienhard, »und ich bin allmählich,
wie ich zu reifen begann, weit von Ihnen abgerückt. Heftiges
Erleben hat mitgeholfen. Heute stehe ich auf der äußersten

Linken des Geschmacks«. Auch der Colmarer Ernst Stadler (1883–1914) zählte zu diesem Kreis. »Elsässertum«, wandte er sich gegen das Konzept der »Heimatkunst«, »ist nicht [...] etwas Rückständiges, landschaftlich Beschränktes, nicht Verengung des Horizontes, Provinzialismus, ‚Heimatkunst', sondern eine ganz bestimmte und sehr fortgeschrittene seelische Haltung, ein fester Kulturbesitz, an den romanische sowohl wie germanische Traditionen wertvolle Bestandteile abgegeben haben«. Was das »Jüngste Elsass« somit einte, war das Bewusstsein der Zugehörigkeit zu einer »doppelten Kultur«, die »der elsässischen Sonderexistenz menschheitliche und europäische Perspektiven eröffnete« (Günter Scholdt). Diesen Weltgewinn teilten sie mit dem dadaistischen Sprachartisten Hans Arp (1886–1966) und dem Surrealisten Maxime Alexandre (1899–1976) aus Wolfisheim, mit Otto Flake und Yvan Goll (1891–1950). Mag sein, dass ihre Neigung zu Neuerung und Experiment mit der Relativierung zusammenhängt, der Kultur und Sprache in einer Grenzlandschaft nun einmal ausgesetzt sind.

Der literarische Aufbruch der Zeit machte vor der anderen Rheinseite nicht Halt. Aus Karlsruhe kamen Gustav Landauer (1870–1919) und Alfred Mombert (1872–1942); auch Carl Einstein (1885–1940) hat hier prägende Jahre verbracht. Landauer, einer der bedeutendsten anarchistischen Schriftsteller des Kaiserreichs und Autor von Dramen, Erzählungen und Essays, wurde 1919 wegen seiner Beteiligung an der Münchner Räterepublik brutal ermordet. Alfred Momberts Gedichtbände, ein einziger Hymnus an die Schöpfung, streifen alle zeitliche Gebundenheit ab und erwiesen sich für politische Instrumentalisierung als ebenso unbrauchbar wie die »absolute« Prosa Einsteins, dessen Leistung neben »Bebuquin« (1912) in der Fruchtbarmachung der »Kunst der Primitiven«

für das europäische Denken lag. Weitgespannt war auch der Horizont Wilhelm Hausensteins (1882–1957), der als Kunstschriftsteller und Prosaautor, als Herausgeber und Redakteur vielseitig tätig war. Die Deutsch-Französin Annette Kolb (1870–1967) siedelte sich zu Beginn der zwanziger Jahre neben ihrem Freund René Schickele mit dem Blick nach Frankreich in Badenweiler an – beide waren durch deutsch-französische Herkunft für eine Verständigung der Völker prädestiniert.

Diesen kosmopolitisch bzw. europäisch gesinnten Schriftstellern lässt sich idealtypisch eine Autorenschaft gegenüberstellen, die sich bewusst antimodernistisch verstand – von heimatnah über national und nationalistisch bis völkisch-rassistisch. Der erzählerische Rang Emil Strauß' (1866–1960), der »Engelwirt« (1901) und »Freund Hein« (1902) schrieb, ist bis heute unumstritten. Sein lebensreformerisch inspirierter Gefährte Emil Gött (1864–1908), Dramatiker, Erzähler und Aphoristiker, lebte zu kurz, als dass er sich aus seiner Verzettelung – er war außerdem Landwirt und Erfinder – hätte lösen können. Jakob Schaffner (1875–1944), in Basel geboren und im Badischen aufgewachsen, war in der Weimarer Zeit einer der erfolgreichsten Romanciers; unter seinen zahlreichen Büchern wird sein autobiographischer Entwicklungsroman »Johannes« (1922) bis heute gerühmt. Hermann Burte (eig. Hermann Strübe, 1879–1960) wurde mit »Madlee« (1923) als Erneuerer der alemannischen Mundartliteratur gefeiert.

Bis auf den früh verstorbenen Emil Gött haben sich diese Autoren indes politisch kompromittiert. Den gesellschaftlichen Umbrüchen ihrer Zeit und den daraus entstandenen Ängsten und Entfremdungsgefühlen antworteten sie u. a. mit einer Idealisierung der Vergangenheit und der Propagierung »organischer« Strukturen in Familie, Dorf und Kleinstadt;

sie redeten einer Regeneration vom Lande her das Wort und verzerrten das Erscheinungsbild der Großstädte nicht selten zu Schreckensszenarien. Die Grenzen zur Blut-und-Boden-Literatur waren fließend; mit den antiliberalen und antizivilisatorischen Feindbildern, den völkischen und oft auch antisemitischen Stereotypen ihrer Werke ging nach 1933 – mit den Worten Robert Minders – manches »mit einer Radikalität in Erfüllung, über die seine Urheber als erste sich entrüsten würden: so war es nicht gemeint«. Und doch, so Minder weiter, haben sie verhängnisvoll zur späteren Entwicklung beigetragen: »durch die Flucht in ländliche, bäurische, völkische Phantasmen, ihre Ignoranz der anderen Völker, ihren Hass auf Deutschlands Hauptstadt, die – wie jede Hauptstadt – Gutes und Böses in sich barg, aber gerade im Buch-, im Theater-, im Pressewesen als Umschlagplatz und kritischer Regulator für einen modernen Staat unerlässlich war«. So hatte sich Emil Strauß noch während des Ersten Weltkriegs zum völkischen Autor entwickelt und spielte später beim »Aufstand der Landschaft« gegen Berlin und die »Asphalt-Literatur« eine unrühmliche Rolle; Jakob Schaffner hatte früh von einem starken Vaterland geschwärmt, das Nazi-Deutschland für ihn verkörperte. Er bekundete zwar auch Loyalität zu seinem Geburtsland Schweiz, wo ihm sein unzweideutiges Bekenntnis zum Nationalsozialismus jedoch völlige Ächtung eintrug. Hermann Burte nahm in seinem Roman »Wiltfeber. Die Geschichte eines Heimatsuchers« (1912) tragende Elemente der Ideologie des »Dritten Reiches« wie Führermythos und Rassismus vorweg: Der heimgekehrte Titelheld hält Gerichtstag über seine »entrasste und entgottete« Heimat, ohne dass der Autor seinem Nietzsches Übermensch nachempfundenen Helden schon die Zuversicht auf die herbeigesehnte Volksgemeinschaft mit auf den Weg geben konnte. Auch für den

Volksschullehrer und Heimatkundler Hermann Eris Busse (1891–1947) war die Nähe zum Völkischen schon aufgrund seiner Romanthemen (»Bauernadel«-Trilogie, 1933) gegeben. Vordenker und Erfüllungsgehilfen inhumanen Denkens fanden sich auch im Elsass. Die aggressivsten und wüstesten antisemitischen Hetzromane jener Zeit – »Die Sünde wider das Blut«, »Die Sünde wider den Geist« und »Die Sünde wider die Liebe« (1917–1921) – stammen von Arthur Dinter (1876–1948) aus Mühlhausen; mit »Gespenster am Toten Mann« (1931) schrieb der Colmarer P. C. Ettighoffer (1896–1975) ein kriegsverherrlichendes Gegenstück zu Erich Maria Remarques pazifistischem Roman »Im Westen nichts Neues«.

»Blutrot beginnt das Wort alemannisch […] zu schimmern«, so noch einmal Robert Minder, »als 1933 ein hoch industrialisiertes, rassisch besonders buntgemischtes Volk sich arische Ahnen beilegte und bald darauf im ganzen besetzten und terrorisierten Europa Tod und Leben des Einzelnen davon abhängen ließ, ob er von Siegfried abstammte oder nicht«. Der Nationalsozialismus nötigte zur Entscheidung – gleichgültig ob im Sinne von Opportunismus und Mitmachen, von Kompromiss oder Wegducken, von Ausweichen ins Unverdächtige oder – in äußerster Konsequenz – Emigration. Für sie hatte sich René Schickele in Vorahnung des Kommenden bereits 1932 entschieden; Annette Kolb folgte ihm 1933. Karl Wolfskehl (1869–1948), der 1915 ein Landhaus in Kiechlinsbergen erworben hatte, floh 1933 über Italien nach Neuseeland; desgleichen der Journalist und Schriftsteller Max Barth (1896–1970) aus Waldkirch, den seine Exilodyssee um die halbe Welt führte. Die Historikerin Selma Stern (1890–1981) aus Kippenheim, die später in Josel von Rosheim den Anwalt der deutschen Juden würdigen sollte, schrieb im amerikanischen Exil den Novellenkranz »Ihr seid meine Zeugen« (1946 als »The Spirit Returneth...«, dt. 1972), in dem sie ihr eigenes Erleben in das Grauen mittelalterlicher Judenverfolgungen am Oberrhein transponierte. Wolfgang Frommel (1902–1986) wich in eine George-inspirierte Lebensgemeinschaft im Amsterdamer Untergrund aus; der Freiburger Hans Arno Joachim (1902–1944), der das dokumentarische Hörspiel erfand, wurde aus seinem französischen Exil nach Auschwitz verschleppt, Alfred Mombert 1940 mit den noch in Baden und in der Pfalz verbliebenen Juden nach Gurs deportiert. Er konnte nur durch Fürsprache einflussreicher Freunde befreit werden und starb 1942 in Winterthur. Carl Einstein setzte seinem Leben auf der Flucht vor den Nazis 1940 nahe der spanischen Grenze ein Ende.

Dass man auch in Deutschland bleiben konnte, ohne sich ideologisch vereinnahmen zu lassen oder sich zu kompromittieren, belegen beispielhaft Otto Flake und der aus Bruchsal stammende Erzähler Emil Belzner (1901–1979). Sie verlegten sich – mit manch klandestinem Gegenwartsbezug – auf den historischen Roman, nicht anders als Peter Stühlen (1900–1982) aus Hagenau mit seiner »Elsassträger«-Familiensaga. Von Reinhold Schneider (1903–1958) erschienen während des Krieges zahlreiche konfessionelle Widerstandsschriften im Colmarer Verlag Alsatia. Dass damals auch Heimatliteratur aus unkorrumpiertem Geiste möglich war, belegen der Freiburger Erzähler Franz Schneller (1889–1968) mit seinem »Brevier einer Landschaft« und der Offenburger Anton Fendrich (1868–1949) mit »Land meiner Seele« (1941) – beide entstanden auf dem schmalen Grat zwischen Selbstachtung und tunlicher Vermeidung des Berufsverbots. Und doch mussten sich selbst Dichter, die in die Unverdächtigkeit der Naturlyrik auswichen, mit Christoph Meckels späteren Worten fragen lassen, ob sie ihre Laubhütte nicht auf »eisernem Boden« errichtet hatten, »von Mauern aus Stacheldraht umgeben«.

Die »Schmach von Versailles« zu tilgen und das »deutsche Elsass« zurückzuerobern, gehörte zu den erklärten außenpolitischen Zielen der Nationalsozialisten. Als Baden und Elsass nach der militärischen Niederlage Frankreichs im Sommer 1940 zum »Gau Baden-Elsass« vereinigt worden waren, wurde auch im Elsass alles kulturelle Leben gleichgeschaltet. Die Schriftsteller waren nun denselben Regelungen unterworfen wie im Reich, wurden umworben und eingespannt in die nazistische Volkstumspolitik, geduldet und beargwöhnt oder verboten und verfolgt. Der sundgauische Dialektdichter Nathan Katz (1892–1981) konnte nur überleben, weil er in die unbesetzte Zone Frankreichs auswich; der junge Claude Vigée (*1921) aus Bischweiler emigrierte 1943 in die USA. Viele deutsch-elsässische Autoren passten sich an oder hielten ihre Stunde für gekommen, stand doch den 1918 Ausgewiesenen das »befreite Elsass« nun wieder offen. Mochten sie das Land auch als ihre Heimat ansehen – mit ihrer Rückkehr besiegelten sie, wie etwa der kooperationswillige Oskar Wöhrle (1890–1946), ihr ferneres Schicksal. Es war das der deutschen Sprache und Kultur im Elsass nach 1945 insgesamt, die nun auf Jahrzehnte hinaus keine Chance mehr zu haben schienen.

Die literarische Situation nach 1945 ist mit »epische Dürre« beschrieben worden. Das Wort stammt von Alfred Döblin, der, aus dem amerikanischen Exil zurückgekehrt, in Baden-Baden als literarischer Zensor in französischen Diensten stand. Die Schubladen der Autoren waren in der Tat meist leer: »… wieviel Bemühung von hundert einsamen Schreibern, die zum ersten Mal wieder schreiben konnten, ohne sich zu fürchten, und die nun etwas herausschrien, meist

Deklamation und tief gefühlte Rhetorik«, notierte Döblin. Die Manuskripte, die gebraucht wurden, mussten erst noch geschrieben werden – aber von wem wären sie zu erwarten gewesen? So mancher hatte 1933 seine Hoffnungen erfüllt gesehen, die meisten hatten dem System Tribut gezollt und sich arrangiert. Gleichwohl kam es bis zur Währungsreform auf deutscher Seite zu einem kulturellen Strohfeuer, das gerade im Literarischen mehr Leerlauf und ungute Routine war als Neubeginn. Im Großen und Ganzen wurde weitergemacht, wo man 1933 – um nicht zu sagen: 1945 – aufgehört hatte: die Kontinuitäten waren bisweilen beklemmend. Die Region, auf der badischen Seite literarisch vielfach noch von gestrigen Größen wie Emil Strauß oder Hermann Burte repräsentiert, brachte bis nach Mitte der fünfziger Jahre kaum neue Stimmen oder Schreibweisen hervor. Dass der Karlsruher Rainer Maria Gerhardt (1927–1954) mit seinen Anknüpfungsversuchen an die amerikanische Lyrikmoderne tragisch scheiterte, passt ins Bild einer Literaturlandschaft, die sich gern in harmloser Landschaftshymnik und pausbäckigem Gegendlob gefiel. Die notwendige Auseinandersetzung mit der Vergangenheit blieb im Wesentlichen der Generation der Söhne und Töchter vorbehalten (Lotte Paepcke, Christoph Meckel, Hilde Ziegler, Peter Schneider u. a.). Man hielt es mit dem »Trösteramt der Dichtung« (Rudolf Alexander Schröder) und betrieb durch die Flucht ins vermeintlich Ewige und Beständige den Wiederanschluss an ein »unaufgestörtes Dasein«. Dafür war vor allem die Heimat zuständig, der man alle selbstkritische Rechenschaft erließ: sie hatte für die »Fetteinreibung gegen den Weltfrost« (Christoph Meckel) zu sorgen.

Der Durchbruch einer neuen, unbelasteten Autorengeneration bereitete sich allmählich in den endfünfziger und sechziger Jahren vor. Mit ihrer aus dem Traditionskorsett befreiten

Lyrik, ihrer kammermusikalisch geprägten Prosa hat Marie Luise Kaschnitz (1901–1974) längst den Rang einer modernen Klassikerin. Die »Beschreibung eines Dorfes« (1966), die ihrer Familienheimat Bollschweil gilt, fand eine neue Sprache für die Beschäftigung mit der eigenen Nahwelt jenseits des Tümlichen. Das von der Verfolgungserfahrung geprägte schmale Werk Lotte Paepckes (1910–2000) kam in der Region erst im Laufe der achtziger Jahre an; der Roman »Die Antwort« (1951) von Otto Schrag, der von der Rückkehr des emigrierten Autors in seine zerbombte Heimatstadt Karlsruhe erzählt, wurde bis heute nicht wahrgenommen. Horst Krüger (1919–1999) gab den Genres Städteporträt und Reisebericht kritisches Format zurück, Klaus Nonnenmann (1922–1993) überzeugte mit Erzählungen von subtil-raffinierter Stilistik. Karl Wittlinger (1922–1994) zählte mit seinen aktuellen und publikumswirksamen Komödien zu den erfolgreichsten Dramatikern der Nachkriegszeit; Walter Helmut Fritz (*1929) fand mit seinem ersten Buch »Achtsam sein« (1956) gleich sein Lebensthema. Christoph Meckels (*1935) umfangreiches und vielfältiges Werk, das alle Gattungen umfasst, lebt von poetischer Imagination und markiert wie kaum ein anderes kritische Distanz zur (schreibenden) Vätergeneration. Für den literarischen Aufbruch des Jahres 1968 stehen Peter Schneider (*1940), der ab 1950 in Freiburg aufwuchs und hier studierte, und der Liedermacher Walter Mossmann (*1941). Mit ihren 198 Erinnerungen eines Kindes (»Während der Verlobung wirft einer einen Hering an die Decke«, 1988) machte sich die Schauspielerin Hilde Ziegler (1939–1999) zur originellen Chronistin der Nachkriegszeit im Basler Dreiländereck. Zu den Zugezogenen zählen neben dem Lyriker Peter Huchel (1903–1981) der Sprachkritiker Uwe Pörksen (*1935), der Erzähler und Essayist Jürgen Lodemann (*1936) und der

Lyriker und Prosaautor Otto Jägersberg (*1942). Für viele Autoren dieser Generation wurden Rundfunk und teilweise auch Fernsehen zu wichtigen Medien – vor allem der 1945 von den Franzosen in Baden-Baden gegründete SWF (mit Landesstudio Freiburg). Sein erster Intendant, der Schriftsteller Friedrich Bischoff, legte den Programmauftrag des Senders ausgesprochen literaturfreundlich aus.

Mitte der siebziger Jahre brachte der Regionalismus neue Bewegung in die Literatur. Er war begleitet von einer Neubewertung der Begriffe Heimat und Provinz, die bis dahin weithin Synonyme für Ewiggestriges und Rückständigkeit waren. (Manche, formulierte damals Martin Walser, fühlten sich beim Anblick eines Gamsbartes gleich als schneidige Intellektuelle). Angesichts der »Grenzen des Wachstums« jedoch und drohender ökologischer Katastrophen galten sie nun als Chance für die Bewahrung der Lebensgrundlagen und taugten gar als Katalysatoren des Widerstands aus neugewonnener regionaler Identität. Ausgelöst durch geplante Atomkraftwerke (Wyhl/D, Fessenheim/ F, Kaiseraugst/ CH) und unterstützt von einer regional(istisch)en Publizistik, entstand am Oberrhein ein neues Selbstbewusstsein der Provinz. Es artikulierte sich im alemannischen Dialekt, der zum Träger des von grenzüberschreitenden Bürgerinitiativen angeleiteten Protests wurde. »Die Wacht am Rhein«, nach 1871 zu einer zweiten Nationalhymne avanciert, fand ihre historische Korrektur in François Brumbts Lied »Mir keije mol d'Gränze über d'Hüffe«. In der alternativen und Protestszene bürgerte sich rasch der Begriff »Dreyeckland« ein; mit seinen geschichtlichen Anleihen (beim Bauernkrieg, bei den Salpeterern oder bei der Revolution von 1848/49) rief er noch einmal etwas von der prekären »Einheit« der Länder am Oberrhein wach. Ihren zeittypischen Ausdruck fand die

Euphorie dieser Jahre in André Weckmanns Wort von der »Alemannischen Internationale« (später zur »Alemannischen Regionale« heruntergestuft), die sich freilich auch gegen den französischen Zentralismus und die Pariser Sprachenpolitik richtete.

Weckmann (*1924) war seit den siebziger Jahren zum wortmächtigsten Vertreter und Wortführer in Sachen elsässische Identität und Sprachenproblematik geworden. Er war sich bewusst, dass seine Landsleute durch Hitler endgültig zu Franzosen geworden waren; aber er wandte sich gegen die Pariser Zumutung, dass die Verleugnung der deutschen Sprache und ihrer Dialekte länger als Gradmesser ihres Patriotismus herhalten sollte (Seit 300 Jahren waren die Elsässer zwar französische Staatsbürger, aber deutsch sprachen sie seit 1500 Jahren). Weckmann kam es darauf an, die Dinge in ein elsässisches Gleichgewicht zu bringen: »Welches ist nun deine Sprache? Entscheide dich: hier steht Racine, dort steht Goethe […] Entscheide dich: hinter dir Sebastian Brant und seine Riege, vor dir die frankophone Zukunft … so lauten seit über einem Jahrhundert die Ratschläge unserer Tutoren«. Und weiter: »Die Antwort aber der unterdessen schlitzohrig gewordenen Elsässer ist diese: Was glaubt ihr denn, ihr beiden großen, prestigebeladenen, triumphalischen Nachbarn, die ihr turnusweise zu uns kamt mit euren hehren kulturellen Schablonen und Kriterien und uns das Heil brachtet. Was glaubt ihr denn? Dass wir so töricht seien und turnusweise verleugnen, was der Vorherige uns Gutes und Schönes eingepaukt hatte? Nein, wir horten die Schätze, wir sortieren das Beste aus und säen die Edelmischung zwischen Vogesen und Rhein«.

Als angriffslustigster und bekanntester Autor des Elsass hat Weckmann mit seinem dreisprachigen Werk das Erbe René Schickeles als Vermittler und Brückenbauer angetreten. Befindlichkeit und Identität der Elsässer sind inzwischen längst zum eigentlichen Thema der elsässischen Gegenwartsliteratur geworden. »Doppelt Jude und doppelt Elsässer« – so beschrieb Claude Vigée (*1921) seine Situation. Neben Lyrik im Dialekt gelang ihm mit dem großen Familienepos »Bischweiler oder Der große Lebold« (1998) eine große Hommage an das elsässische Landjudentum. Jean Egen (1920–1995) war mit seiner deutsch-französischen Lebensgeschichte »Die Linden von Lautenbach« im gesamten deutschsprachigen Raum erfolgreich. Der Germanist Adrien Finck (1930–2008) arbeitete vor allem zur Sprachenproblematik seines Landes und stellte seine »Revue Alsacienne de littérature« unter das Vorzeichen alemannischer Begegnung. »Wir leben nicht mehr unter deutschen Stiefeln oder französischen Pantoffeln«, schrieb der Zeichner und Autor Tomi Ungerer (*1931) in seiner Kindheitsgeschichte »Die Gedanken sind frei« (1999), »sondern unter dem besternten Heiligenschein Europas«, um aus dem historischen Schicksal seines Landes zu folgern: »Wir Elsässer sind geborene Europäer«. Mitte der achtziger Jahre vollzog die in Strasbourg lebende Autorin Barbara Honigmann (*1949) ihren »dreifachen Todessprung ohne Netz: vom Osten in den Westen, von Deutschland nach Frankreich, und aus der Assimilation mitten in das Thora-Judentum hinein«. Auffallend auch die Zahl der elsässischen Kabarettisten und Liedermacher: Nach Germain Muller (1923–1994) und seinem legendären Theater »Le Barabli« brachte die Protestbewegung der siebziger Jahre Sänger wie René Egles (*1939), Roger Siffer (*1948) und François Brumbt (*1947) hervor.

Bleibt abschließend noch ein knapper Blick auf die Basler Ecke. Die Schweiz hatte sich zu Beginn des »Dritten Reiches« mit dem Konzept der »Geistigen Landesverteidigung« gegen die Ideologie des Nationalsozialismus immunisiert, indem sie sich auf ihre Eigenart besann. Doch was als Demonstration des ungebrochenen Willens zu Selbständigkeit und Wehrhaftigkeit gedacht war, war nur um den Preis (partieller) Abschottung von der Welt zu haben. Die Folge dieser Bescheidung in der Enge war ein beschauliches Schweizertum, dessen Folgen der St. Galler Schriftsteller Rudolf Hilty nach 1945 so bilanzierte: »Der Stolz auf die Gesundheit der Schweizer Verhältnisse war selbst unter Schreibenden eine verbreitete Krankheit«. Davon war auch die Basler literarische Szene nicht frei, die lange von Lokalgrößen dominiert wurde. Aus dem Durchschnitt ragten bezeichnenderweise zunächst eher Zugezogene heraus: Thea Sternheim (1883–1971), Autorin eines großen Tagebuchwerks, der aus dem amerikanischen Exil zurückgekehrte Dramatiker und Erzähler Ulrich Becher (1910–1990) oder der Lyriker Rainer Brambach (1917–1983); später ließen sich auch Rolf Hochhuth (*1931) und Dieter Forte (*1935) in Basel nieder. An heimischen Autoren machten sich seit den siebziger Jahren Autoren wie Jürg Federspiel (1931–2007), Adelheid Duvanel (1936–1996), Urs Widmer (*1938), der Dramatiker und Krimiautor Hansjörg Schneider (*1938) oder Jürg Laederach (*1945) einen Namen.

Seit 2000 verfügt Basel als einzige Stadt am Oberrhein über ein Literaturhaus, das zusammen mit dem »Museum für Literatur am Oberrhein« in Karlsruhe, zahlreichen literarischen Museen und Gedenkstätten zwischen Liestal und Bretten sowie fest etablierten Literaturveranstaltungen (»Freiburger Literaturtage«, »Literarische Biennale Mitteleuropa« in Schiltigheim/Strasbourg, »Europäische Kulturtage« in Karlsruhe, »Hausacher Leselenz«, »BuchBasel«, »Foire du livre St. Louis« u.v.a.) vielerlei und ganz unterschiedliche Begegnungen mit Literatur ermöglicht. Was immer sich dem noch hinzufügen ließe – literarische Gesellschaften und Bibliotheken, Theater und Kleinbühnen, Zeitschriften und Literaturpreise – es könnte unsere Ausgangsthese »'Literatur am Oberrhein' statt ‚oberrheinische Literatur'« nur stützen. Man könnte auch Johann Peter Hebels Kalendergeschichten bemühen, die zwischen Liestal und Philippsburg einen oberrheinischen Landschaftsraum imaginieren, in dessen »Einheit« mit Konstantinopel und Pensa, Neisse und Ragusa jedoch immer die »ganze Welt« hineinspielt. »Nichts ist angenehmer als der Contrast«: Stets sind es, wie am Oberrhein, Vielfalt und Varietät, die eine Region lebendig machen – und den Leser, die Leserin bei Laune halten.

Literatur

Anthologien

Lebende Dichter um den Oberrhein. Lyrik und Erzählung. Hg. Reinhold Siegrist im Auftrag des Deutschen Scheffel-Bundes. Karlsruhe 1942.

Reisebriefe vom Oberrhein. Gesammelt und erläutert von Arthur von Schneider. Säckingen 1948.

Rheinfahrt. Vom Ursprung bis Mainz. Hg. Johann Jakob Hässlin. München 1953.

Friedrich Bentmann, Karlsruhe im Blickfeld der Literatur. Karlsruhe 1969.

Haltla. Basel und seine Autoren. Hg. Dieter Fringeli. Basel 1978.

Ortsbeschreibung. Autoren sehen Freiburg. Hg. D. Kayser. Freiburg 1980.

In der Residenz. Literatur in Karlsruhe 1715–1918. Eine Ausstellung des Instituts für Kulturpädagogik, Hildesheim. Karlsruhe 1984.

Der Ortenau-Spiegel. Literarische Porträts einer simplizianischen Landschaft. Hg. A. Huber, K. Isele und M. Matzat. Eggingen 1986.

Schwarzwaldreisen. Berichte, Geschichten und Bilder aus fünf Jahrhunderten. Hg. Georg Richter. Karlsruhe 1986.

Freiburg. Ein Lesebuch der Stadt Freiburg einst und jetzt in Sagen und Geschichten, Erinnerungen und Berichten, Briefen und Gedichten. Hg. Dietrich H. Klein. Husum 1987.

Freiburg in alten und neuen Reisebeschreibungen. Ausgewählt von Maria Rayers. Düsseldorf 1991.

Karlsruhe in alten und neuen Reisebeschreibungen. Ausgewählt von Klaus-Jörg Ruhl. Düsseldorf 1991.

Exil, Widerstand, innere Emigration. Badische Autoren zwischen 1933 und 1945. Hg. Hansgeorg Schmidt-Bergmann in Verbindung mit Matthias Kußmann. Karlsruhe 1993.

Schwarzwald und Oberrhein. Der literarische Führer. Hg. Hans Bender und Fred Oberhauser. Frankfurt/M. und Leipzig 1993.

Sondern anderswo. Neue Literatur vom Oberrhein. Hg. Matthias Kehle, Matthias Kühn und Georg Patzer. Karlsruhe 1996.

Warum brüllt Frau Bichler Frau Kirkowski so an? Literarische Texte aus
dem Raum Lörrach. Hg. Manfred Bosch. Lörrach 2000.
Elsaß. Ein literarischer Reisebegleiter. Hg. Emma Guntz und André Weckmann. Frankfurt/M. und Leipzig 2001.
Offenburg, die Ortenau und die Literatur. Ein Lesebuch zur Literaturge-
schichte Mittelbadens. Hg. Martin Ruch. Offenburg 2004.

Darstellungen

Robert Minder, Oberrheinische Dichtung gestern und heute. Karlsruhe
1965.
Hans Werthmüller, Tausend Jahre Literatur in Basel. Basel u. a. 1980.
Klaus Fischer, Baden-Baden erzählt. Die Kurstadt im alten und neuen
Glanz. Bonn 1985.
Jean Dentinger, L'age d'or de la litterature en alsace. Das Goldene Zeitalter
der Literatur im Elsaß. Mundolsheim 1986.
Bernhard Zeller, Walter Scheffler (Hg.), Literatur im deutschen Südwesten.
Stuttgart 1987.
Hans-Joachim Fliedner (Hg.), Dichter am Oberrhein. Offenburg 1993.
Helen Liebendörfer, Spaziergänge zu Malern, Dichtern und Musikern in
Basel. Basel 2000.
Stefan Woltersdorff, Die andere Frankreich-Reise. Straßburg für Leser. Ein
literarischer Führer durch die Stadt und ihr Umfeld. Kehl 2000.
Achim Aurnhammer, Wilhelm Kühlmann (Hg.), Zwischen Josephinismus
und Frühliberalismus. Literarisches Leben in Südbaden um 1800. Frei-
burg 2002.
Hansgeorg Schmidt-Bergmann, Peter Kohl (Hg.), ein Bild der Zeit. Literatur
in Baden-Württemberg 1952–1970. Karlsruhe 2002 (= rheinschrift 6).
Claudia Weise, Gelehrtes Freiburg. 113 Philosophen, Schriftsteller und
Naturwissenschaftler. Wohnorte, Wirken und Werke. Berlin 2003.
Corina Lanfranchi, Matthyas Jenny (Hg.), Literaturführer Basel. Personen
und Schauplätze. Basel 2003.
Hansgeorg Schmidt-Bergmann, Jochen Meyer (Hg.), Geschichte der Lite-
ratur am Oberrhein. Ein Querschnitt. Karlsruhe 2004.
Fred Oberhauser, Axel Kahrs, Literarischer Führer Deutschland. Frankfurt/
Main und Leipzig 2008.
ADAC Südbaden e. V., ADAC Nordbaden e. V., ADAC Pfalz e. V. und
Literarische Gesellschaft Karlsruhe/Museum für Literatur am Oberrhein
(Hg.), Literaturregion Südlicher Oberrhein. Karlsruhe 2009.

Verzeichnis der Autoren

Anonym, Die »Bittschrift« wurde entnommen »Herr Biedermeier in Baden«. Hg. Konrad Krimm und Herwig John. Stuttgart: Theiss 1981, S. 190–192.

Louis Aragon, eig. Louis-Marie Andrieux, französischer Schriftsteller, geb. 1897 in Paris. Zählte mit André Breton zu den Begründern des Surrealismus; schrieb später realistische Romane mit sozialistischer Tendenz, u. a.»Die Glocken von Basel« (1946). Mitglied der Résistance, konnte dank gefälschter Papiere in der Provence überleben. Gestorben 1982 in Paris. Aus: »Die Glocken von Basel«. München: Kindler 1979, S. 496–498.

Hans (Jean) Arp, deutsch-französischer Maler, Bildhauer und Dichter, geb. 1887 in Straßburg. Ausbildung in Weimar und Paris, Mitbegründer des Dadaismus. Arps Werke wurden als entartet eingestuft; Emigration in den unbesetzten Teil Frankreichs. Nach 1945 als Künstler international anerkannt, starb Arp 1966 in Basel. Aus: »Worte mit und ohne Anker«. Wiesbaden: Limes 1957, S. 11f. © 1957 Limes Verlag, Wiesbaden, genehmigt durch die F.A. Herbig Verlagsbuchhandlung GmbH, München.

Hugo Ball, Dramaturg, Schriftsteller, geb. 1886 in Pirmasens. Kontakte zu expressionistischen Kreisen, Emigration in die Schweiz, Mitbegründer des ‚Cabaret Voltaire' und des Dadaismus, von denen er sich bald distanzierte. Rückzug ins Tessin, Freundschaft mit Hesse und Hinwendung zum Katholizismus. »Die Flucht aus der Zeit« (1927) zählt zu den bedeutenden Zeugnissen der Zeit. Ball starb verarmt 1927 in Sant´ Abbondio. Aus: »Die Flucht aus der Zeit«. Hg. Bernhard Echte. Zürich: Limmat 1992, S. 60–62.

Peter Bamm, eig. Curt Emmrich, geb. 1897 in Hochneukirch. Studium der Medizin und Sinologie; als Schiffsarzt zahlreiche Weltreisen, Niederlassung als Facharzt in Berlin. Seit 1932 freier Schriftsteller, nach 1945 Feuilletonist bei Berliner Zeitungen, gestorben 1975. Sein Beitrag findet sich in der Anthologie »Variationen über Baden-Baden«, Hg. Herbert Duckstein. Frankfurt/M.: Societätsdruckerei 1938, S. 88–95. © Societätsverlag, Frankfurt/M.

Emil Belzner, Schriftsteller und Redakteur, geb. 1901 in Bruchsal. Entstamm-
te einer Handwerkerfamilie, geriet als Gymnasiast in Rastatt während
seines Hilfsdienstes bei der Bahn zufällig in den Zug, mit dem Lenin von
der Schweiz nach Russland ausreiste. Dieses Erlebnis inspirierte ihn zu
seinem wichtigsten Roman »Die Fahrt in die Revolution«. Im Hauptberuf
Kulturredakteur, zuletzt bei der »Rhein-Neckar-Zeitung«. Gestorben
1979 in Heidelberg. Aus: »Die Fahrt in die Revolution oder Jene Reise«.
München / Wien / Basel: Desch 1969, S. 106–112. © 1992 dtv, München.

Rainer Brambach, deutsch-schweizer Dichter, geb. 1917 in Basel. Arbeitete
in vielen Berufen, u. a. als Steinmetz, Werbetexter und Gärtner. Er ist vor
allem als Lyriker bekannt geworden und erhielt für seine einfachen und
unsentimentalen Gedichte (»Ich fand keinen Namen dafür«) zahlreiche
Auszeichnungen. Gestorben 1983 in Basel. Aus: »haltla. Basel und seine
Autoren«. Hg. Dieter Fringeli. Basel: Buchverlag Basler Zeitung 1978,
S. 34–36.

Sebastian Brant, deutscher Dichter, geb. 1458 in Straßburg. In Basel Dekan
der juristischen Fakultät; bekleidete später in Straßburg städtische Äm-
ter und war Kaiserlicher Rat. Sein Hauptwerk, das äußerst populäre
»Narrenschiff«, ist mit seiner lehrhaften Tendenz in der Tradition der
spätmittelalterlichen Lehrdichtung Ausgangspunkt der überaus reichen
Narrenliteratur. Tod 1521 in Straßburg. Aus: »Das Narrenschiff«. Nach
der Erstausgabe (Basel 1494) Hg. Manfred Lemmer. 3. Auflage, Tübingen:
Max Niemeyer 1986, S. 47f.

Rosemarie Bronikowski, Lyrikerin und Erzählerin, geb. 1922 in Hamburg.
Studium der Publizistik in Berlin; langjährige Betreuerin von Strafge-
fangenen. Seit 1968 mehrere Romane und Lyrikbände, lebt in Ebringen
bei Freiburg. Aus: »Literatur im alemannischen Raum«. Hg. Jochen Kelter und Peter Salomon. Freiburg: Dreisam 1978, S. 43–45. © Rosemarie
Bronikowski, Ebringen.

Georg Büchner, revolutionärer deutscher Dichter und Naturwissenschaftler,
1813 in Goddelau/Hessen geboren. Wuchs in Darmstadt auf und studierte
Medizin in Straßburg und Gießen. Wegen seiner politischen Flugschrift
»Der hessische Landbote« wurde er steckbrieflich gesucht und floh 1835
nach Straßburg; 1836 Privatdozent in Zürich, wo er 24jährig starb. »Brief
an die Familie« aus: »Werke und Briefe«. München: dtv 1965, S.160 f.

Albert Bürklin, nationalliberaler Reichstagsabgeordneter, Intendant des
Karlsruher Hoftheaters und Präsident der Goethe-Gesellschaft, geb. 1844
in Heidelberg, wo er 80jährig starb. Sein Text entstammt der Erzählung

»Der Kanzleirat«, die die kleinbürgerliche Mentalität der Karlsruher Bevölkerung satirisch-humoristisch beschreibt. Lahr: Schauenburg 1986 (Neuausgabe), S. 49ff.

Sigrid Damm, Germanistin und Schriftstellerin, geb. 1940 in Gotha, seit 1968 freie Schriftstellerin in Berlin. Ihre Bücher gelten vor allem Personen aus dem Umkreis der Weimarer Klassik. Aus:»Vögel, die verkünden Land. Das Leben des J. M. R. Lenz«. Berlin/ Weimar: Aufbau 1985, S. 84–89. © Sigrid Damm.

Alfred Döblin, Arzt und Schriftsteller, geb. 1878 in Stettin. Studierte u.a. in Freiburg. Der Autor von »Berlin Alexanderplatz« (1929) emigrierte 1933 über die Schweiz nach Frankreich in die USA; 1945 Rückkehr nach Deutschland. In Baden-Baden bekleidete er den Posten eines Zensors für die französische Besatzungsmacht. Döblin starb 1957 verbittert in Emmendingen. Aus:»Autobiographische Schriften und letzte Aufzeichnungen«. Olten / Freiburg 1980, S. 369–371. © S. Fischer Verlag Frankfurt/ M.

Wolfgang Duffner, Lehrer und Schriftsteller, geb. 1937 in Freiburg, lebt in Brigachtal. Duffner schreibt Hörspiele, Theaterstücke und veröffentlichte mehrere Erzählbände, darunter bei Klöpfer & Meyer »Roggenbach im letzten Jahr« (2001) und »Der Gesang der Hähne« (2004). Aus: »Allmende« 17 (1997) H. 52/53, S. 36. © Wolfgang Duffner, Brigachtal.

Alexandre Dumas, französischer Theaterautor und Schriftsteller, geb. 1802. Zunächst Bibliothekar des Herzogs von Orléans; schuf ein Riesenwerk von rd. 250 Bänden, darunter viele Abenteuerromane. 1841 erschien der Band »Excursions sur le bords du Rhin«, der Aufzeichnungen über eine Rheinreise von 1838 enthält, die von Köln bis an die deutsch-schweizerische Grenze führte. Dumas starb 1870. Aus:»Rheinfahrt. Vom Ursprung bis Mainz«. Hg. Johann Jakob Hässlin. München: Prestel 1953, S. 196f.

Carl Einstein, deutsch-jüdischer Schriftsteller und Kunstwissenschaftler, geb. 1885 in Neuwied. Wandte sich nach einer abgebrochenen Banklaufbahn in Karlsruhe der Literatur zu (»Bebuquin«, 1912) und arbeitete vor allem über die ‚Kunst der Primitiven‘ und den Kubismus. 1939 Flucht nach Paris und Internierung, nahm sich 1940 beim Einmarsch der deutschen Truppen das Leben. Aus:»Werke«, Bd. 3: 1929–1940. Hg. Marion Schmid. Wien / Berlin: Medusa 1985, S. 109–111.

Erasmus von Rotterdam, niederländischer Humanist und Theologe, geb.1465 oder 1469 in Rotterdam. Der Weg des Augustinermönchs, der vielen als größter Gelehrter seiner Zeit galt, führte über Aufenthalte in England,

Frankreich und Italien öfter an den Oberrhein: Von 1524 bis 1529 lebte er in Basel, wo er bei Froben seine Werke drucken ließ, bei Durchsetzung der Reformation wich er nach Freiburg aus; 1535 kehrte er nach Basel zurück, wo er 1536 starb. Seine Gebeine ruhen im Basler Münster. Aus: »Briefe«. Hg. Walther Köhler. Bremen: Schünemann o. J., S. 114f., 208, 315f.

Otto Flake, deutscher Schriftsteller, Essayist und Romancier, geb. 1880 in Metz als Sohn deutscher Eltern. In Colmar aufgewachsen, Studium der Germanistik und Philosophie in Straßburg, seit 1928 in Baden-Baden ansässig. Fruchtbarer und weltläufiger Essayist und Romancier, der sich zunehmend auf historische Stoffe und Schauplätze des Oberrheins verlegte (»Hortense oder Die Rückkehr nach Baden-Baden«, »Schloß Ortenau«). Gestorben 1963 in Baden-Baden. »Abschied vom Elsass« aus: »Ein Leben am Oberrhein«. Hg. Michael Farin. Frankfurt/M.: Fischer Taschenbuchverlag 1987, S. 170f. © S. Fischer Verlag GmbH, Frankfurt/M. 1986; »Es war alles in Basler Händen« aus: »Fortunat«. Gütersloh: S. Mohn 1960, S. 12f.

Ursula Flügler, Lyrikerin, geb. 1940 in Baden-Baden. Studium der Altphilologie in München, bis 2002 Lehrerin für Deutsch und Latein in Offenburg, wo sie heute lebt. Aus: »D'Deyflsgiger. Ortenauer Kulturzeitschrift« 1 (1980), H. 1, S. 179. © Ursula Flügler, Offenburg.

Walter Helmut Fritz, Prosaautor und Lyriker, geb. 1929 in Karlsruhe. Zahlreiche Buchveröffentlichungen, die sich durch stilllebenhaft-eindringliche Diktion mit suggestiver Wirkung auszeichnen. »Unzählige Ginstersträucher« aus: »Pulsschlag«. Eggingen: Edition Isele 1996, S. 27; »Eine der ungezählten Sprachen« aus: »Gesammelte Gedichte 1979–1994«. Hamburg: Hoffmann & Campe 1994, S. 102. © 1983 by Hoffmann und Campe Verlag.

Albert Geiger, Autor von Gedichten, Dramen und Romanen, geb. 1866 in Bühlertal. 1902 gründete er in Karlsruhe die »Künstlervereinigung für heimatliche Kunstpflege«. In seinem postum erschienenen Schlüsselroman »Die versunkene Stadt« (1924) gibt er ein satirisch geprägtes Bild der Landeshauptstadt. Karlsruhe: Macklot o. J., S. 5–9.

Ernst Glaeser, Journalist und Schriftsteller, geb. 1902 in Butzbach. Seinen Durchbruch erlebte er mit dem Roman »Jahrgang 1902« (1928). 1932 erschien sein Roman »Das Gut im Elsaß«, in dem er die politische Zeitstimmung im deutsch-französischen Grenzgebiet beschrieb. 1933 Emigration, 1939 Rückkehr nach Deutschland. Glaeser starb 1963 in Mainz. Aus: »Das Gut im Elsaß«. Berlin: Gustav Kiepenheuer 1932, S. 34–41. © Sibylle Gläser-Buckham, München.

Johann Wolfgang von Goethe, Dichter, Naturforscher, Minister, geb. 1749 in Frankfurt/Main. In »Dichtung und Wahrheit« berichtet er über seine Studienzeit in Straßburg, die ihn auch ins elsässische Hinterland führte – u. a. nach Sesenheim, wo er sich in Friederike Brion verliebte. Aus: »Dichtung und Wahrheit«, Olten / Stuttgart / Salzburg: Fackel-Verlag o. J., S. 444–447.

Martin Graff, elsässischer Autor, Kabarettist und Filmemacher, geb. 1944 in Munster (Haut-Rhin). Er beschäftigt sich kritisch mit seiner Heimat und dem Verhältnis von Elsässern bzw. Franzosen und Deutschen. Aus: »Von Liebe keine Spur. Das Elsaß und die Deutschen«. München: Knesebeck 1996, S. 178f. © Martin Graff, Soultzeren.

Hans Jakob Christoffel von Grimmelshausen, Dichter des Barock, geb. 1621/22 in Gelnhausen. Bis 1648 Kriegsdienst, 1667 Stadtschultheiß in Renchen, wo er 1676 starb. Unser Ausschnitt stammt aus seinem 1668 erstmals veröffentlichten Hauptwerk »Der Abenteuerliche Simplicissimus«. Frankfurt/ M.: Insel 1983, S. 412–419.

Emma Guntz, Journalistin und Autorin, geb. 1937, lebt in Straßburg. Für das Fernsehen produzierte sie 12 Jahre lang wöchentliche Lyriksendungen; Mitinitiatorin der »Biennale Mitteleuropa« in Schiltigheim. Zusammen mit André Weckmann gab sie den literarischen Reisebegleiter »Elsaß« heraus. Hamburg: Grube & Richter 1986, S. 44–48. © Emma Guntz, Strasbourg.

Heinrich Hansjakob, volkstümlicher Erzähler, geb. 1837 in Haslach. Als katholischer Priester eine kantige und unorthodoxe Persönlichkeit, griff er in seinen zahlreichen Büchern über den Schwarzwald und den Bodensee vorwiegend Stoffe aus dem Volksleben auf. Unser Text findet sich in den »Erinnerungen eines badischen Landtagsabgeordneten«, der unter dem Titel »In der Residenz« (Freiburg: Rombach 1967, S. 197–199) erschien. Hansjakob starb 1916 in Freiburg.

Wilhelm Hausenstein, Kunsthistoriker, Schriftsteller und Diplomat aus Hornberg, geb. 1882. Als Kunst- und Reiseschriftsteller, Erzähler und Tagebuchschreiber, Redakteur (vor allem des Literaturblatts der »Frankfurter Zeitung«), Übersetzer und Autobiograph hat er ein vielfältiges Werk hinterlassen. Dem überzeugten Badener wurde in der zweiten Lebenshälfte Bayern zunehmend zum Lebensmittelpunkt; 1957 starb er in München. Sein Beitrag findet sich in »Besinnliche Wanderfahrten«. München: Schnell und Steiner 1955, S. 24–27. © Johannes Werner, Elchesheim.

Johann Peter Hebel, deutscher Dichter, 1760 in Basel geboren und im Wiesental aufgewachsen. Nach Studium in Erlangen und Jahren als Hauslehrer bzw. Präzeptoratsvikar am Lörracher Pädagogium Gymnasialdirektor, Prälat der Ev. Landeskirche und Mitglied der Ersten Kammer in Karlsruhe. Neben seinen Erzählungen für den »Rheinländischen Hausfreund« schuf er »Allemannische Gedichte« (1803), in denen seine Muttersprache literaturfähig wurde. 1826 auf einer Dienstreise in Schwetzingen gestorben. Wie kein zweiter Dichter verkörpert er die grenzübergreifende Verbindung der Menschen am Oberrhein. »Einträglicher Rätselhandel« aus: »Erzählungen des Rheinländischen Hausfreunds«. München: Hanser 1985, S. 221–225; seinen Brief an Gräter entnahmen wir dem Band »Briefe«. Hg. Wilhelm Zentner. Karlsruhe / Ebenhausen: C. F. Müller / Langewiesche-Brandt 1976, S. 69–71.

Ernest Hemingway, amerikanischer Erzähler und Journalist, geb. 1899 in Oak Park /Illinois. Die Reisen des Nobelpreisträgers von 1954 führten immer wieder an europäische Schauplätze, so 1918 an die italienische Front, 1921–1927 nach Paris und nach Deutschland, 1936/37 nach Spanien. Hemingway starb 1961 durch eigene Hand. Aus: »49 Depeschen. Ausgewählte Zeitungsberichte und Reportagen aus den Jahren 1920–1956«. Hrsg. von Ernst Schnabel, deutsche Übersetzung von Ernst Schnabel und Elisabeth Plessen.Reinbek: Rowohlt 1972, S. 51–54. © 1969 by Rowohlt Verlag GmbH, Reinbek bei Hamburg.

Elly Heuss-Knapp, Sozialpolitikerin und Schriftstellerin, geb. 1881 in Straßburg als Tochter eines Nationalökonomen. 1899 Lehreinnenexamen, Studium der Volkswirtschaft und rege sozialreformerische (Vortrags-) Tätigkeit. 1908 Heirat mit Theodor Heuss. Im »Dritten Reich« mit Auftrittsverbot belegt, begann sie schriftstellerisch zu arbeiten. Die Gründerin des Müttergenesungswerks starb 1952. Aus: »Ausblick vom Münsterturm«. Erinnerungen. Tübingen: Wunderlich / Hermann Leins 1952, S. 49–56. © 2008 Hohenheim Verlag GmbH, Stuttgart – Leipzig.

Hans Peter Hoffmann, Autor, Übersetzer und Privatdozent. Geb. 1957, lebt nach einem Studium der Germanistik und Sinologie in Tübingen. Sein Text »Les Poulières« erschien in »Langsame Zeit« (2004) bei Klöpfer & Meyer, S. 134–136, wo auch sein Gedichtband »In den letzten Tagen« (1998) sowie »Der Nichtstuer« (2002) herauskam. © Klöpfer & Meyer, 2004.

Heinz G. Huber, Lehrer und Schriftsteller, geb. 1952 in Oberkirch. Studium der Germanistik und Geschichte, veröffentlichte eine Vielzahl heimatgeschichtlicher Bücher und Aufsätze. Huber lebt bei Oberkirch. Aus: »Allmende« 7 (1987) H. 15, S. 3–9. © Heinz G. Huber, Nußbach.

Victor Hugo, französischer Schriftsteller, geb. 1802 in Besançon. Hugo unternahm zwischen 1838 und 1840 drei Reisen an den Rhein, die ihn bis nach Schaffhausen führten. Die Briefe von unterwegs an seine Frau fasste er später unter dem Titel »Le Rhin. Lettres à un ami« zusammen. Hugo starb 1885 in Paris. Aus: »Rheinfahrt. Vom Ursprung bis Mainz«. Hg. Johann Jakob Hässlin. München: Prestel 1953, S.187f.

Pascale Hugues, Journalistin, geb. 1959 in Strasbourg. Mitarbeiterin französischer und deutscher Zeitungen, Filme für »ARTE«. Aus: »Marthe und Mathilde. Eine Familie zwischen Frankreich und Deutschland«. Deutsche Übersetzung von Lis Künzli. Berlin: Rowohlt 2008, S. 71–77. © 2008 by Rowohlt Verlag GmbH, Reinbek bei Hamburg.

Harald Hurst, Schriftsteller, geb. 1945 in Buchen, lebt in Ettlingen. Hurst veröffentlichte mehrere Bücher in Karlsruher Umgangssprache. Aus: »Karlsruher Lesebuch. Ein literarischer Querschnitt«. Hg. Cordula Hoepfner, Peter Kohl und Hansgeorg Schmidt-Bergmann i. A. der Literarischen Gesellschaft Karlsruhe. Karlsruhe: Rudolf Röser 1998, S. 79–85. © Harald Hurst.

Bert Jäger, Maler, Schriftsteller und Fotograf, geb. 1919 in Karlsruhe, lebte seit 1949 in Freiburg. Zahlreiche Ausstellungen, 1998 gestorben. Aus: »Ortsbeschreibung. Autoren sehen Freiburg«. Hg. Dietrich Kayser. Freiburg: Rombach 1980. S. 19–22. © Rombach-Verlag, Freiburg.

Otto Jägersberg, Schriftsteller, geb. 1942 in Hiltrup, lebt in Baden-Baden. Jägersberg debütierte mit dem Roman »Weihrauch und Pumpernickel« und schreibt neben Lyrik satirische Prosa und Drehbücher. Aus: »Wein, Liebe, Vaterland«. Zürich: Diogenes 1985, S. 78f. © 1985 Diogenes Verlag AG Zürich.

Hans Arno Joachim, Kritiker und Radiopionier, geb. 1902 in Freiburg. Der Freund Peter Huchels widmete sich der Literaturkritik und begründete das dokumentarische Hörspiel. Sein Name findet sich auf einer ,Abschubliste‘ vom 27. März 1944 nach Auschwitz. Aus: »Allmende« 21 (1996), H. 50/51, S. 88.

Ernst Jünger, deutscher Schriftsteller, Chronist und Naturforscher. Geb. 1895 in Heidelberg, heroisierte der Kriegsfreiwillige von 1914 in seinen frühen Schriften den Krieg; 1939 als Kompaniechef im Range eines Hauptmanns am Westwall gegenüber der Maginot-Linie eingesetzt. Seine Tagebücher aus dieser Zeit erschienen unter dem Titel »Gärten und Straßen«, enthalten in »Sämtliche Werke«, I. Abt. Bd. 2: Tagebücher II. Stuttgart: Klett 1979, S. 125–127. Jünger starb 1998. © Klett-Cotta, Stuttgart.

Nikolaj Michailowitsch Karamsin, russischer Schriftsteller und Historiker, geb.1766 in Michailowka / Simbirsk. In Moskau gehörte er einem Kreis von Aufklärern an und bereiste seit 1789 Deutschland, die Schweiz, Frankreich und England. Seine »Briefe eines reisenden Russen« füllen sechs Bände. 1803 durch Zar Alexander I. zum Reichshistoriographen ernannt, widmete er sich fortan der Erforschung der Geschichte Russlands. Starb 1826 in Sankt Petersburg. Aus: »Briefe eines reisenden Russen«. München: Winkler 1966, S. 141–145.

Marie Luise Kaschnitz, Schriftstellerin, geb. 1901 in Karlsruhe. In Potsdam und Berlin aufgewachsen, behielt sie trotz vieler Reisen in den Mittelmeerraum zeitlebens eine starke Bindung an den Oberrhein. Nach dem Tod ihres Mannes zog sie sich 1958 nach Bollschweil zurück, dem sie mit der »Beschreibung eines Dorfes« (1966) ein Denkmal setzte. Gestorben 1974 in Rom. »Mein Rhein ist jung« aus: »Gesammelte Werke« Bd. 3: Autobiographische Prosa II. Hg. Christian Büttrich und Norbert Miller. Frankfurt/M.: Insel 1982, S. 526 © Insel Verlag Frankfurt/M. und Leipzig 1982; der zweite Text aus: »Beschreibung eines Dorfes«. Frankfurt/M.: Suhrkamp 1976, S. 7–15. © Insel Verlag Frankfurt/M. und Leipzig 1976.

Wolfgang Koeppen, Schriftsteller, geb. 1906 in Greifswald. Zunächst Feuilletonredakteur, emigrierte nach Holland, kehrte 1939 zurück und lebte vom Schreiben von Drehbüchern. Seine »Trilogie des Scheiterns« (»Tauben im Gras«, 1951; »Das Treibhaus«, 1953 und »Tod in Rom«, 1954) stellt die erste kritische Bestandsaufnahme der BRD dar. Später schrieb er vor allem Reiseberichte und Erinnerungen. Gestorben 1996 in München. Aus: »Reise nach Frankreich und andere Reisen«. Werke Bd. 10. Hg. Walter Erhart. Frankfurt/M.: Suhrkamp 2008, S. 6–12. © Suhrkamp Verlag Frankfurt/M. 2008.

Annette Kolb, deutsch-französische Schriftstellerin, geb. 1870 in München. In ihrem Werk setzte sie sich für Frieden und Verständigung ein. 1923 ließ sie sich in Badenweiler nieder, emigrierte 1933 nach Paris und 1941, inzwischen französische Staatsbürgerin, in die USA. Nach dem Krieg kehrte sie nach Europa zurück, ihr letzter Wohnsitz war München, wo sie 1967 starb. Aus: »Memento«. Frankfurt/M.: S. Fischer 1960, S. 5–11. © S. Fischer Verlag GmbH, Frankfurt/M. 1960.

Pierre Kretz, Schriftsteller, geb. 1950 in Sélestat. Arbeitete als Rechtsanwalt, jetzt Schriftsteller in dem Vogesendorf Sainte-Marie-aux-Mines. Er schreibt auf Elsässisch (Theater) und Französisch (Romane, Essais); Autor der Romane »Quand j´ étais petit, j´étais catholique« (2005, erscheint 2010 auf Deutsch bei Klöpfer & Meyer) und »Le gardien des âmes« (2009). Sein Beitrag in diesem Band, übersetzt von Irène Kuhn, stammt aus dem Band »La Langue perdue des Alsaciens. Dialecte et schizophrenie« (1994).

Horst Krüger, Schriftsteller und Rundfunkredakteur, geb. 1919 in Magdeburg. Studierte Philosophie, lebte von 1945 bis 1952 als freier Publizist in Freiburg; seit 1952 Leiter des literarischen Nachtstudios beim SWF. Autor zahlreicher Reiseberichte, Städte- und Landschaftsporträts. Aus: »Stadtpläne. Erkundungen eines Einzelgängers«. Reinbek: Rowohlt 1971, S. 7–10. © 1967 by Horst Krüger.

August Lamey, Liederdichter und Schriftsteller, geb. 1772 als Sohn eines Kehler Großkaufmanns, studierte in Straßburg und trat noch als Jugendlicher in die Nationalgarde ein. Gerichtsschreiber, Übersetzer in Paris, Zollbeamter in Lüneburg,1816 Rückkehr ins Elsaß. Widmete sich nach seiner Zurruhesetzung bis zum Tod 1861 in Straßburg seinen literarischen Neigungen. Aus: »Gedichte und Lieder deutscher Jakobiner«. Hg. Hans Werner Engels. Stuttgart: Metzlersche 1971, S. 172–174.

Gustav Landauer, sozialistischer Schriftsteller, geb. 1870 in Karlsruhe. Der Autor, Übersetzer und Herausgeber des »Sozialist« vertrat einen freiheitlichen Sozialismus und wurde als Mitglied der Bayerischen Räteregierung 1919 in München ermordet. Aus: »Gustav Landauer. Worte der Würdigung«. Darmstadt: Verlag die Freie Gesellschaft o. J., S. 26–34.

Roland Lang, Schriftsteller, geb. 1942, im Thüringer Wald aufgewachsen. Lehre als grafischer Zeichner; Grafik-Studium in Karlsruhe. Seit 1974 freier Schriftsteller, lebt in Weissach im Tal. Veröffentlichte Romane, Erzählungen und Hörspiele. Aus: »Literatur im alemannischen Raum«. Hg. Jochen Kelter und Peter Salomon. Freiburg: Dreisam 1978, S. 62–66. © Roland Lang, Weissach im Tal.

Sophie von La Roche, eig. Marie Sophie Gutermann, Schriftstellerin, geb. 1731 in Kaufbeuren. Die Großmutter Clemens und Bettina Brentanos und Jugendgeliebte Wielands heiratete einen Hofrat und lebte in Mainz, Warthausen b. Biberach und Offenbach. Ihr Roman »Geschichte des Fräuleins von Sternheim« fand die Bewunderung Goethes und Herders; es folgten Erzählungen und autobiographische Reiseberichte. Herausgeberin der Zeitschrift »Pomona«, 1807 Offenbach gestorben. Aus: »Reisetagebücher. Aufzeichnungen zur Schweiz, zu Frankreich, Holland, England und Deutschland«. Hg. Klaus Pott und Charlotte Nerl-Steckelberg. Eggingen: Isele 2006, S. 65f.

Rainer Malkowski, Schriftsteller, vornehmlich Lyriker, geb. 1939 in Berlin. Zunächst in der Werbebranche tätig, wurde er seit Mitte der 1970er Jahre als Lyriker bekannt. 2003 in Brannenburg / Inn gestorben. Aus: »Das Meer steht auf«. Frankfurt/M.: Suhrkamp 1989, S. 59. © Suhrkamp Verlag Frankfurt/M. 1989.

Christoph Meckel, Schriftsteller und Grafiker, geb. 1935 in Berlin. Umfangreiches literarisches und graphisches Werk. Zahlreiche Reisen, lebt in Berlin und Freiburg. Aus: »Ein roter Faden. Gesammelte Erzählungen«. München: Hanser 1983, S. 355–357. © 1983 Carl Hanser Verlag, München.

Felix Moeschlin, schweizer Schriftsteller, Journalist und Nationalrat, geb. 1882 in Basel. Studium der Geologie, Botanik und Ökonomie; Kurdirektor in Arosa und Präsident des Schweizerischen Schriftstellerverbands (SSV). Verfasser von Romanen, gilt als einer der Repräsentanten der »Geistigen Landesverteidigung«. Moeschlin starb 1969 in Basel. Aus: »Unruhige Landsleute. Schweizer Erzähler zwischen Keller und Frisch«. Hg. Beatrice von Matt. Zürich und München: Artemis 1980, S. 302–304.

Alfred Mombert, Dichter, geb. 1872 in Karlsruhe. Bis 1906 Rechtsanwalt, danach widmete er sich in Heidelberg ausschließlich seinen Dichtungen. 1940 wegen seiner jüdischen Abstammung nach Gurs deportiert, 1941 auf Betreiben einflussreicher Freunde in die Schweiz gelangt, wo er 1942 starb. Aus: »Frankfurter Zeitung« 72 (1928) vom 24. Juni, zit. nach »Alfred Mombert (1872–1942)«. Hg. Susanne Himmelheber und Karl-Ludwig Hofmann. Heidelberg: Wunderhorn 1993, S. 145f.

Walter Moßmann, politischer Liedermacher und Autor, geb. 1940 in Karlsruhe. Studierte Germanistik und Soziologie, seit den später 60er Jahren im Rahmen basispolitischer Bewegungen (APO, AKW- und Friedensbewegung) aktiv; später auch Film- und Theaterprojekte. Moßmann lebt in Freiburg. Mit den Themen seines Beitrags hat sich Moßmann seither in »Ein Pfahl im Löss« (2000), »Die Grosse Erzählung, vielstimmig« (2002) und »realistisch sein – das unmögliche verlangen« (2009) auseinandergesetzt. Aus: »vorgänge. Zeitschrift für Gesellschaftspolitik« 19 (1980) H. 47/48, S. 68–72. © Walter Moßmann, Freiburg.

Sebastian Münster, Kosmograph, Humanist und Hebraist, geboren 1488 in Nieder-Ingelheim, 1552 in Basel gestorben. Trat 17jährig in den Franziskanerorden ein; seine Ausbildung und sein Wirken sind stark mit dem Oberrhein verbunden (Freiburg, Rouffach, Basel, Pforzheim, Heidelberg). Heiratete nach seiner Konversion 1530 die Witwe eines Basler Buchdruckers, in dessen Offizin sein Hauptwerk »Cosmographia« erschien.

Begraben im Basler Münster. Aus: »Weinberg der Freiheit«. Hg. Will Schaber. New York: Frederick Ungar 1945, S. 34f.

Tami Oelfken, Schriftstellerin und Reformpädagogin, geb. 1888 in Blumenthal. Seit 1931 schrieb sie Kinderbücher, 1933 Emigration nach Frankreich, nach ihrer Rückkehr nach Berlin 1939 floh sie durch ganz Deutschland vor den Nachstellungen der Nationalsozialisten, etliche ihrer Romane wurden verboten. Seit 1943 in Überlingen lebend, starb sie 1957 in München. Aus: »Die Kuckucksspucke«. Berlin: Verlag der Nation 1956, S. 5–7.

Lotte Paepcke, Schriftstellerin, geb. 1910 in Freiburg. Als Jüdin musste sie 1933 ihr Jurastudium abbrechen; durch ihre Ehe mit einem Nichtjuden teilweise geschützt, fand sie gegen Kriegsende in einem Kloster Unterschlupf. Nach 1945 Arbeit für Zeitschriften und Rundfunk; in Gedichten und kleinen Romanen (»Ein kleiner Händler, der mein Vater war«) schilderte sie ihr Schicksal. Paepcke starb im Jahr 2000. Aus: »Unter einem fremden Stern«. Moos / Baden-Baden: Elster o. J., S. 77–82. © Ursula Paepcke, Karlsruhe.

Gottlieb Konrad Pfeffel, Schriftsteller und Pädagoge, geb. 1736 in Colmar, dort 1809 gestorben. Studium in Halle, Gründer der »École militaire« in Colmar. Nahezu blind, veröffentlichte er Gedichte und Prosaschriften, vor allem Fabeln belehrender und sozialkritischer Tendenz. Aus: »Gedichte und Lieder deutscher Jakobiner«. Hg. Hans Werner Engels. Stuttgart, Metzlersche 1971, S. 5.

Uwe Pörksen, Prof. em. für Literatur und ältere Sprachen, Schriftsteller, geb. 1935 in Breklum, lebt in Freiburg. Neben Prosa veröffentlichte Pörksen vor allem Beiträge zur Sprachkritik. Aus: »Schauinsland«. Roman. Stuttgart: Cotta 1991, S. 174–178. © Klett-Cotta, Stuttgart.

Max Raphael, marxistischer Kunstwissenschaftler, geb. 1889 in Schoenlanke. Studium der Ökonomie, Psychologie und Kunstgeschichte. 1915 zum Kriegsdienst einberufen, legen seine Tagebücher u. a. von der schweren Krise Zeugnis ab, in die ihn der Krieg stürzte. 1917 Desertion, 1932 Emigration nach Frankreich, 1941 nach USA, dort 1952 Freitod. Aus: »Lebens-Erinnerungen. Briefe Tagebücher Skizzen Essays«. Hg. Hans-Jürgen Heinrichs. Frankfurt/M. / New York: Campus 1985, S. 84f., 115f. © Suhrkamp Verlag Frankfurt am Main 1985.

Gustav Regler, saarländischer Schriftsteller, geb. 1898 in Merzig. Studierte in Heidelberg und München, zeitweise KPD-orientiert, Beteiligung am Abstimmungskampf an der Saar sowie am Spanischen Bürgerkrieg.

Flucht über die USA nach Mexiko, lebte nach 1945 zeitweise wieder in Deutschland. Autor zahlreicher Romane; 1963 Tod in Neu Delhi. Aus: »Die Saat«. Frankfurt/M. und Basel: Stroemfeld 2002, S. 254–259. © Annemay Regler-Repplinger, Merzig.

Benno Reifenberg, Journalist, Kunstkritiker und Schriftsteller, geb. 1892 in Oberkassel (Bonn). Nach dem Ersten Weltkrieg Eintritt in die Redaktion der »Frankfurter Zeitung«, später deren Korrespondent in Paris. 1945 bis 1958 Herausgeber der »Gegenwart« in Freiburg; 1964 Goethepreis der Stadt Frankfurt/M. Seit 1959 Mitherausgeber der FAZ. 1970 in Kronberg / Taunus gestorben. Aus: »Lichte Schatten«. Frankfurt/M.: Societäts-Druckerei 1953, S. 483–485. © Jan Reifenberg, Ixelles / Belgien.

Hans Rothe, nicht eruiert; vermutlich nicht identisch mit dem aus Meißen stammenden Schriftsteller und Skakespeare-Übersetzer (1894–1963). Aus: »Das Tage-Buch« 7 (1925) H. 18 vom 2. Mai, S. 654–656.

Walle Sayer, Lyriker und Prosaautor, geb. 1960 in Bierlingen. Banklehre, seit 1992 freier Schriftsteller, lebt in Horb-Dettingen. Bei Klöpfer & Meyer erschienen auch seine Bände »Irrläufer« (2000), »Von der Beschaffenheit des Staunens« (2002), »Der Tag zu den Tagen« (2006) und »Kerngehäuse« (2009). »Telefonzelle« aus: Walle Sayer: Kohlrabenweisses. Tübingen: Klöpfer & Meyer 2001, S. 146. © Klöpfer & Meyer Verlag, Tübingen.

Joseph Victor von Scheffel, Erzähler und Lyriker, geb. 1826 in Karlsruhe. Studierte Jura, 1850 Gerichtsbeamter. Ausgedehnte Reisen. Als Autor des »Ekkehard« und zahlreicher Studentenlieder einer der beliebtesten und auflagenstärksten Dichter des 19. Jahrhunderts. Tod 1886 in Karlsruhe. Aus: »Joseph Victor von Scheffels sämtliche Werke«. Hg. Johannes Franke. 7. Band: Episteln und Reisebilder I. Leipzig: Hesse & Becker o.J., S. 7–11.

René Schickele, elsässischer Romancier, Dramatiker und Essayist, geb. 1883 in Oberehnheim / Obernai. Studium der Naturwissenschaften und Philosophie, während des Ersten Weltkriegs in der Schweiz, seit 1924 in Badenweiler, 1932 Emigration nach Vence, wo er 1940 starb. Der Herausgeber der pazifistischen »Weißen Blätter« gestaltete in seinen Romanen (Trilogie »Das Erbe am Rhein«) menschliche Schicksale zwischen den Nationen, zu deren Versöhnung er beizutragen suchte. Aus: »Wir wollen nicht sterben«. Werke in drei Bänden. Hg. Hermann Kesten, Band 3. Köln/Berlin: Kiepenheuer &Witsch 1959 S. 493–497.

Rudolf Schlichter, Maler und Schriftsteller, geb. 1890 in Calw. Künstlerische Ausbildung in Stuttgart und Karlsruhe, 1919 Übersiedlung nach Berlin.

Ende der 20er Jahre Konversion zum Konservativen; in seinen beiden Autobiographien „Das widerspenstige Fleisch" und „Tönerne Füße" nimmt er in beispielloser Offenheit Abschied von seiner linksradikalen Orientierung. Rückzug nach Rottenburg, später nach München, wo Schlichter 1955 starb. Aus „Tönerne Füße". Hg. Curt Grützmacher. Berlin: Hentrich 1992, S. 68–70. © Viola Roehr von Alvensleben, München.

Reinhold Schneider, Schriftsteller, geb. 1903 in Baden-Baden. Zahlreiche Reisen, lebte längere Zeit in Potsdam, 1938 Übersiedlung nach Freiburg, wo er 1958 starb. Sein Werk, das die europäische Geschichte als Auseinandersetzung von Geist und Macht deutet, lebt aus christlich-humanistischer Tradition. Aus: »Verhüllter Tag«. Köln/Olten: Hegner 1956, S. 23–24. © Insel Verlag Frankfurt am Main und Leipzig 1987.

Franz Schneller, Schriftsteller, Dramaturg, Büchereidirektor, geb. 1889 in Freiburg. Schrieb Romane, Erzählungen, Reisefeuilletons ; als populärer Radioplauderer war er eine Institution. Gestorben 1968 in Freiburg. Aus: »Brevier einer Landschaft«. Freiburg: Badischer Verlag 1947, S. 68–70. © Brigitte Schneller, Müllheim.

Kurt Schwitters, Künstler und Schriftsteller, geb. 1887 in Hannover, gestorben 1948 in englischen Exil. Entwickelte unter dem Begriff MERZ das Konzept des dadaistischen Gesamtkunstwerks; sein literarisches Werk ist experimentell und stark avantgardistisch geprägt. Aus: »Das literarische Werk«. Hg. Friedrich Lach. Köln: DuMont Literatur und Kunst Verlag 1973, S. 123.

Roger Siffer, elsässischer Kabarettist, Liedermacher, Sänger, geb. 1948 in Villé (Weiler). Nach einem abgebrochenen Studium der Philosophie lernte Siffer im Strassburger »Le Barabli«, heute leitet er das »Théâtre de la Choucrouterie«, wo er seine eigenen Revuen aufführt. Zahlreiche Bücher, Schallplatten und CDs. Aus: Jean: »Elsaß: Kolonie in Europa«. Berlin: Wagenbach 1976, S. 130. © Roger Siffer, Strasbourg.

Matthias Spranger, Rundfunkjournalist und Dramaturg, geb. 1944 in Schwäbisch Gmünd. Studium der Katholischen Theologie; Mitbegründer und -redakteur der Zeitschrift »Allmende«. Bis 1990 Ressortleiter Kulturelles Wort beim SWF-Landesstudio Freiburg, dann Chefdramaturg beim SDR Stuttgart und von 1998 bis 2003 Hörspielchef des SWR Baden-Baden. Sein Beitrag entstand für dieses Buch.

Ernst Stadler, expressionistischer Lyriker, geb. 1883 in Colmar. Studierte in Straßburg Germanistik und Romanistik, seit 1902 Mitarbeit an der Zeitschrift »Der Stürmer«. 1910 Dozent in Straßburg, 1912 Professor in

Brüssel, 1914 als Reserveoffizier gefallen. Herrad von Landsberg (1125/30 – 1195), auf die sich sein hier abgedrucktes Gedicht bezieht, war eine bedeutende geistliche Gestalt; sie lebte auf dem Odilienberg und hinterließ den »Hortus Deliciarum«. Aus: »Gedichte und Prosa«. Hg. Hans Rauschning. Frankfurt/ M.: Fischer Bücherei 1964, S. 110f.

Anton Tschechow, russischer Schriftsteller und Dramatiker, geb. 1860 in Taganrog. Kurze ärztliche Berufstätigkeit; Zusammenarbeit mit dem Moskauer Künstlertheater. 1901 Ehe mit der Schauspielerin Olga Knipper. Tschechow starb 1904 in Badenweiler während einer Kur an Tuberkulose. Aus: »Briefe. Gesammelte Werke« Bd. 5. Hg. Gerhard Dick. Berlin: Rütten & Loening 1958, S. 368–371.

Iwan Sergejewitsch Turgenjew, russischer Dichter, geb. 1818 in Orel. Studien in Russland und Berlin; seit 1855 lebte er meist in Deutschland (Baden-Baden) und Frankreich, 1883 bei Paris gestorben. Schrieb realistische Novellen und Romane. Aus: »Rauch«. Berlin/Weimar: Aufbau 1974, S. 7f.

Mark Twain, eig. Samuel Langhorne, amerikanischer Schriftsteller, geb. 1835 in Florida / Missouri. Die skeptisch-humoristische Tendenz seiner Romane erhielt in seinen Reiseberichten aus Europa eine ausgesprochen sarkastische und pessimistische Note. Gestorben 1910 in Redding / Connecticut. Aus: »Die Arglosen im Ausland. Bummel durch Europa« (»Gesammelte Werke in fünf Bänden«, Bd. 3). Hg. Klaus Jürgen Popp. München: Hanser 1985, S. 758–760.

Tomi Ungerer, elsässischer Künstler, Grafiker, Schriftsteller und Kinderbuchautor, geb.1931 in Straßburg. Lebte u. a. in New York, Neuschottland und Irland. 2001 wurde ihm in Straßburg ein eigenes Museum gewidmet. Aus: »Die Gedanken sind frei. Eine Kindheit im Elsaß«. Zürich: Diogenes 1999, S. 7f. © 1993 Diogenes Verlag AG Zürich.

Rahel Varnhagen, geb. Levin, geb. 1771 in Berlin. Führte einen literarischen Salon, in dem sie wichtige Philosophen, Literaten und Künstler um sich scharte. Bedeutend als Briefautorin wie als Vorkämpferin der Frauenrechte. Die Heirat mit dem Diplomaten Karl Varnhagen von Ense führte sie u.a. nach Karlsruhe. Gestorben 1833. Aus: »Briefe und Tagebücher aus verstreuten Quellen« (Rahel Bibliothek, Bd. IX). Hg. Konrad Feilchenfeldt. München: Matthes & Seitz 1983, S. 503–507.

Claude Vigée, eig. Claude Strauss, geb. 1921 in Bischwiller. Besuch des Gymnasiums in Straßburg, 1940 Medizinstudium in Toulouse, schloss sich der Résistance an und floh 1943 in die USA. 1960 bis 2001 lebte

Vigée in Israel, seither in Paris. Lyrik- und Prosaveröffentlichungen in französischer Sprache und elsässischer Mundart. Aus:»Bischweiler oder Der Große Lebold«. Jüdische Komödie, Band 1. Aus dem Französischen übersetzt von Liselotte Kittenberger. © 1998 by Verlag Das Arsenal Berlin, S. 10–15.

Käthe Vordtriede, Journalistin, geb. 1891 in Hannover, starb 1964 in New York. Die einzige Journalistin im Freiburg der 1920er Jahre wurde durch ihre Briefe an ihren Sohn Werner Vordtriede bekannt, in denen sie hellsichtig und couragiert aus dem gleichgeschalteten Freiburg und aus ihren Exilstationen Frauenfeld bzw. New York berichtete. Aus:»Mir ist es noch immer wie ein Traum, dass mir diese abenteuerliche Flucht gelang«. Hg. Manfred Bosch. Lengwil: Libelle 1998, S. 24–26.

Karl Julius Weber, aufklärerischer Schriftsteller und Satiriker, geb. 1767 in Langenburg. Studium der Rechte, Hauslehrer in der französischen Schweiz, Privatsekretär, Hof- und Regierungsrat in gräflichen Diensten. Lebte zuletzt in Hohenlohe; 1832 gestorben in Kupferzell. Aus:»Reise durch das Großherzogtum Baden«. Stuttgart: Steinkopf 1979, S. 171–175.

André Weckmann, elsässischer Schriftsteller, geb. 1924 in Steinburg. Mit seinem umfangreichen Werk (Lyrik, Roman, Essay, Theater) repräsentiert er neben Claude Vigée die moderne elsässische Literatur.»Von der Selbstaufgabe zur Konvivialität?« aus:»Allmende« 1 (1981) H. 1, S. 44f. © André Weckmann, Strasbourg.»Sagte der Franz Ose« aus: André Weckmann, Emma Guntz (Hg.),»Das Elsaß«. Frankfurt/M.: Insel 2001, S. 19. © Insel Verlag Frankfurt/M. und Leipzig 2001.

Jiří Weil, tschechischer Schriftsteller und Übersetzer, geb. 1900. Wurde aus der KP ausgeschlossen und deportiert; als Jude entkam er in Prag der Naziverfolgung nur knapp. Nach 1945 als Stalinismuskritiker erneut zum Schweigen verurteilt. Für die Literatur des Prager Frühlings, den der 1959 Verstorbene nicht mehr erlebte, wurde er dennoch zu einer Leitfigur. Aus:»Sechs Tiger in Basel«. Erzählungen. Übersetzung und Nachwort Bettina Kaibach. Lengwil: Libelle 2008, S. 158–167.

Jörg Wickram, frühneuzeitlicher Dichter aus Colmar, geb. um 1505. Der uneheliche Sohn eines Patriziers war Autor populärer Schwänke. In Colmar gründete er eine Meistersingerschule, 1555 wurde er Stadtschreiber von Burkheim (Kaiserstuhl), wo er 1560 starb. Aus:»Das Rollwagenbüchlein«. Hg. Hans-Gert Roloff. (»Sämtliche Werke«, Bd. 7). Berlin / New York: de Gruyter 1973, S. 163. Eine sprachlich modernisierte Textversion erscheint 2010 bei Klöpfer & Meyer als Band 12 der Reihe »Eine kleine Landesbibliothek«, hg. von Werner Witt unter Mitarbeit von Andreas Vogt.

Maria Wimmer, geb. 1944 in einem badischen Dorf. Ihr Buch »Die Kindheit auf dem Lande« beschreibt eine Jugend unter den Vorzeichen mehrfacher Benachteiligung als katholisches Mädchen vom Lande aus dem Arbeitermilieu. Reinbek: Rowohlt 1983, S. 62–66. © 1978 by Rowohlt Verlag GmbH, Reinbek bei Hamburg.

Thomas Wolfe, amerikanischer Schriftsteller, geboren 1900. Seinem Hauptwerk »Schau heimwärts, Engel« (1929) hatte er den Roman »Von Zeit und Strom« (1935) folgen lassen, in dem die Lebensgeschichte des Helden gleichrangig neben das Gesellschaftspanorama tritt. Gestorben 1938. Aus: »Von Zeit und Strom. Eine Legende vom Hunger des Menschen in der Jugend«. Deutsche Übersetzung von Hans Schiebelhuth, durchgesehen von Sonja Schleichert. Reinbek: Rowohlt 1989, S. 880–882. © 1989 by Rowohlt Verlag GmbH, Reinbek bei Hamburg.

Hilde Ziegler, Schauspielerin und Schriftstellerin, geb. 1939 in Lörrach und in Weil am Rhein aufgewachsen. Bekannt machten sie ihre »198 Erinnerungen eines Kindes«, die unter dem Titel »Während der Verlobung wirft einer einen Hering an die Decke« erschienen. Ihre Kolumnen für die »Basler Zeitung« kamen als »Guten Morgen und Goethe Nacht« heraus. 1999 schied sie freiwillig aus dem Leben. »Kleine Reise« aus: »Guten Morgen und Goethe Nacht«. Beobachtungen aus der Dreiländerecke. Lenos Pocket 98. Basel: Lenos 2006, S. 7–9. © Lenos Verlag, Basel.

Martin Zingg, Literaturkritiker und Schriftsteller, geb. 1951 in Lausanne, lebt in Basel. Langjähriger Mitherausgeber der Literaturzeitschrift »drehpunkt«. Aus: »Allmende« 7 (1987) H. 16/17, S. 50–56. © Martin Zingg, Basel.